上海合作组织成立 20 年
贸易发展报告

海关总署全球贸易监测分析中心
青岛海关　中国海洋大学　编著

中国海洋大学出版社
·青岛·

图书在版编目(CIP)数据

上海合作组织成立 20 年贸易发展报告 / 海关总署全球贸易监测分析中心,青岛海关,中国海洋大学编著. --
青岛:中国海洋大学出版社,2021. 12

ISBN 978-7-5670-3053-4

I. ①上… II. ①海… ②青… ③中… III. ①上海合作组织-对外贸易-贸易发展-研究报告 IV. ①F752

中国版本图书馆 CIP 数据核字(2021)第 255030 号

SHANGHAI HEZUO ZUZHI CHENGLI 20 NIAN MAOYI FAZHAN BAOGAO
上海合作组织成立 20 年贸易发展报告

出版发行	中国海洋大学出版社
社　　址	青岛市香港东路 23 号　　**邮政编码**　266071
网　　址	http://pub. ouc. edu. cn
出 版 人	杨立敏
责任编辑	姜佳君
电　　话	0532-85901984　　　**电子信箱**　j. jiajun@outlook. com
策划编辑	邓志科
印　　制	青岛国彩印刷股份有限公司
版　　次	2021 年 12 月第 1 版
印　　次	2021 年 12 月第 1 次印刷
成品尺寸	170 mm×230 mm
印　　张	22. 5
字　　数	355 千
印　　数	1—5000
定　　价	200. 00 元
订购电话	0532-82032573(传真)

发现印装质量问题,请致电 0532-58700166,由印刷厂负责调换。

编委会

编者说明

为使读者能够更好地使用本报告,现说明如下:

一、本报告中所称的贸易,如无特殊说明,仅指货物进出口贸易,不包括国内贸易、国际服务贸易等其他贸易形式。

二、中国外贸数据来自 2021 年 6 月 18 日海关总署对外发布的海关统计月报,因后续修正原因,与最新发布数据可能存在差异。各个分篇文章中按照企业性质、贸易方式、国别等项目做详细分析时,总值数据和细分数据之和可能存在一定程度的差异。

三、全球及其他国家和地区的相关贸易数据来自国际贸易中心 Trade Map 数据库,部分年份缺失数据由该国国家统计局网站补充。由于国际数据库可能不定期对历史数据进行修正,本报告使用的部分国际数据与即时查询结果可能略有出入。

四、列入海关统计的货物包括实际进出境并引起境内物质存量增加或者减少的货物,以及进出境超过自用、合理数量的行邮物品和其他物品。没有实际进出境或者虽然实际进出境但是没有引起境内物质存量增加或者减少的货物、物品,不列入海关统计。

五、进出口货物的品名及编码,按照《中华人民共和国海关统计商品目录》归类统计;进出口货物的数量,按照《中华人民共和国海关统计商品目录》规定的计量单位统计。

六、进口货物统计原产国(地区),出口货物统计最终目的国

（地区）。因上海合作组织（以下简称"上合组织"）成员国范围在本报告涉及的时间内有所变化，在对上合组织成员国整体分析时按照各个国家加入的时间分别确定；因欧盟国家范围在本书涉及的时间内有所变化，为方便比较，本报告按照 2019 年欧盟 28 国的范围确定，计算增速时基期口径也进行相应调整。

七、进口货物按到岸价格（CIF）统计，出口货物按离岸价格（FOB）统计。本报告中所涉及的金额均按美元计价。

八、进口货物按照海关放行日期进行统计，出口货物按照海关结关日期进行统计。进口转关运输货物按照指运地海关放行的日期进行统计，出口转关运输货物按照启运地海关的结关日期进行统计。本报告中的数据均按照公历月和公历年汇总。

九、为方便读者阅读，本报告除个别单位为"万亿美元""亿吨"等情况保留两位小数外，统一使用一位小数进行取舍，但是涉及部分增长率、占比等计算时，出于严谨性考虑，一般会使用原始数据（未取舍小数位数）进行计算。由于计数四舍五入，各统计表内分项数字之和可能与总数略有出入。

十、除特别说明外，统计口径调整的，与增长速度相关的基期统计口径也相应调整。由于统计口径的变动，本报告中部分数据与历史公布数据可能略有出入。

十一、上合组织国家构成以截至 2021 年 6 月 18 日为准，本书出版前伊朗已启动成为正式成员国程序，对此不做修改。

十二、由于本报告第三篇将就中国对上合组织成员国贸易情况进行专题介绍，因此第二篇涉及上合组织成员国与中国的贸易发展情况将不再重复介绍，有关内容请参考第三篇内容。

十三、限于编者水平有限，加之时间跨度长、数据量大，本报告难免存在不尽如人意和错漏之处，敬请读者提出宝贵意见和建议。

序　言

2021 年，是上合组织成立 20 周年。20 年前，面对国际变局与风险挑战，着眼区域安全与经济合作，上合组织承载着地区国家的美好期许应运而生。20 年来，从黄埔江畔到里海之滨，从"上海精神"到人类命运共同体，上合组织走过了不平凡的发展历程，经历了时间检验，成为世界上幅员最广、人口最多的综合性区域合作组织，成为欧亚地区和国际事务中重要的建设性力量。

和而不同，美美与共。面对纷繁复杂的国际局势，上合组织成员国顺应和平、发展、合作、共赢的时代潮流，秉持"互信、互利、平等、协商，尊重多样文明，谋求共同发展"的"上海精神"，不断加强政治、经济、安全、人文等领域合作，树立了相互尊重、公平正义、合作共赢的新型国际关系典范，展示了不同文明背景、传统文化各异的国家通过互尊互信实现和睦共处、团结合作的巨大潜力。

20 年凝心聚力，20 年砥砺前行。上合组织成员国紧抓经贸互利合作的巨大潜力和宝贵机遇，广泛凝聚发展共识，持续深化务实合作。在共同繁荣发展中，货物贸易展现出蓬勃生机，成为上合组织区域发展的突出领域之一。20 年来，上合组织贸易总额从 2001 年的 6 670.9 亿美元，增长至 2020 年的 6.06 万亿美元，占全球贸易的比重从 2001 年的 5.4% 增长至 2020 年的 17.4%。与此同时，中国积极推动对上合组织其他成员国贸易发展，贸易总额从 2001

年的 121.5 亿美元增长到 2020 年的 2 453.2 亿美元,中国已成为乌兹别克斯坦和巴基斯坦的第一大贸易伙伴,俄罗斯、印度的第二大贸易伙伴,哈萨克斯坦、塔吉克斯坦的第三大贸易伙伴,吉尔吉斯斯坦的第四大贸易伙伴。

作为国家进出境监督管理机关,海关是对外开放的护航者、贸易便利的推动者,也是上合组织 20 年来对外贸易发展的亲历者、参与者和贡献者。上合组织成立以来,成员国海关在风险管理、执法合作、疫病联防等多领域深化务实合作,积极推动上合组织区域通关安全便利和经贸发展。中国海关在上合组织海关合作中持续发挥积极作用,推进"经认证的经营者(AEO)"互认合作,推动扩大农产品准入,编制发布中国对上合组织成员国贸易指数……在上合组织对外贸易发展中持续贡献海关力量。

为回顾上合组织成立 20 年来对外贸易发展历程,展现贸易发展成就,展望贸易发展前景,海关总署统计分析司授权并指导青岛海关,在中国—上海合作组织地方经贸合作示范区管理委员会的大力支持下,联合中国海洋大学共同编撰出版《上海合作组织成立 20 年贸易发展报告》,以翔实的贸易数据为基础,客观描述和量化分析了上合组织成立 20 年来对外贸易的运行情况和发展成果。全书包括总论、上合组织成员国融入全球贸易、中国对上合组织其他成员国贸易发展、中国对上合组织观察员国贸易发展、中国对上合组织对话伙伴国贸易发展以及中国—上海合作组织地方经贸合作示范区建设等篇章,将在全面了解上合组织贸易发展历程、助力政府与企业拓展上合组织经贸合作等方面,为广大读者提供参考。

鉴往知来,开辟未来。习近平主席在上合组织成员国元首理事会第二十一次会议上指出,上海合作组织已经站在新的历史起点上,我们应该高举"上海精神"旗帜,在国际关系民主化历史潮流中把握前进方向,在人类共同发展宏大格局中推进自身发展,构建更加紧密的上海合作组织命运共同体,为世界持久和平和共同繁荣做出更大贡献。面向未来,上合组织将在人类命运共同体理念指引下,不忘合作初心,赓续合作智慧,在区域乃至全球贸易发展中发挥更大作用,让"上海精神"绽放更耀眼光芒。

当前,中国—上海合作组织地方经贸合作示范区建设正加速推进,海关总署将坚决贯彻落实党中央、国务院决策部署,靠前服务,靶向施策,精准对接示范区"四个中心"建设任务,强化制度供给,深化改革创新,拓展平台支撑,为上合示范区发展深度赋能,为上合组织国家贸易繁荣发展贡献更多海关力量!

目　录

第一篇　总　论 / 1

第二篇　上合组织成员国融入全球贸易 / 13

第一章　俄罗斯进出口贸易发展情况 / 15

第二章　哈萨克斯坦进出口贸易发展情况 / 40

第三章　塔吉克斯坦进出口贸易发展情况 / 64

第四章　吉尔吉斯斯坦进出口贸易发展情况 / 83

第五章　乌兹别克斯坦进出口贸易发展情况 / 106

第六章　巴基斯坦进出口贸易发展情况 / 122

第七章　印度进出口贸易发展情况 / 143

第三篇　中国对上合组织其他成员国贸易发展 / 167

第一章　中国对俄罗斯进出口贸易发展情况 / 185

第二章　中国对哈萨克斯坦进出口贸易发展情况 / 198

第三章　中国对塔吉克斯坦进出口贸易发展情况 / 210

第四章　中国对吉尔吉斯斯坦进出口贸易发展情况 / 222

第五章　中国对乌兹别克斯坦进出口贸易发展情况 / 232

第六章　中国对巴基斯坦进出口贸易发展情况 / 242

第七章　中国对印度进出口贸易发展情况 / 253

第四篇　中国对上合组织观察员国贸易发展 / 265

第五篇　中国对上合组织对话伙伴国贸易发展 / 279

第六篇　中国—上海合作组织地方经贸合作示范区建设 / 289

附　表 / 303

第一篇
总　论

上海合作组织（以下简称"上合组织"）作为永久性政府间国际组织，自成立以来一直致力于保障区域稳定和安全、加强成员国之间政治、经济、文化等方面联系和合作。20 年来，上合组织积极开展区域经济合作，不断提高区域整体经济水平，成员国对外贸易规模显著提升。当前，国际形势面临"百年未有之大变局"，新冠肺炎疫情仍在扩散蔓延，世界经济复苏基础还不稳固的背景下，上合组织将秉持弘扬"上海精神"，深入推进经贸政策协调，持续深化务实合作，为区域和平稳定和世界经济发展做出重要贡献。

一、上合组织 20 年发展历程

上合组织前身为中国、俄罗斯、哈萨克斯坦、吉尔吉斯斯坦和塔吉克斯坦共同建立的"上海五国"会晤机制。2001 年 6 月，"上海五国"元首第六次会晤在上海举行，乌兹别克斯坦以完全平等的身份加入。随后，六国元首举行峰会，签署《上海合作组织成立宣言》，标志着上合组织正式成立。同年 9 月，上合组织框架内的总理定期会晤机制正式建立。

2002 年 6 月，上合组织成员国元首在圣彼得堡举行第二次峰会，签署了《上海合作组织宪章》。宪章明确阐述了上合组织宗旨、组织结构、运作形式、合作方向及对外交往等原则，标志着该组织从国际法意义上得以真正建立。2004 年，上合组织正式启动观察员机制；2009 年 6 月，正式启动对话伙伴机制。

随着上合组织国际影响力的不断扩大，2017 年印度和巴基斯坦正式成为上合组织成员国。2021 年 9 月 17 日，上合杜尚别峰会决定开启第二轮扩员进程，启动接纳伊朗成为正式成员国的法律程序，这意味着上合组织在坐拥欧亚腹地并兼顾两洋后，又西进亚洲中西部腹地，打通东亚、中亚和西亚的正面通道。目前上合组织范围已由 2001 年的 6 个成员国拓展至 8 个成员国、4 个观察员国以及 6 个对话伙伴国。成员国总面积达 3 000 多万平方千米，约占欧亚大陆的五分之三，人口约占世界人口的四分之一，成为世界上幅员最辽阔、人口最多的综合性区域合作组织。

二、上合组织贸易发展状况

上合组织在成立初期首要解决的问题即地区安全问题,"安全共同体"是"上合命运共同体"建立的核心。20 年来,随着上合组织日渐成熟,经贸和人文领域的合作水平也不断提升,与安全合作一道成为支撑上合组织发展壮大的三大支柱。尤其是其中的区域经济合作,为上合组织各成员国共同发展繁荣打造了强劲引擎。

(一)上合组织贸易合作制度基础不断夯实

20 年来上合组织贸易合作制度框架日趋完善,促使区域贸易合作的法律基础不断夯实,经济合作取得令人瞩目的成就,惠及各国人民。2001 年 6 月 15 日,上合组织正式成立。同年 9 月,六国签署了《上海合作组织成员国政府间关于区域经济合作的基本目标和方向及启动贸易和投资便利化进程的备忘录》,建立上合组织成员国总理会议机制,正式启动区域经济合作进程。2003 年 9 月,成员国签署《上海合作组织成员国多边经贸合作纲要》,这是区域经济合作的第一个纲领性文件。之后,在上合组织成员国总理会议机制下设立了多个部长级会议机制和工作组,在政府合作机制框架外增设了上合组织银行联合体和实业家委员会等机构,负责协调相关领域具体合作事项。2014 年,成员国签署了《上海合作组织成员国政府间国际道路运输便利化协定》,为上合组织运输便利化开辟了新起点。2018 年,《上海合作组织成员国元首关于贸易便利化的联合声明》在上合组织青岛峰会上发布,翻开上合组织区域经济合作新篇章。

(二)上合组织成员国贸易规模显著增长

上合组织成立 20 年以来,各成员国积极融入全球贸易合作,期间虽然受全球经济形势影响,部分年份贸易值有所波动,但总体呈现稳步增长态势。数据显示,上合组织成员国贸易总值①从 2001 年的 6 670.9 亿美元,增长至 2020 年的 6.06 万亿美元,占全球贸易总值的比重从 2001 年的 5.4%增长至 2020 年的 17.5%,上合组织成员国全球贸易影响力持续增强。

上合组织成员国对全球进出口贸易的发展历程大致可分为以下三个阶段(图 1-1)。

图 1-1　2001—2020 年上合组织成员国进出口值及增速统计图

1. 2001—2008 年:快速增长期

上合组织成立伊始,上合组织成员国贸易总值实现快速发展。在此期间,上合组织成员国的进出口贸易总值由 2001 年的 6 670.9 亿美元,增长至 2008 年的 3.41 万亿美元,增长 411.6%。其中,中国、俄罗斯、哈萨克斯坦和吉尔吉斯斯坦 2008 年进出口贸易值分别为 25 632.6 亿美元、7 350.5 亿美元、1 089.9 亿美元和 56.9 亿美元,分别比 2001 年增长 402.9%、418.6%、638.1%和 503.1%。八年间,上合组织总体进出口贸易总值年度增速最高达到 35.8%,最低也达 18.6%,整个上合组织总体进出口贸易实现快速稳定增长。

---

① 上合组织成员国贸易总值为各成员国对全球贸易值合计,未剔除成员国之间贸易值。2017 年以前的上合成员国整体数据不包括巴基斯坦和印度。另外,由于 Trade Map 数据缺失,塔吉克斯坦的数据从 2014 年开始,乌兹别克斯坦的数据从 2017 年开始。

2. 2009—2016 年：震荡调整期

2008 年由美国次贷危机引发的全球金融危机对上合组织各成员国的进出口贸易产生了不利影响。2009 年，中国、俄罗斯、哈萨克斯坦、吉尔吉斯斯坦进出口贸易值同比分别下降 13.9%、35.7%、34.3% 和 27%。上合组织成员国整体贸易总值从 2008 年的 3.41 万亿美元下降至 2.76 万亿美元，同比下降 19.3%。面对突如其来的全球性金融危机，上合组织各成员国积极应对，相继制订了各类经济刺激计划，极大地稳定了本国经济形势，进出口贸易得到快速恢复。2010 年，上合组织成员国总体进出口贸易总值达到 3.69 万亿美元，增长 33.7%，超过金融危机前的水平；2011 年又进一步上升至 4.6 万亿美元，增长 24.7%。此后随着经济刺激政策陆续退出，上合组织成员国进出口贸易增速开始趋缓，2012—2014 年间上合组织成员国贸易总值同比增速分别为 5.5%、6% 和 1.5%，维持较为平稳的增长态势。

2015 年下半年起，国际油价从每桶 65 美元降至 2016 年年初的不到 30 美元。原油价格暴跌对上合组织成员国进出口贸易影响较大，2015、2016 年上合组织成员国进出口贸易值连降两年，降幅分别为 12.8% 和 7.2%，2016 年进出口规模萎缩至 4.22 万亿美元。其中，俄罗斯作为最大的石油输出国，受影响最为严重，进出口值由 2014 年的 7 844.8 亿美元下降至 5 107.9 亿美元，降幅达 34.9%。

3. 2017—2020 年：扩容发展期

在经历了连续两年的贸易值下降之后，全球原油价格出现复苏，促进上合组织进出口贸易恢复增长。同时，2017 年 6 月印度和巴基斯坦正式成为上合组织成员国，实现上合组织成立 16 年来的首次扩员。2017 年，扩员后的上合组织成员国贸易总值达到 5.62 万亿美元，增长 33%。2018 年上合组织成员国进出口值达到近 20 年的峰值 6.36 万亿美元。2020 年，尽管受新冠肺炎疫情影响，上合组织成员国进出口值下降至 6.06 万亿美元，降幅为 3.2%，但仍处较高水平。

(三) 上合组织域内贸易发展稳步提升

上合组织成立 20 年来,域内贸易合作不断推陈出新,各成员国贸易合作逐渐进入黄金发展期,有效推动了区域经济的可持续发展。

借助上合平台,中国对上合组织其他成员国进出口贸易快速发展,贸易值由 121.5 亿美元[①] 增至 2 453.2 亿美元,增长了 19.2 倍。俄罗斯对上合组织其他成员国进出口贸易值由 133.8 亿美元增至 1 416.3 亿美元。哈萨克斯坦对上合组织其他成员国进出口贸易发展迅速,贸易值由 57.2 亿美元增至 404.7 亿美元。塔吉克斯坦对上合组织成员国进出口贸易值总体较为稳定。吉尔吉斯斯坦对上合组织其他成员国进出口贸易稳中有进,贸易值由 4.6 亿美元增至 35.7 亿美元。巴基斯坦对上合组织其他成员国进出口贸易值由 13.3 亿美元增至 154.5 亿美元,印度对上合组织其他成员国进出口贸易值由 41.7 亿美元增至 884.6 亿美元。截至 2020 年,吉尔吉斯斯坦对上合组织其他成员国进出口贸易值占该国贸易总值的比重为 63.1%,塔吉克斯坦占比为 62.4%,哈萨克斯坦、乌兹别克斯坦、俄罗斯、巴基斯坦和印度的占比分别为 47.6%、47%、24.9%、22.7% 和 13.7%。

三、上合组织贸易发展展望

自 2001 年成立以来,上合组织区域凝聚力和吸引力不断提升,成员国间的相互联系更加紧密,经贸合作发展不断深化。当前,站在新的历史起点上,上合组织继续域内贸易合作、助力各成员国经贸发展已成为各方的共同诉求。各成员国将继续求同存异谋发展、勠力同心创未来,共同为促进上合组织贸易发展打下坚实的基础。

---

① 数据来源于国家统计局。

（一）"命运共同体"理念持续深化，为上合组织贸易持续发展提供支撑和动力

近年来，全球面临百年未有之大变局，不稳定、不确定因素明显增多，金融经济震荡、地区冲突、粮食短缺、气候变化等风险持续，恐怖主义、分裂主义和极端主义等"三股势力"对地区安全带来的挑战日益加剧，新冠肺炎疫情加速了国际格局调整，世界进入动荡变革期。2018 年，在上合组织青岛峰会上，习近平主席提出的"确立构建人类命运共同体的共同理念"被写入成果宣言，成为上合组织成员国最重要的政治共识和努力目标。2020 年，习近平主席在上合组织成员国元首理事会第二十次会议上，提出构建"卫生健康共同体""安全共同体""发展共同体""人文共同体"等四个"共同体"，使得上合组织命运共同体理念得以全面深化。上合组织成员国间合作理念的不断深化、合作领域的不断扩大、合作内涵的不断丰富为上合组织贸易发展创造更加良好的内外部环境和更加坚实的合作基础，将在成员国发展战略对接、畅通区域经济循环、扩大相互投资合作规模等方面起到积极促进作用，为上合组织贸易持续发展提供支撑和动力。

（二）持续秉持弘扬"上海精神"，推动上合组织区域内外部贸易合作协调发展

上合组织成立以来，树立了相互尊重、公平正义、合作共赢的新型国际关系典范，逐步形成了以"互信、互利、平等、协商，尊重多样文明，谋求共同发展"为内容的"上海精神"。过去 20 年，上合组织始终高举"上海精神"旗帜，开创了不同社会制度和发展道路国家团结协作、包容互鉴的全新合作模式。当前上合组织区域内外部贸易合作发展环境日趋复杂多样：从全球看，国际社会正在经历多边和单边、开放和封闭、合作和对抗的重大考验；从内部看，上合组织成员国间国家体制、政治意愿存在差异，经济战略方向和发展侧重点各具特色，经济发展水平、利益诉求不尽相同，区域经济合作的长远发展目标和合作模式有待与各成员国发展需求相协调。目前，上合组织成员国参与了多个经济合作进

程,甚至承担了地区经济一体化的重要责任,多样化的区域合作模式交织,对区域合作模式间更好对接协调提出新课题。因此,未来上合组织区域贸易合作发展,需各成员国继续秉持并弘扬"上海精神",努力增进国际社会对上合组织合作发展新理念的认同感,充分尊重包容成员国彼此不同发展阶段的客观现实,坚定奉行互利共赢的开放战略,强化不同区域合作框架机制的协同发展,加强彼此战略对接与协调合作。

(三) 强化"一带一路"倡议与区域发展的衔接,为上合组织外贸发展注入更大活力

上合组织成员国地处欧亚大陆中心,是共建"一带一路"的首倡之地。2013 年 9 月,习近平主席到访哈萨克斯坦,首次提出共同建设"丝绸之路经济带"。2021 年 11 月,在"一带一路"建设座谈会上习近平主席强调,八年来,通过共建"一带一路",提高了国内各区域开放水平,拓展了对外开放领域,推动了制度型开放,构建了广泛的朋友圈,探索了促进共同发展的新路子,实现了共建国家互利共赢。"一带一路"倡议与上合组织区域发展对接基础良好,理念契合度高,合作前景广,二者的结合有助于在当前全球发展不公平、不均衡问题突出的背景下,促进上合组织倡导和实践的新型合作模式,创造包容和平等的发展机遇,实现可持续发展。首先,以"和平合作、开放包容、互学互鉴、互利共赢"为核心的"丝路精神"与"上海精神"高度契合,得到了上合组织绝大多数成员国的认同、响应和支持。"一带一路"倡议提出的"政策沟通、设施联通、贸易畅通、资金融通、民心相通"与"打造利益、命运和责任共同体"的"五通三同"原则,为上合组织进一步拓展合作领域、提升成员国优势互补和务实合作水平注入了新内涵。其次,"一带一路"倡议具有非排他性和非竞争性,集体成员可以共同参与,其涵盖经贸合作领域范围广泛,涉及货物贸易、服务贸易、基础设施建设、地区内外互联互通、相互投资、产能合作等多个领域,为区域合作注入新动能。此外,成员国积极响应"一带一路"倡议,启动本国发展战略与该倡议对接,将自身发展规划与地区发展方向相互协调、相互嵌入,使地区建设成

为所有成员国共同参与治理的进程。

（四）深化推进上合组织贸易便利化，持续优化上合区域贸易发展营商环境

上合组织成员国地理位置毗邻、贸易结构互补性强，相互间贸易发展潜力巨大，提升贸易便利化水平是下一阶段上合组织贸易发展的重要抓手。2001年，上合组织成立宣言中便提出，在上合组织框架内启动贸易和投资便利化谈判进程，制定长期多边经贸合作纲要；2018年，上合组织青岛峰会发表《上海合作组织成员国元首关于贸易便利化的联合声明》，提出"简化海关程序，减少与货物进口、出口和过境相关的手续，提高透明度和加强包括海关在内的边境机构合作，加快货物的流动、放行和结关，促进上合组织各成员国间相互贸易便利化和贸易额增长"。近年来，在上合组织成员国海关工作组等机制框架内积极开展的海关领域合作，有效推动区域贸易便利化，促进了上合组织外贸发展。但当前上合组织贸易便利化优化过程中仍然存在成员国政策变动频繁、合作执法口径不一、信息通报机制不健全、标准体系不统一等问题，贸易便利化仍存在较大的提升空间。为此，建议一是积极落实世界贸易组织《贸易便利化协议》和《上海合作组织成员国元首关于贸易便利化的联合声明》要求，进一步制定海关通关、检验检疫、物流运输、标准认证、支付结算等方面的便利化措施方案；二是通过进一步加强并完善上合组织海关工作组的合作机制、提高联检部门内部的协作效率和效能，为深化上合组织贸易便利化提供强有力的机制保障；三是在实际推进工作的过程中，可以根据各成员国的发展情况，分层级渐进推进贸易便利化进程，为上合组织成员国间释放出更大的贸易潜力提供良好的条件。

（五）打造上合组织经贸合作平台，激发区域经济合作的内在驱动力

2005年首届欧亚经济论坛正式提出成立上合组织成员国地方合作机制。随后，中哈霍尔果斯国际边境合作中心、陕西省杨凌示范基地、广西防城港市中

印医药产业园、中国—上合组织地方经贸合作示范区等上合组织地方经贸合作平台相继成立,为探索地方经贸合作提供新思路。同时,中印缅蒙经济走廊、中巴经济走廊、中蒙俄经济走廊等合作项目不断落实,上合组织成员国之间的合作逐渐从双边拓展到多边。此外,2016 年 11 月,李克强总理在上合组织成员国首脑(总理)理事会第十五次会议上明确指出,中国对"建设上合组织自贸区等倡议持开放态度,愿与各方开展自贸区可行性研究"。2017 年 6 月,哈萨克斯坦总统纳扎尔巴耶夫在第十七次会议上也呼吁各国应该进一步加强经济合作,逐步推进自贸区建设。多种经贸合作平台的不断涌现,有利于加强中国同上合组织其他成员国的互联互通,进一步形成东西双向互济、陆海内外联动的对外开放新格局,也利于上合组织顺应时代发展的新要求,不断拓展区域贸易合作发展新思路,进一步激发"上合发展智慧",展现"上合发展力量"。

总之,上合组织自成立以来,各成员国通过深入挖掘域内贸易潜力,相互扩大市场开放,不断优化贸易结构,提升营商便利水平,经济贸易发展取得了卓越成效。未来上合组织各成员国还应继续努力,积极与"一带一路"框架下各经贸发展政策深度衔接,进一步提高组织内贸易便利化水平,推动各经贸合作平台建设,促成上合组织自由贸易区建立,推动上合组织成员国贸易发展水平再上新台阶。

第二篇

上合组织成员国融入全球贸易

第一章
俄罗斯进出口贸易发展情况

　　俄罗斯是上合组织六个创始成员国之一,其外贸发展对上合组织经贸合作影响深远。俄罗斯国土总面积为 1 709.82 万平方千米,居世界首位,地跨欧亚两洲,位于欧洲东部和亚洲北部,其地形以平原和高原为主,地势南高北低、西低东高。俄罗斯地大物博,自然资源十分丰富,种类多,储量大,自给程度高。森林覆盖面积 1 126 万平方千米,占国土面积的 65.8%,木材蓄积量居世界首位;天然气已探明储量占世界探明储量的 25%,居世界首位;石油探明储量占世界探明储量的 9%。此外,铁、镍、锡蕴藏量居世界首位,黄金储量居世界第三位,煤蕴藏量居世界第五位,铀蕴藏量居世界第七位。丰富的资源为俄罗斯工农业发展提供了坚实后盾。俄罗斯工业基础雄厚,部门齐全,以机械、钢铁、冶金、石油、天然气、煤炭、森林工业及化工等为主。俄罗斯农牧业并重,主要农作物有小麦、大麦、燕麦、玉米、水稻和豆类等,是世界产粮大国;畜牧业主要为牛、羊、猪等养殖业。近年来,俄罗斯积极调整贸易发展战略,努力实现贸易数量和质量的协同发展,贸易结构趋于多元化,贸易便利化水平不断提升。

一、俄罗斯进出口贸易发展历程

　　俄罗斯对全球进出口贸易的发展历程大致可分为以下三个阶段(图 2-1)。

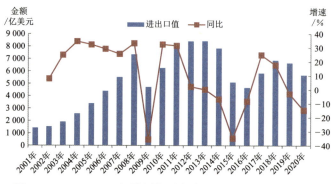

图 2-1　2001—2020 年俄罗斯对全球进出口值及增速统计图

(一) 2001—2008 年：快速发展

2001—2008 年，随着俄罗斯经济恢复增长，俄罗斯国内市场日渐活跃，对外贸商品需求增强，年平均增速达 26.5%。2007 年俄罗斯进出口贸易总值首次突破 5 000 亿美元大关，同比增长 25.6%；2008 年俄罗斯进出口贸易总值进一步增至 7 350.5 亿美元，同比增长 33.2%。

与此同时，俄罗斯的贸易顺差逐渐扩大，由 2001 年的 580 亿美元增长至 2008 年的 2 009.4 亿美元，8 年间俄罗斯的进出口贸易顺差扩大了 246.4%。

(二) 2009—2013 年：恢复发展

2009 年，受世界金融危机的影响，全球贸易需求疲软，俄罗斯进出口值跌至 4 726.2 亿美元，同比下降 35.7%；进、出口贸易在 2009 年出现了首次双降，分别大幅下降 36% 和 35.5%。金融危机发生后，俄罗斯积极采取各种刺激需求的经济政策，进出口贸易进入恢复阶段，2010 年进出口值 6 259.8 亿美元，增速达 32.4%。2010—2013 年俄罗斯进出口贸易稳步上升，并于 2013 年达到进出口贸易峰值，进出口总值 8 422.1 亿美元。

2009—2013 年的 5 年间，俄罗斯贸易顺差逐年扩大后保持高位波动，2013 年顺差达到 2 123.2 亿美元，创历史最大顺差。

(三) 2014—2020 年：震荡调整

2014 年下半年受美国结束第三轮量化宽松政策导致资金回流美国本土等

因素影响,国际油价暴跌,给长期依赖石油贸易的俄罗斯经济带来巨大影响,加之俄罗斯与周边国家地缘冲突带来的西方国家经济制裁,使得俄罗斯货币快速贬值,俄罗斯遭遇继 2008 年之后又一次金融危机,2014 年进、出口贸易值再次出现双降。在连续三年进出口贸易值出现下降后,2016 年俄罗斯进出口贸易值 4 677.5 亿美元,同比下降 8.4%。经过积极调整货币政策对宏观经济进行有效调控,2017 年俄罗斯经济状况逐步稳定,当年进出口贸易总值同比增长 24.9%。2017—2019 年俄罗斯进出口贸易进入发展恢复期,在此期间进出口贸易总值在 6 000 亿美元左右浮动。2020 年受新冠肺炎疫情影响,俄罗斯进、出口贸易值出现第三轮双降,但是下降幅度远小于 2009 年和 2015 年的降幅,2020 年进出口总值为 5 687.7 亿美元,同比下降 14.7%。

2014—2016 年,贸易顺差持续高位回落,到 2016 年降至 1 032.3 亿美元,之后再次冲高回落,从 2018 年的 2 112 亿美元降至 2020 年的 1 054.4 亿美元。

二、俄罗斯主要进出口商品

(一) 以原油等资源型产品出口为主,产品结构较为单一

俄罗斯蕴藏资源极为丰富,天然气探明储量占世界探明储量的 25%,石油探明储量占世界探明储量的 9%,煤蕴藏量居世界第五位[①]。能源产业是俄罗斯的第一大产业,占俄罗斯生产总值的 25% 左右。原油、成品油、石油气、天然气、煤等能源资源型产品为俄罗斯主要出口产品。2001—2020 年,俄罗斯主要出口产品分别为原油[②]、成品油[③]、石油气[④]、煤[⑤]以及铁及非合金钢的半制成品[⑥],

---

① 中华人民共和国外交部网站。

② HS 编码 2709,具体品名为"石油原油及从沥青矿物提取的原油"。

③ HS 编码 2710,具体品名为"石油及从沥青矿物提取的油类,但原油除外;以上述油为基本成分(按重量计不低于 70%)的其他品目未列名制品;废油"。

④ HS 编码 2711,具体品名为"石油气及其他烃类气"。

⑤ HS 编码 2701,具体品名为"煤;煤砖、煤球及用煤制成的类似固体燃料"。

⑥ HS 编码 7207,具体品名为"铁及非合金钢的半制成品"。

上述合计占俄罗斯出口总值的比重为 61％（表 2-1）。其中，原油占俄罗斯出口总值的比重最大，为 30.2％，其他四类产品占比分别为 16.9％、9.8％、2.5％ 和 1.6％。2001—2008 年俄罗斯主要产品出口值总体呈上升趋势。2009 年受世界金融危机的影响，主要产品出口值出现整体下降，铁及非合金钢的半制成

表 2-1　2001—2020 年俄罗斯主要出口商品统计表

单位：亿美元

HS 年份	2709	2710	2711	2701	7207	7601	1001	7502	7102	4407
2001 年	236.2	91.5	173.6	12.0	18.2	36.5	1.4	10.9	11.4	6.9
2002 年	276.5	112.0	154.7	11.5	19.0	29.0	7.8	19.0	8.1	8.7
2003 年	369.1	139.3	195.0	17.2	21.2	33.2	7.8	22.0	8.7	11.8
2004 年	550.7	191.6	211.8	27.6	46.4	40.6	5.4	31.7	13.1	15.1
2005 年	795.8	338.4	307.7	37.6	47.5	45.7	11.3	35.2	16.7	19.0
2006 年	966.8	442.2	432.3	43.4	52.6	58.6	13.7	62.5	17.3	23.1
2007 年	1 142.7	517.9	437.1	53.5	66.5	68.3	36.1	86.4	17.3	32.4
2008 年	1 516.6	784.1	671.4	77.5	107.4	73.9	28.6	49.1	15.7	28.2
2009 年	935.7	468.9	409.2	73.7	48.1	51.6	27.5	35.6	11.9	26.1
2010 年	1 280.6	692.8	523.3	91.7	69.7	58.6	20.7	52.6	27.0	29.8
2011 年	1 716.9	914.8	696.7	113.7	77.2	67.6	36.7	44.9	37.2	33.8
2012 年	1 809.3	1 036.2	688.3	130.1	78.7	63.3	45.2	37.2	46.6	33.6
2013 年	1 736.7	1 094.2	746.4	118.2	64.7	61.3	34.8	36.3	49.7	36.5
2014 年	1 538.9	1 158.1	626.5	116.4	65.9	52.5	54.2	38.8	53.1	37.4
2015 年	861.7	656.1	56.2	92.6	45.3	59.3	38.9	24.2	37.0	30.0
2016 年	736.8	459.5	40.6	89.1	44.7	49.9	42.2	17.0	48.3	31.9
2017 年	933.1	582.4	47.2	135.3	60.3	54.6	57.9	13.8	47.0	39.9
2018 年	1 290.5	781.1	75.0	170.3	79.6	53.5	84.3	17.3	50.2	45.0
2019 年	1 214.4	668.9	95.0	159.9	60.7	46.4	64.0	18.4	37.7	45.1
2020 年	725.6	453.6	78.4	123.9	48.5	42.2	79.2	18.6	32.5	42.1
合计	20 634.6	11 583.5	6 666.6	1 695.3	1 122.4	1 046.6	697.8	671.6	586.5	576.4

品下降幅度最明显,同比下降55.2%。2015年,在全球石油价格大幅下跌的背景下,俄罗斯主要产品出口值进一步下降,尤其是石油气,下降幅度超过90%。2016—2019年俄罗斯主要产品出口值逐渐回升。2020年受新冠肺炎疫情的影响,原油、成品油等产品出口值再次下降,原油同比下降40.2%,其他主要产品分别下降32.2%、17.5%、22.5%和20.3%。

(二)进口产品以轻工业产品为主

俄罗斯重工业发展明显优于本国轻工业发展,因此俄罗斯主要进口产品以轻工业产品为主。2001—2020年俄罗斯前五位进口产品分别为载人机动车辆①、药品②、电话机③、机动车的零件附件④以及自动数据处理设备及其部件⑤。其中载人机动车辆占总进口值比重最多,为5.5%,其他四类产品占比分别为3.5%、2.9%、2.8%和1.9%(表2-2)。与主要出口产品相比,俄罗斯前五位进口产品占总进口值的比重远小于主要出口产品占总出口值的比重,进口产品贸易结构趋于多元化,涉及交通基础设施、医用类产品等精细化轻工业领域。

---

① HS编码8703,具体品名为"主要用于载人的机动车辆(品目8702的货品除外),包括旅行小客车及赛车"。

② HS编码3004,具体品名为"由混合或非混合产品构成的治病或防病用药品(不包括品目3002、3005或3006的货品),已配定剂量(包括制成皮肤摄入形式的)或制成零售包装"。

③ HS编码8517,具体品名为"电话机,包括用于蜂窝网络或其他无线网络的电话机;其他发送或接收声音、图像或其他数据用的设备,包括有线或无线网络(例如,局域网或广域网)的通信设备,品目8443、8525、8527或8528的发送或接收设备除外"。

④ HS编码8708,具体品名为"机动车的零件、附件,品目8701至8705所列车辆用"。

⑤ HS编码8471,具体品名为"自动数据处理设备及其部件;其他品目未列名的磁性或光学阅读机、将数据以代码形式转录到数据记录媒体的机器及处理这些数据的机器"。

表 2-2　2001—2020 年俄罗斯主要进口商品统计表

单位：亿美元

HS 年份	8703	3004	8517	8708	8471	8419	9018	8704	8707	2818
2001 年	9.6	15.8	6.3	2.7	4.2	3.2	5.3	2.1	0.3	9.6
2002 年	12.9	13.6	7.0	3.1	5.3	3.5	4.4	2.1	0.3	7.6
2003 年	24.6	20.4	7.1	5.1	6.1	5.2	5.7	3.3	0.5	7.3
2004 年	51.6	25.2	11.0	8.6	9.7	6.5	5.9	4.0	1.1	9.3
2005 年	77.3	38.3	11.6	13.0	13.6	9.7	7.0	6.2	1.4	12.4
2006 年	127.2	52.8	9.3	21.9	20.6	13.4	10.7	10.5	3.5	16.2
2007 年	213.3	55.0	68.1	37.8	26.3	15.7	17.1	29.1	10.0	19.0
2008 年	302.7	74.5	80.0	52.9	38.3	20.5	22.9	42.4	19.4	21.6
2009 年	85.1	70.6	42.2	28.0	28.6	12.5	14.5	5.9	8.9	11.8
2010 年	113.5	92.2	66.1	55.0	48.1	16.5	18.0	12.3	22.4	12.5
2011 年	185.9	108.4	77.4	87.9	52.6	24.2	22.6	25.1	29.3	14.6
2012 年	202.4	106.2	73.4	108.3	58.3	23.2	29.7	38.1	38.3	17.1
2013 年	170.0	116.3	76.9	114.9	48.6	25.1	24.2	29.5	40.6	14.4
2014 年	131.6	101.1	82.4	98.0	50.8	31.9	24.1	20.8	28.2	14.9
2015 年	63.6	65.3	62.5	52.6	39.8	25.1	15.2	8.4	10.3	14.5
2016 年	60.3	69.5	67.1	57.2	38.2	61.1	16.2	10.3	11.2	13.3
2017 年	67.0	84.0	83.9	79.4	51.0	69.5	17.4	20.0	15.1	15.4
2018 年	72.6	78.3	94.3	89.8	59.5	26.2	18.6	20.0	20.1	22.1
2019 年	79.1	101.6	90.1	87.6	56.7	21.8	21.2	19.4	22.6	20.2
2020 年	54.3	72.1	93.6	76.5	62.7	28.7	23.6	12.0	15.4	15.6
合计	2 104.6	1 361.3	1 110.2	1 080.2	718.9	443.3	324.5	321.4	298.9	289.2

三、俄罗斯对全球主要贸易市场进出口发展情况

2001—2020 年，俄罗斯主要贸易伙伴分别为欧盟、中国、白俄罗斯、乌克兰和美国，合计占比达 68.8%，其中欧盟为俄罗斯最大的贸易伙伴，占俄罗斯进出口总值的比重为 45.6%，其他贸易伙伴国占比分别为 11%、4.7%、3.8% 和

3.7%。受新冠肺炎疫情影响,2020 年俄罗斯对全球主要贸易伙伴的进出口贸易均有所下降,尤其是俄罗斯对欧盟、白俄罗斯和乌克兰的进出口贸易,同比分别下降 21.2%、14.3%和 12.7%。

(一) 俄罗斯对欧盟进出口贸易发展情况

1. 基本贸易情况

20 世纪 90 年代以来,欧盟一直是俄罗斯主要贸易伙伴之一,俄欧双方贸易互补性较强。一方面,自苏联解体以后,俄罗斯的经济复苏很大程度依赖于欧盟的资金、技术和市场;另一方面,俄欧双方的贸易往来具有深刻的经济和政治意义。俄欧双方在实现互惠互利的基础上,不断加大贸易往来的广度和深度,贸易发展质量不断提高。尤其在 21 世纪初期,俄欧双方贸易关系迎来了发展的黄金时期。

2001—2008 年俄罗斯对欧盟的进出口贸易快速发展(图 2-2)。2008 年,俄罗斯对欧盟进出口贸易总值达到了 3 839.4 亿美元,同比上升 50%,创历史最高水平。受世界金融危机的影响,2009 年俄罗斯对欧盟的进出口贸易下降37.9%,进出口贸易总值跌至 2 384.3 亿美元。金融危机后,世界各国为应对金融危机带来的影响,迅速出台一系列刺激经济措施。经过 2009 年进、出口双降之后,俄罗斯对欧盟的进出口贸易有所改善,俄欧双方进入贸易恢复期,2010—2012 年进出口贸易规模同比分别增长 16.6%、27.4%和 6.8%,2013 年俄罗斯对欧盟的进出口贸易总值为 3 753.9 亿美元,虽然同比小幅下降 0.8%,但仍保持较高水平。

然而,2014 年欧盟对俄罗斯进行经济制裁,限制俄罗斯的能源矿产品出口,严重影响了俄欧双方贸易关系。2015 年俄罗斯对欧盟的进出口贸易规模显著下降,当年进出口贸易规模 2 284.5 亿美元,同比下降 33.3%,2016 年进一步降至 2 005.3 亿美元。2017 年之后俄欧关系趋向回暖,贸易规模小幅回升,2020 年受新冠肺炎疫情影响,俄罗斯对欧盟的进出口贸易规模为 2 189.9 亿美元,同比下降 21.2%。

图 2-2　2001—2020 年俄罗斯对欧盟进出口值及增速统计图

2. 原油为俄罗斯对欧盟主要出口产品

2001—2020 年,俄罗斯对欧盟的主要出口产品为原油、成品油、煤、镍[①]和钻石[②],上述商品出口值合计占同期俄罗斯对欧盟出口总值的 69.1%(表 2-3)。其中,原油的出口值远超其他主要产品的出口值,占俄罗斯对欧盟出口总值的 42.9%,其他四类主要出口产品占比分别为 21.7%、1.9%、1.4% 和 1.1%。

2005 年,在全球石油价格上涨的背景下,俄罗斯的能源资源型产品对欧盟出口不断攀升,当年出口成品油增长 93.4%,原油增长 50.6%,煤增长 48.7%。经过 4 年的能源产品贸易稳定增长后,2009 年受世界金融危机影响,俄罗斯油气出口大幅下降,之后俄欧经济贸易往来缓慢恢复并震荡回升。2014 年之后欧盟对俄罗斯的经济制裁严重影响了俄欧主要产品贸易往来,2015 年俄罗斯主要出口产品中,原油、成品油以及镍下降幅度均超 40%。2017 年欧盟对俄罗斯的经济制裁有所缓和,直至 2020 年受新冠肺炎疫情影响,主要产品出口值再次下降。

---

① HS 编码 7502,具体品名为"未锻轧镍"。

② HS 编码 7102,具体品名为"钻石,不论是否加工,但未镶嵌"。

表 2-3 2001—2020 年俄罗斯对欧盟主要出口商品统计表

单位：亿美元

年份＼HS	2709	2710	2701	7502	7102	7207	7601	7108	7403	2711
2001 年	174.1	66.7	5.2	10.5	10.7	5.8	9.2	0.0	7.9	1.1
2002 年	206.9	67.3	5.9	18.0	7.1	4.0	7.6	0.0	5.5	1.1
2003 年	280.7	76.6	7.7	20.1	7.6	3.4	8.2	0.0	5.1	1.8
2004 年	425.3	108.2	12.7	15.3	11.1	8.0	12.9	0.0	2.1	2.5
2005 年	640.4	209.3	18.8	16.0	13.4	6.3	18.8	0.0	3.2	3.3
2006 年	788.9	287.5	23.0	31.2	13.6	14.1	22.4	0.0	5.5	3.5
2007 年	877.5	323.7	26.5	56.3	12.6	21.4	25.4	6.9	6.9	4.1
2008 年	1 176.9	472.9	36.2	34.9	11.6	39.3	15.7	0.0	4.4	5.5
2009 年	718.1	296.4	39.8	24.2	9.1	15.3	11.0	0.0	12.9	5.1
2010 年	969.9	446.7	37.5	37.5	17.9	24.3	16.7	0.0	16.7	9.1
2011 年	1 250.1	565.4	46.4	27.9	24.8	33.2	21.2	0.0	12.7	12.0
2012 年	1 276.0	628.9	49.5	36.9	26.9	35.7	17.3	26.8	18.6	13.4
2013 年	1 178.7	727.3	45.0	36.2	29.7	23.1	20.0	0.0	15.6	12.0
2014 年	980.7	771.8	43.8	38.7	33.0	12.7	14.2	5.0	17.0	14.2
2015 年	520.4	420.4	34.1	22.1	20.8	10.1	21.7	0.0	23.8	6.7
2016 年	448.4	273.8	26.8	9.2	28.1	10.9	9.6	3.5	19.2	6.3
2017 年	554.0	333.6	43.2	4.2	28.8	14.8	10.1	10.8	26.6	10.2
2018 年	694.9	449.6	56.0	6.0	29.7	18.2	14.3	4.3	24.1	22.0
2019 年	620.6	393.1	50.2	13.2	21.7	13.7	16.9	53.3	25.2	29.6
2020 年	350.6	242.4	26.8	12.0	14.5	8.2	14.8	169.5	20.7	32.3
合计	14 133.2	7 161.5	635	470.2	372.6	322.6	308.2	274.5	274	195.8

3. 俄罗斯自欧盟进口药品和工业制品居多

俄罗斯国内经济的恢复发展，需要大量的机械设备和轻工业产品，药品、载人机动车辆、机动车零件附件、电话机和利用温度变化处理材料的设备[①] 等

---

① HS 编码 8419，具体品名为"利用温度变化处理材料的机器、装置及类似的实验室设备，例如，加热、烹煮、烘炒、蒸馏、精馏、消毒、灭菌、汽蒸、干燥、蒸发、气化、冷凝、冷却的机器设备，不论是否电热的(不包括品目 8514 的电炉、烘箱及其他设备)，但家用的除外；非电热的快速热水器或贮备式热水器"。

成为 2001—2020 年俄罗斯自欧盟进口的主要产品,上述产品合计占同期俄罗斯自欧盟进口总值的 18.6%(表 2-4)。

但俄罗斯自欧盟进口的主要产品类别波动较大,尤其是载人机动车辆,2009 年同比下降 74.7%,2011 年同比增长 100.9%。同时,俄罗斯自欧盟进口主要产品贸易值占俄罗斯自欧盟全部产品进口总值的比重较小,进口商品结构多元化特点较为明显。

表 2-4 2001—2020 年俄罗斯自欧盟主要进口商品统计表

单位:亿美元

HS 年份	3004	8703	8708	8517	8419	8479	3002	8701	8481	8421
2001 年	12.5	6.2	1.5	4.5	2.0	1.3	1.0	0.9	1.5	1.8
2002 年	10.8	8.3	1.8	5.2	2.5	1.8	1.0	1.4	1.7	1.9
2003 年	16.3	13.3	3.0	5.3	3.0	2.6	1.3	2.3	1.8	1.8
2004 年	20.6	20.2	4.2	8.6	4.2	5.0	1.6	3.0	2.2	2.0
2005 年	31.0	27.9	6.1	8.4	6.4	6.6	2.8	4.4	3.3	4.3
2006 年	41.6	49.9	10.6	5.6	8.4	7.7	5.5	7.5	3.8	5.0
2007 年	43.1	85.6	16.6	31.4	10.0	9.4	5.9	13.0	5.7	6.0
2008 年	58.1	118.7	23.6	38.0	12.6	16.1	9.6	21.6	8.4	8.5
2009 年	55.0	30.1	15.3	18.6	9.4	8.6	8.5	2.4	6.7	5.8
2010 年	72.1	40.5	29.4	21.6	10.0	11.7	9.0	6.5	9.6	8.3
2011 年	85.4	81.3	44.7	23.4	17.4	18.1	11.1	19.4	11.7	13.6
2012 年	83.7	91.8	52.7	13.4	16.4	16.9	12.8	20.0	13.6	10.6
2013 年	92.0	79.5	53.9	9.4	18.8	16.0	15.1	12.1	13.4	12.5
2014 年	78.9	61.7	42.3	14.6	20.8	14.6	13.4	9.4	12.6	14.4
2015 年	49.3	29.5	22.5	7.6	15.7	10.7	8.4	2.8	8.7	7.5
2016 年	52.3	26.0	24.8	9.5	13.3	8.8	9.3	4.1	9.2	7.8
2017 年	62.7	31.0	33.2	9.9	23.3	11.8	12.5	11.0	9.6	9.0
2018 年	57.6	33.2	38.0	7.7	19.3	11.9	13.1	8.9	10.6	9.4
2019 年	74.3	36.6	34.0	4.9	15.1	10.0	18.3	9.0	11.8	9.5
2020 年	49.6	23.4	31.1	5.9	18.5	9.9	15.7	6.2	11.8	9.2
合计	1 046.9	894.7	489.3	253.7	247.2	199.6	176.1	165.9	157.7	149.0

（二）俄罗斯对白俄罗斯进出口贸易发展情况

1. 基本贸易情况

白俄罗斯位于欧洲中部，面积约 20.76 万平方千米，人口接近 940 万。作为一个内陆国家，白俄罗斯与 5 个国家接壤，分别是东边的俄罗斯，北边的拉脱维亚、立陶宛，西边的波兰以及南边的乌克兰。自苏联解体后，白俄罗斯加强与俄罗斯的关系，实施全面一体化合作，并于 1996 年成立俄罗斯和白俄罗斯共同体，1999 年年底，双方决定成立联盟国家，并签署了《建立联盟国家条约》。进入 21 世纪，双边贸易发展迅速，目前俄罗斯已经成为白俄罗斯重要农产品销售市场和能源供应国之一。

2001—2020 年，俄罗斯对白俄罗斯的进出口贸易一共经历了三个阶段，分别是快速发展阶段、震荡调整阶段以及平稳推进阶段（图 2-3）。快速发展阶段（2001—2008 年）：由于《建立联盟国家条约》的签署，俄罗斯与白俄罗斯成立联盟国家，在国内政治持续保持稳定和俄罗斯能源原材料充分保障下，白俄罗斯积极发挥自身加工业优势，两国双边贸易迅速增长，2002—2008 年年均增速达 20.7%，2008 年俄罗斯对白俄罗斯的进出口总值达到 343 亿美元，同比增长 31.5%。震荡调整阶段（2009--2016 年）：受全球金融危机影响，2009 年俄罗斯对白俄罗斯进、出口贸易值出现首次双降，其中进口贸易值同比下降 36.7%，出口贸易值同比下降 29.5%；尽管危机过后两国采取一系列经济刺激政策积极应对，双边贸易有所恢复，但 2012 年受国际油价暴跌、俄罗斯货币危机的冲击，双方贸易额再次下滑，至 2016 年俄罗斯对白俄罗斯进出口贸易总值跌至 234.6 亿美元。平稳推进阶段（2017—2020 年）：2017 年以来，俄罗斯国内经济逐步走出衰退，双方贸易总体呈上升趋势，2018 年俄罗斯对白俄罗斯进出口贸易总值增至 340 亿美元；2020 年受新冠肺炎疫情影响，进出口贸易值略有下降，跌至 285.8 亿美元，其中进口贸易值为 126.0 亿美元，出口贸易值为 159.8 亿美元。

图 2-3　2001—2020 年俄罗斯对白俄罗斯进出口值及增速统计图

2. 能源资源型产品出口占比超四成

2012—2020 年[①]，俄罗斯对白俄罗斯主要出口产品分别为原油、成品油、载人机动车辆、钢铁废碎料[②]和钢铁板材[③]，上述产品合计占俄罗斯对白俄罗斯出口总值的 44.6%，其中原油出口占比最大，为 34.8%，成品油出口占比 5.6%，其他三种产品占比依次为 1.8%、1.5% 和 0.8%（表 2-5）。

从年度出口值来看，受国际油价暴跌、俄罗斯货币危机等因素影响，原油出口值总体呈下降趋势，且受新冠肺炎疫情的影响较明显，2020 年该产品出口值仅为 35.4 亿美元，同比下降 45.9%；成品油出口值在 2013 年下降最明显，从 55.5 亿美元降至 0.6 亿美元，2014 年开始波动增长，2020 年再次降至 0.4 亿美元；其他三类主要出口商品贸易额比较稳定。总体来看，能源资源型产品为俄罗斯对白俄罗斯主要出口商品。

---

① 2001—2011 年 Trade Map 中俄罗斯对白俄罗斯进出口商品数据缺失。

② HS 编码 7204，具体品名为"钢铁废料及碎料；供再熔的碎料钢铁锭"。

③ HS 编码 7208，具体品名为"宽度 ≥ 600 mm 的铁或非合金钢平板轧材，经热轧，但未经包覆、镀层或涂层"。

表 2-5　2012—2020 年俄罗斯对白俄罗斯主要出口商品统计表

单位:亿美元

HS 年份	2709	2710	8703	7204	7208	2711	8708	7210	8408	8544
2012 年	83.2	55.5	1.0	0.6	2.2	1.5	1.0	0.9	2.4	1.4
2013 年	80.6	0.6	2.2	2.4	1.9	1.5	1.1	1.4	2.1	1.2
2014 年	78.6	1.7	2.4	3.8	1.3	1.9	0.9	1.2	1.4	1.1
2015 年	55.4	4.1	2.1	2.5	0.8	0.9	0.7	0.9	0.5	0.9
2016 年	40.1	4.9	2.7	2.4	0.8	0.7	0.8	0.9	0.6	0.6
2017 年	52.8	9.8	3.7	3.5	1.6	1.8	1.3	1.2	0.9	0.8
2018 年	67.9	12.9	5.3	3.8	1.6	2.4	1.6	1.3	0.8	1.3
2019 年	65.5	0.5	6.5	2.7	1.4	1.0	1.7	1.4	0.6	1.3
2020 年	35.4	0.4	3.7	2.6	1.4	0.8	1.5	1.4	0.6	1.0
合计	559.5	90.5	29.6	24.3	12.9	12.4	10.6	10.6	9.7	9.5

3. 乳制品为主要进口产品,进口贸易结构均衡

2012—2020 年,俄罗斯自白俄罗斯主要进口产品分别为乳酪[1]、货车[2]、奶油[3]、成品油、黄油[4],上述商品进口值合计占同期俄罗斯自白俄罗斯进口总值的 19%。其中,乳酪、奶油、黄油等乳制品进口总体呈上升趋势,2020 年三者合计进口值较 2012 年增长 101.2%(表 2-6)。

成品油年度进口波动最为明显,2012 年该产品进口值为 1.5 亿美元,2014年增至 10.3 亿美元,2015 年受俄罗斯金融危机影响,进口值降至 3.7 亿美元,2020 年进一步降至 1.6 亿美元。总体来看,俄罗斯从白俄罗斯进口的产品以乳制品居多,成品油产品波动最明显。同时,前五位产品进口值差距较小,进口贸易结构较为平衡。

---

① HS 编码 0406,具体品名为"乳酪及凝乳"。

② HS 编码 8704,具体品名为"货运机动车辆"。

③ HS 编码 0402,具体品名为"浓缩、加糖或其他甜物质的乳及稀奶油"。

④ HS 编码 0405,具体品名为"黄油及其他从乳提取的脂和油;乳酱"。

表 2-6　2012—2020 年俄罗斯自白俄罗斯主要进口商品统计表

单位：亿美元

年份＼HS	0406	8704	0402	2710	0405	0201	8701	8708	0207	8207
2012 年	3.2	7.7	3.4	1.5	1.6	0.9	3.2	1.9	1.4	11.3
2013 年	5.0	5.3	6.0	7.0	2.3	2.1	2.5	2.0	1.7	4.7
2014 年	6.1	3.4	5.6	10.3	2.9	3.3	2.1	2.0	2.2	0.1
2015 年	5.5	3.8	3.9	3.7	2.2	2.9	1.4	1.4	1.7	0.1
2016 年	6.2	4.6	4.0	1.0	2.9	2.8	1.9	2.2	1.7	0.1
2017 年	7.7	8.5	3.8	1.0	3.8	3.3	3.1	2.7	1.9	0.1
2018 年	7.8	8.7	2.5	0.3	3.1	3.6	2.7	2.8	2.2	0.1
2019 年	9.4	7.5	3.1	0.4	4.0	2.3	2.8	3.1	2.1	0.1
2020 年	10.1	3.5	2.7	1.6	3.6	2.1	2.7	2.6	1.7	0.1
合计	60.8	53.0	35.1	26.6	26.5	23.2	22.5	20.8	16.6	16.6

（三）俄罗斯对乌克兰进出口贸易发展情况

1. 基本贸易情况

2001—2008 年，俄乌双边贸易快速发展，至 2008 年达到第一个高峰，为 398.1 亿美元，同比增长 36.2%。受全球金融危机的影响，2009 年进、出口贸易出现首次双降，进出口贸易值萎缩至 229 亿美元，同比下降 42.5%。之后，俄乌双边贸易进入恢复期，2011 年俄乌贸易规模达到第二个高峰，进出口总值 380.6 亿美元，同比增长 37.9%。2014 年之后受乌克兰危机影响，俄乌贸易进入衰退阶段，2014—2016 年俄乌进出口贸易持续下滑，2016 年俄乌进出口贸易总值降至 102.3 亿美元，2020 年进一步降至 100 亿美元（图 2-4）。

2. 出口以原油、成品油和煤等资源能源类商品为主，原油出口衰退明显

2001—2020 年，俄罗斯对乌克兰的主要出口商品分别为原油、成品油、煤、核分离装置[①]、氨及氨水[②]，上述合计占同期俄罗斯对乌克兰出口总值的比重为

---

① HS 编码 8401，具体品名为"核反应堆；核反应堆的未辐照燃料元件（释热元件）；同位素分离机器及装置"。

② HS 编码 2814，具体品名为"氨及氨水"。

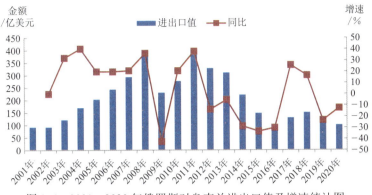

图 2-4　2001—2020 年俄罗斯对乌克兰进出口值及增速统计图

44.5%。其中,原油和成品油的出口值远超其他商品,分别占俄罗斯对乌克兰出口总值的 18.1% 和 12.7%,其他三类主要出口商品占比分别为 6.8%、3.6% 和 3.2%(表 2-7)。

乌克兰原油和天然气资源相对匮乏,国内所需原油 90% 依赖进口。2008 年,俄罗斯对乌克兰的原油出口值达到峰值 64.3 亿美元,同期俄罗斯对乌克兰成品油的出口值同样上升明显。但自 2008 年以后,受金融危机和地缘政治因素影响,俄罗斯对乌克兰的原油出口几乎是逐年递减,在 2019 年与 2020 年更是几乎零出口。成品油出口同样出现一定程度的波动与衰减,但受影响程度远不及原油。俄罗斯能源矿产资源丰富,乌克兰能源矿产相对缺乏,进口煤是弥补国家产业缺口所必需的商品之一,因此乌克兰从俄罗斯进口煤同样较多。作为苏联主要成员国的乌克兰向来重视军工产业,因此军事化工原料机器等设备也是乌克兰从军工大国俄罗斯进口的主要商品之一。2020 年受新冠肺炎疫情影响,主要产品出口值普遍下降。

3. 进口产品多为工业原材料与设备

2001—2020 年,俄罗斯从乌克兰主要进口商品分别为铁道货车[①]、人造刚

---

① HS 编码 8606,具体品名为"铁道及电车道非机动有篷及无篷货车"。

表 2-7　2001—2020 年俄罗斯对乌克兰主要出口商品统计表

单位:亿美元

HS 年份	2709	2710	2701	8401	2814	3105	2601	8703	4011	2704
2001 年	13.6	2.0	1.8	2.3	0.0	0.1	0.7	0.1	0.4	0.2
2002 年	19.1	1.6	1.2	2.5	0.0	0.2	0.5	0.2	0.4	0.7
2003 年	26.5	2.2	3.0	2.8	0.1	0.3	0.9	0.1	0.5	1.0
2004 年	41.1	2.7	5.0	4.0	0.1	0.7	0.7	0.7	0.7	1.6
2005 年	45.5	5.4	5.2	3.0	0.1	0.6	1.0	2.0	1.0	1.5
2006 年	44.2	10.5	4.9	3.7	0.0	1.0	0.7	3.1	1.3	0.7
2007 年	48.5	11.6	7.6	5.0	0.0	2.1	1.5	4.0	1.7	2.5
2008 年	64.3	32.6	13.8	6.4	1.6	6.1	1.8	5.2	2.2	1.4
2009 年	33.5	8.0	5.8	4.2	1.5	1.5	1.3	0.6	1.0	0.1
2010 年	31.6	14.2	11.4	6.3	3.5	2.2	1.5	1.1	1.3	0.2
2011 年	35.0	29.2	14.0	4.8	11.0	3.3	1.4	3.1	1.9	0.2
2012 年	5.7	29.1	13.3	5.1	9.6	3.9	1.9	3.3	1.5	0.0
2013 年	3.1	39.7	10.0	6.1	10.6	3.8	2.7	2.2	1.5	0.3
2014 年	2.5	31.3	9.2	6.0	10.8	2.9	2.1	0.3	0.9	1.1
2015 年	0.0	10.1	6.3	6.1	8.7	3.2	1.1	0.2	0.6	1.4
2016 年	0.0	6.6	6.5	4.6	5.5	3.8	0.6	0.4	0.7	0.7
2017 年	0.0	12.5	8.8	3.6	3.8	5.2	2.3	0.3	0.6	2.1
2018 年	0.0	20.3	15.3	3.4	2.5	3.0	4.5	0.4	0.4	2.3
2019 年	0.0	8.8	5.9	2.3	1.9	1.9	5.7	0.3	0.5	1.0
2020 年	0.0	13.7	6.5	1.3	1.6	0.1	2.0	0.1	0.5	0.4
合计	414.4	292.0	155.6	83.4	73.0	45.6	34.8	27.7	19.7	19.6

玉[①]、钢铁板材、发动机[②]和角钢[③],占俄罗斯自乌克兰进口总值的比重分别是 6.9%、5%、3.3%、3.2% 和 3%(表 2-8)。

---

① HS 编码 2818,具体品名为"人造刚玉,不论是否已有化学定义;氧化铝;氢氧化铝"。

② HS 编码 8411,具体品名为"涡轮喷气发动机,涡轮螺桨发动机及其他燃气轮机"。

③ HS 编码 7216,具体品名为"铁或非合金钢的角材、型材及异型材"。

乌克兰工农业较为发达,重工业在工业中占据主要地位,俄罗斯自乌克兰进口的商品多为工业原材料与设备。由于俄乌关系的紧张,双边货物贸易受到较大影响,俄罗斯从乌克兰进口铁道货车更是在2015、2020年分别跌至1 283.5万美元、1 162.3万美元,发动机在2019、2020年跌至6 499.4万美元和8 238.3万美元,仅有人造刚玉进口较为稳定。

表2-8　2001—2020年俄罗斯自乌克兰主要进口商品统计表

单位:亿美元

年份＼HS	8606	2818	7208	8411	7216	2710	7304	8607	7225	7214
2001年	0.5	2.5	0.7	1.1	0.6	0.1	1.8	0.2	0.4	0.3
2002年	1.4	1.9	0.5	1.7	0.4	0.0	0.7	0.4	0.4	0.1
2003年	1.6	1.9	1.3	1.7	0.8	0.0	1.5	0.7	1.1	0.1
2004年	3.2	2.6	1.9	1.2	1.6	0.1	1.9	2.1	1.4	0.5
2005年	4.7	3.5	2.9	1.5	1.9	0.1	2.5	1.2	2.7	0.2
2006年	6.4	4.9	4.0	1.7	1.9	0.1	3.8	1.1	4.4	1.3
2007年	11.9	5.6	4.3	2.1	4.8	0.2	5.6	1.9	5.9	1.2
2008年	16.4	5.5	4.9	2.8	4.3	6.7	6.3	3.4	3.3	2.1
2009年	3.7	3.2	2.1	4.3	1.9	4.5	2.3	0.9	3.8	0.4
2010年	16.1	4.2	4.1	4.3	3.8	11.3	3.2	2.1	1.7	2.2
2011年	27.0	5.7	6.1	5.8	5.4	25.1	4.0	3.0	2.2	3.6
2012年	17.9	5.0	5.8	6.4	5.6	5.5	4.2	6.3	1.8	4.9
2013年	10.1	4.7	3.9	6.4	5.7	0.1	3.4	3.7	1.4	5.8
2014年	1.6	5.4	2.1	6.3	3.4	0.1	2.5	1.5	0.7	3.1
2015年	0.1	4.3	1.6	4.0	2.1	0.0	0.7	0.5	0.5	0.7
2016年	0.2	3.8	1.8	2.0	1.8	0.0	0.7	0.6	0.4	0.4
2017年	0.8	5.3	2.0	1.8	2.6	0.0	0.9	1.2	0.6	1.6
2018年	0.2	8.2	2.5	1.5	2.2	0.0	0.9	1.6	0.7	3.0
2019年	0.3	6.9	4.0	0.6	2.1	0.1	0.3	2.5	0.9	2.8
2020年	0.1	5.7	2.2	0.8	1.5	0.0	0.4	1.6	0.8	1.0
合计	124.1	90.8	58.7	58.0	54.4	54.1	47.7	36.5	35.3	35.2

（四）俄罗斯对美国进出口贸易发展情况

1. 基本贸易情况

21世纪以来，俄美贸易发展迅速，至2008年俄美进出口总值275.7亿美元，同比增长64.9%。受金融危机影响，2009年俄美进出口贸易值同比下降32.9%。2010年俄美双边贸易迅速恢复，进出口贸易值达到217.7亿美元，同比增长17.7%。2012年俄美贸易规模达到历史高峰，进出口总值285.3亿美元。然而，2014年美国开始对俄罗斯施行经济制裁，2015年进出口总值降至202亿美元，同比降幅达28.2%。在西方经济制裁背景下，俄美贸易虽然呈现逐年增长态势，但整体不敌前期，2019年进出口总值266.3亿美元，同比增长5.6%。2020年受新冠肺炎疫情影响，俄美双方进出口值小幅下降，其中出口值同比下降16.9%，进口值同比下降1.7%（图2-5）。

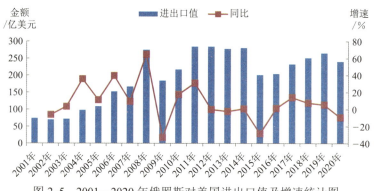

图2-5　2001—2020年俄罗斯对美国进出口值及增速统计图

2. 主要出口原料型资源产品

2001—2020年，俄罗斯对美国出口主要产品分别为成品油、原油、铝[①]、生铁[②]和铂[③]，上述商品出口值合计占同期俄罗斯对美国出口总值的59.2%，其中

[①] HS编码7601，具体品名为"未锻轧铝"。

[②] HS编码7201，具体品名为"生铁及镜铁，锭、块或其他初级形状"。

[③] HS编码7110，具体品名为"铂，未锻造、半制成或粉末状"。

原油和成品油合计占 38.4%（表 2-9）。

排除全球经济危机、新冠肺炎疫情等特殊因素，成品油、生铁和铝在俄罗斯对美出口中总体呈上升趋势，原油出口在 2012 年后不断下降。总体来看，俄罗斯对美国出口以原料型资源产品为主。

表 2-9　2001—2020 年俄罗斯对美国主要出口商品统计表

单位：亿美元

HS 年份	2710	2709	7601	7201	7110	7207	3102	3104	8108	4412
2001 年	0.9	0.1	12.3	0.4	0.0	1.3	0.5	0.3	0.7	0.7
2002 年	2.5	4.3	10.0	0.2	0.0	1.9	0.2	0.1	0.3	0.9
2003 年	2.1	5.3	9.2	0.9	0.0	0.3	0.3	0.1	0.5	0.9
2004 年	3.6	12.8	8.2	2.0	0.0	5.4	0.7	0.1	0.8	1.3
2005 年	6.3	6.9	8.0	3.3	0.0	4.4	1.1	0.5	1.3	1.3
2006 年	10.7	8.6	9.7	5.4	4.0	6.0	1.4	0.3	2.5	1.0
2007 年	14.9	8.0	10.8	6.3	4.5	4.4	1.8	0.0	3.0	1.1
2008 年	27.5	25.2	18.5	6.9	0.0	1.9	3.4	6.6	2.7	1.0
2009 年	19.2	19.9	18.0	3.1	0.0	0.6	1.7	0.9	2.1	0.6
2010 年	18.6	41.3	16.6	2.1	0.0	3.3	1.9	3.3	2.0	0.9
2011 年	38.4	55.6	14.2	2.7	0.0	4.3	2.8	5.0	1.9	1.1
2012 年	29.0	31.5	13.9	2.9	3.9	5.0	4.3	3.2	1.8	1.0
2013 年	28.6	12.7	15.7	4.4	2.6	3.3	5.0	2.2	1.7	1.2
2014 年	37.3	0.8	10.4	7.1	1.1	4.3	5.3	1.8	1.6	1.4
2015 年	27.2	3.3	9.8	6.9	2.8	1.2	4.6	3.8	1.5	1.1
2016 年	32.3	1.6	15.8	5.7	5.4	1.4	2.3	0.9	1.4	1.2
2017 年	32.0	2.4	17.0	10.2	7.9	2.2	2.7	1.8	1.8	1.4
2018 年	38.3	9.1	4.9	12.1	11.4	3.4	4.3	2.0	2.1	2.0
2019 年	44.9	21.6	3.6	5.9	14.3	2.3	4.0	1.7	2.2	1.6
2020 年	43.9	9.5	2.2	4.2	20.9	0.8	2.1	0.7	1.3	1.6
合计	458.1	280.6	228.8	92.6	78.6	57.6	50.5	35.3	33.2	23.3

3. 主要进口高附加值机械设备、技术和肉类等产品

2001—2020 年,俄罗斯自美国进口的主要产品为载人机动车辆、其他航空器[①]、禽肉[②]、药品和医用仪器及器具[③],上述商品进口值合计占同期俄罗斯自美国进口总值的 21.5%。其中,载人机动车辆占比最多,为 8%,其他产品占比分别为 4.2%、3.2%、3.2% 和 2.9%(表 2-10)。

表 2-10 2001—2020 年俄罗斯自美国主要进口商品统计表

单位:亿美元

HS 年份	8703	8802	0207	3004	9018	8708	8502	3002	8429	8701
2001 年	0.4	0.3	5.7	0.4	1.0	0.1	0.1	0.1	0.4	0.1
2002 年	0.5	1.3	4.2	0.2	0.8	0.1	0.2	0.1	0.4	0.1
2003 年	0.8	1.7	4.1	0.2	1.1	0.2	0.1	0.1	0.4	0.2
2004 年	2.0	1.1	4.0	0.3	1.0	0.3	0.2	0.2	0.4	0.6
2005 年	3.0	2.8	4.9	0.8	1.4	0.5	0.7	0.3	0.7	1.1
2006 年	4.9	0.0	5.5	2.4	1.9	0.6	0.7	0.7	0.9	2.0
2007 年	10.5	0.0	6.3	2.7	3.1	1.1	3.3	0.7	1.8	4.6
2008 年	17.1	0.0	8.4	3.2	4.7	2.2	5.4	1.0	2.5	7.1
2009 年	3.6	0.0	7.5	2.7	3.0	1.0	9.8	1.1	1.4	0.5
2010 年	4.8	0.0	3.3	3.9	3.3	1.8	4.5	1.8	1.7	0.8
2011 年	7.4	0.0	3.3	4.6	4.4	2.8	2.2	1.7	3.9	1.3
2012 年	11.6	8.8	3.4	4.5	5.4	4.2	4.7	2.5	4.8	1.0
2013 年	21.4	16.9	3.4	5.0	4.7	4.0	2.6	2.7	2.5	0.7
2014 年	22.2	52.0	1.6	5.0	4.9	4.5	1.7	3.0	1.5	0.9
2015 年	7.7	0.0	0.0	3.7	3.4	2.4	2.0	2.5	0.4	0.3

---

① HS 编码 8802,具体品名为"其他航空器(例如,直升机、飞机);航天器(包括卫星)及运载工具,亚轨道运载工具"。

② HS 编码 0207,具体品名为"品目 0105 所列家禽的鲜、冷、冻肉及食用杂碎"。

③ HS 编码 9018,具体品名为"医疗、外科、牙科或兽医用仪器及器具,包括闪烁扫描装置、其他电气医疗装置及视力检查仪器"。

续表

HS 年份	8703	8802	0207	3004	9018	8708	8502	3002	8429	8701
2016 年	6.9	0.0	0.0	4.2	2.7	2.7	1.8	2.2	0.5	0.4
2017 年	8.4	0.0	0.0	4.8	2.8	3.7	0.5	2.4	1.2	1.0
2018 年	9.2	0.0	0.0	4.1	2.8	3.6	0.5	3.3	1.4	1.0
2019 年	11.2	0.0	0.0	6.1	3.5	3.6	0.3	7.5	0.6	0.7
2020 年	9.4	0.0	0.0	5.5	3.2	3.4	0.4	5.6	0.4	0.5
合计	163.0	84.8	65.4	64.5	59.0	42.6	41.6	39.6	27.6	25.0

药品、医用仪器及器具进口贸易总体发展比较稳定,近年来年进口值在 5 亿美元左右浮动。其他航空器以及禽肉波动最明显,2015 年之前该类商品的进口值波动增长,2015 年之后,由于俄罗斯的贸易战略目标转移以及美国对核心技术的管控,俄罗斯停止从美国进口该类商品。载人机动车辆进口也存在一定波动,2014 年达到 22.2 亿美元的峰值后,2016 年大幅回落至 6.9 亿美元,此后有所回升。总体来看,俄罗斯从美国主要进口产品侧重于高附加值的机械设备、技术和肉类产品等民生需求类商品,后期主要进口高附加值的技术产品。

四、俄罗斯对上合组织其他成员国进出口发展情况

(一)俄罗斯对上合组织其他成员国[①]进出口贸易发展情况

俄罗斯对上合组织其他成员国进出口贸易主要可分为三个阶段,分别为 2001—2008 年进出口贸易递增阶段、2009—2016 年危机后调整阶段、2017—2020 年进出口贸易稳步发展阶段(图 2-6)。

2001—2008 年,俄罗斯与上合组织其他成员国的进出口贸易快速发展,2008 年攀升至 817.6 亿美元,同比增长 34.4%,其中出口值同比增长 29.1%,进口值同比增长 39.5%。之后因为金融危机的影响,俄罗斯与上合组织其他

---

① 2017 年以前的上合组织成员国整体数据不包含巴基斯坦和印度。

成员国进出口贸易均有不同程度的下降,2009 年进出口总值降到 569.7 亿美元,同比下降 30.3%,其中出口值同比下降 24.9%,进口值同比下降 35.2%。

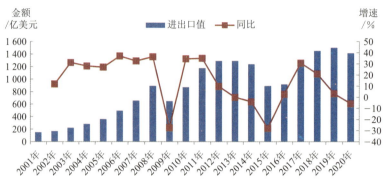

图 2-6　2001—2020 年俄罗斯对上合组织其他成员国进出口值及增速统计图

2009—2016 年,面对全球金融危机,俄罗斯应对危机政策效果良好,对上合组织其他成员国进出口贸易总值出现较大的回升,2010—2013 年连续 4 年上涨,其中 2010、2011 年同比分别上涨 39.2% 和 38.5%。此后,受俄罗斯金融危机的影响,俄罗斯整体对外的进出口贸易值出现下跌,2014、2015 年俄罗斯与上合组织其他成员国进出口贸易降幅逐年加深,2015 年俄罗斯与上合组织其他成员国进出口总值为 813.8 亿美元,同比下降 29.9%。2017—2019 年随着俄罗斯经济缓慢恢复、中俄双边关系日趋密切,俄罗斯对上合组织其他成员国进出口贸易稳定增长,在 2019 年达到 1 502.5 亿美元的峰值。2020 年受新冠肺炎疫情影响,进出口总值又出现略微下降,降至 1 416.3 亿美元,同比下降 5.7%。

(二)能源资源型产品出口比重近半

2001—2020 年,俄罗斯对上合组织其他成员国出口主要商品为原油、成品油、原木、锯材和煤,合计占同期俄罗斯对上合组织其他成员国出口总值的 50.1%,能源资源类产品在俄罗斯对上合组织其他成员国出口产品中占比超 50%(表 2-11)。

表 2-11　2001—2020 年俄罗斯对上合组织其他成员国主要出口商品统计表

单位:亿美元

HS 年份	2709	2710	4403	4407	2701	8411	0303	3104	4703	2601
2001 年	4.9	4.5	4.7	0.5	0.1	1.9	0.8	1.8	2.6	0.0
2002 年	7.0	4.9	7.4	0.7	0.2	3.4	0.6	1.9	2.7	0.0
2003 年	11.3	10.5	7.4	1.0	0.3	4.4	0.8	1.7	2.6	0.0
2004 年	22.6	17.7	9.4	1.7	0.2	2.9	0.7	2.2	2.7	0.6
2005 年	37.1	21.9	13.6	2.8	0.6	3.3	1.3	5.3	3.1	1.5
2006 年	65.1	26.7	16.4	4.1	0.4	5.3	1.9	6.0	3.7	0.8
2007 年	74.4	26.5	24.8	6.3	0.4	4.9	1.9	8.1	4.7	2.7
2008 年	109.5	50.1	21.5	8.4	0.5	3.8	1.3	12.1	5.4	6.9
2009 年	65.0	30.9	14.9	9.2	6.6	3.7	6.6	4.3	4.3	4.3
2010 年	73.1	28.3	14.5	10.2	9.3	5.7	8.9	5.5	5.6	6.8
2011 年	170.9	55.1	15.3	13.0	9.1	3.8	9.4	7.1	6.9	20.0
2012 年	212.1	64.4	11.5	14.5	20.9	8.8	9.4	12.5	5.8	14.1
2013 年	214.2	74.2	11.3	17.4	22.7	10.0	10.2	7.4	5.7	12.5
2014 年	221.7	65.6	13.1	18.1	20.3	10.1	9.2	7.5	6.9	6.0
2015 年	141.4	49.5	10.1	14.4	10.1	10.6	9.3	5.7	7.0	3.6
2016 年	148.4	35.8	10.7	17.2	8.3	9.2	9.5	5.3	7.1	2.5
2017 年	215.9	49.9	11.9	23.2	20.5	14.3	9.3	6.3	7.9	3.3
2018 年	363.4	59.9	11.2	26.8	23.5	15.4	12.4	4.6	10.6	2.3
2019 年	343.1	51.1	8.0	28.3	29.0	18.6	13.5	6.5	7.2	4.7
2020 年	241.1	37.7	7.0	26.0	25.5	17.8	11.8	5.0	7.4	8.8
合计	2742.0	765.0	244.6	243.9	208.4	158.0	128.9	115.9	110.1	101.5

　　原油和成品油出口值在 2009 年受全球金融危机影响分别下降了 40.7%、38.2%,在 2015 年受俄罗斯金融危机影响分别下降了 36.2%、24.6%,在 2020 年受新冠肺炎疫情影响分别下降了 29.7%、26.2%。排除金融危机及疫情的影响,原油和成品油的出口在俄罗斯对上合组织其他成员国中总体呈波动上升趋势。原木和锯材的出口受到关税政策的影响较大,2009 年 1 月俄罗斯原木

出口关税提高至 80%，同时取消多种木材加工设备的进口关税，同年原木的出口值下降 31%，之后持续波动下降，锯材出口值持续上升直至 2019 年，2020 年受新冠肺炎疫情影响下降。煤出口值 2001 年后逐年上升，2012 年攀升至 20.9 亿美元，此后除 2015、2016 年明显回落外，年出口值保持在 20 亿美元以上。

（三）进口以轻工业品为主

2001—2020 年，俄罗斯自上合组织其他成员国的主要进口产品分别为电话机、自动数据处理设备、机动车零件和附件、鞋靴[①]和玩具，上述商品进口值分别占同期俄罗斯自上合组织其他成员国总进口值的 7.8%、6.1%、1.7%、1.5% 和 1.5%（表 2-12）。

2007 年，俄罗斯自上合组织其他成员国主要产品进口值出现大幅攀升，其中电话机进口值增至 18.4 亿美元，同比增长 932%，其他四种商品分别同比增长 37.8%、184.5%、111.4% 和 78%。2010 年，俄罗斯自上合组织其他成员国主要产品进口值再次大幅增长，该五种主要进口商品增幅分别为 87.5%、83.6%、155.4%、111.7% 和 110.5%。2010 年之后，俄罗斯自上合组织其他成员国主要进口商品处于稳中有升的发展态势。

表 2-12　2001—2020 年俄罗斯自上合组织其他成员国主要进口商品统计表

单位：亿美元

年份 \ HS	8517	8471	8708	6403	9503	6402	8529	8516	2601	8419
2001 年	0.2	0.5	0.1	0.8	0.5	0.3	0.1	0.1	2.3	0.0
2002 年	0.5	1.2	0.1	0.7	0.5	0.4	0.3	0.4	2.5	0.0
2003 年	0.5	2.0	0.1	0.7	0.7	0.8	0.4	0.7	3.5	0.0
2004 年	0.9	3.8	0.2	0.5	1.2	0.9	0.6	1.5	7.5	0.1
2005 年	1.5	6.9	0.2	0.8	1.5	2.7	1.2	2.1	5.0	0.5
2006 年	1.8	11.6	1.0	4.1	1.7	3.0	1.7	3.2	4.6	1.0
2007 年	18.4	15.9	2.7	8.6	3.1	4.5	2.5	4.4	7.2	1.9

---

① HS 编码 6403，具体品名为"橡胶、塑料、皮革或再生革制外底，皮革制鞋面的鞋靴"。

续表

HS 年份	8517	8471	8708	6403	9503	6402	8529	8516	2601	8419
2008 年	25.6	26.5	3.8	11.0	4.0	7.2	3.5	5.6	10.1	2.4
2009 年	15.9	21.1	2.0	6.6	3.4	6.6	3.0	4.0	5.9	0.6
2010 年	29.7	38.7	5.1	14.0	7.3	10.8	8.8	6.9	0.0	1.2
2011 年	32.8	40.7	9.6	11.7	8.4	10.8	10.3	8.5	0.0	1.5
2012 年	34.9	45.7	12.4	9.2	9.6	11.7	12.4	9.5	8.2	1.9
2013 年	47.2	32.8	13.4	8.4	10.7	12.5	9.2	11.6	7.8	1.5
2014 年	54.1	33.1	12.5	6.6	10.6	8.7	10.0	7.5	8.3	1.6
2015 年	42.4	22.4	6.9	4.1	5.6	5.2	6.3	4.3	4.4	3.2
2016 年	43.4	23.0	8.5	3.5	7.2	4.6	6.7	4.6	3.8	38.1
2017 年	53.6	32.3	12.1	6.0	9.0	6.1	8.5	6.5	5.1	34.3
2018 年	66.1	39.0	12.9	7.2	9.9	5.9	10.0	7.9	4.6	2.1
2019 年	67.2	36.1	13.9	7.0	10.0	5.7	8.0	8.3	6.5	3.0
2020 年	67.9	41.5	12.8	5.1	8.8	4.9	7.4	9.1	6.4	4.1
合计	604.4	475.1	130.3	116.6	113.5	113.4	111.0	106.9	103.6	99.1

第二章
哈萨克斯坦进出口贸易发展情况

哈萨克斯坦作为上合组织的重要成员国之一,其贸易发展状况与上合组织整体贸易发展息息相关。哈萨克斯坦是一个中亚内陆国家,领土横跨亚欧两洲,国土面积为 272.49 万平方千米,是世界上最大的内陆国,境内多为平原和低地,其中与中国接壤的东南部地势较高,里海沿岸的西北部地势较低。哈萨克斯坦矿产资源丰富,素有"能源和原材料基地"之称。其中,石油、天然气、煤炭、铀矿、黄金、铜等储量均在世界名列前茅。销售自然资源是其主要经济来源,其自然资源已出口至欧洲、美国、中国、韩国、新加坡、马来西亚等多个国家和地区。此外,农业是哈萨克斯坦非常有潜力的产业之一。哈萨克斯坦 80% 的土地是可耕种土地,是全球小麦、面粉出口量最大的国家之一。2015 年正式加入世贸组织以来,哈萨克斯坦积极调整外贸发展战略,升级出口商品结构,不断为国内经济的多元化、可持续增长创造条件。在世界银行全球营商环境排行榜上,哈萨克斯坦排名由 2016 年的第 53 名晋升至 2020 年的第 25 名,现已经成为仅次于俄罗斯的中亚和东欧地区第二大贸易国。

一、哈萨克斯坦进出口贸易发展历程

哈萨克斯坦对全球进出口贸易的发展历程大致可分为以下三个阶段(图 2-7)。

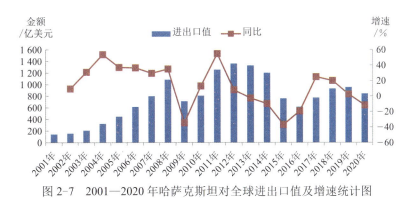

图 2-7　2001—2020 年哈萨克斯坦对全球进出口值及增速统计图

(一) 2001—2008 年:快速发展

2001—2008 年,哈萨克斯坦国内经济稳步增长,包括加大吸引外资力度、促进经济特区发展和贸易政策日益开放等一系列政策措施促使进出口总值连续 7 年高速增长。2008 年哈萨克斯坦进出口总值突破 1 000 亿美元,达到 1 089.9 亿美元,较 2001 年增长 638.1%。

与此同时,除 2007 年以外,哈萨克斯坦出口增速均高于进口增速,贸易顺差由 2001 年的 22.1 亿美元快速增长至 2008 年的 333.6 亿美元,增长了 14.1 倍。

(二) 2009—2014 年:稳中求进

受 2008 年美国次贷危机的影响,全球经济出现明显衰退。2009 年哈萨克斯坦进出口总值从 2008 年的 1 089.9 亿美元下降至 716 亿美元,同比下降 34.3%,其中出口值和进口值分别下降 39.3% 和 24.9%。此后,由于全球各国采取各种刺激需求的经济政策,2010 年起哈萨克斯坦进出口贸易重回上升轨道,并在 2012 年达到历史最高值 1 368.2 亿美元。2014 年,伴随着国际原油价格大跌,哈萨克斯坦原油出口利润几近腰斩,外汇收入骤减,不得不降低油气领域项目投资缓解财政压力;同时,受国内经济增速放缓和货币贬值的双重影响,商品进口量下滑,经济开始进入低增长时期。2013—2014 年进出口贸易总值连续两年下降,2014 年进出口贸易总值下降至 1 207.5 亿美元。

经济衰退引发的需求不足导致全球工业产能下降,压缩工业原材料需求。

2009 年,哈萨克斯坦贸易顺差下降 55.7%,至 147.9 亿美元。为应对经济危机,各国纷纷出台经济刺激政策,致使能源、矿产品等工业原材料需求迅速回升,2010 年,哈萨克斯坦贸易顺差为 332.2 亿美元,基本恢复至次贷危机前的水平;2011 年进一步扩大至 501 亿美元,创 20 年来最高值。此后,随着进出口关税进一步降低,叠加国际能源价格调整,贸易顺差波动下降,至 2014 年的 381.6 亿美元。

(三) 2015—2020 年:震荡调整

在 2014 年全球经济疲软的大背景下,世界经济继续艰难运行。2015 年哈萨克斯坦出口值和进口值再次出现大幅双降,下降幅度分别为 42.2% 和 26%,进出口贸易总值由 1 207.5 亿美元跌至 765.2 亿美元,同比下降 36.6%。2016 年一度跌至 2007 年之前的贸易水平。2017—2019 年哈萨克斯坦进出口贸易总值连续 3 年上升,2019 年进出口总值恢复至 960.8 亿美元。但受新冠肺炎疫情影响,2020 年哈萨克斯坦出口值和进口值再次出现双降,出口贸易值下降幅度远大于进口贸易值下降幅度,进出口总值下降至 850.3 亿美元,同比下降 11.5%。

受世界经济低迷、国际能源价格暴跌和汇率剧烈波动的共同影响,哈萨克斯坦能源和矿产品出口值骤减。2015—2016 年,哈萨克斯坦贸易顺差连续下降 59.7% 和 24.6%,至 116 亿美元,为 2006 年以来最低值。此后,贸易顺差随国际原油价格波动。2020 年受新冠肺炎疫情影响,原油价格大幅下滑,当年贸易顺差缩小至 88.7 亿美元,下降 54.2%,自 2005 年以来首次降至 100 亿美元以下的水平。

二、哈萨克斯坦主要进出口商品

(一) 出口以能源和资源型产品为主

原油一直以来都是哈萨克斯坦最主要的出口商品之一,国内产量的 80% 都用于出口贸易。上合组织成立 20 年以来,哈萨克斯坦出口原油占出口总值

的比重均在 50％以上。其中,2013 年哈萨克斯坦出口原油达到历史最高值
572.5 亿美元,较 2001 年增长 12.5 倍,占当年出口总值的 67.6％(表 2-13)。
2019 年哈萨克斯坦跻身全球十大石油出口国之列。除原油之外,铜材①、石油

表 2-13　2001—2020 年哈萨克斯坦主要出口商品统计表

单位:亿美元

HS 年份	2709	7403	2711	7202	2710	2844	2601	1001	2603	7901
2001 年	42.5	6.0	1.2	3.2	1.3	0.0	0.9	3.2	0.4	1.6
2002 年	50.3	5.8	2.8	3.4	1.2	1.3	1.1	3.3	0.4	1.5
2003 年	70.1	6.2	3.4	4.4	2.5	1.0	1.8	5.2	0.7	1.4
2004 年	114.2	10.1	7.0	8.2	4.2	1.4	4.4	3.9	1.4	2.2
2005 年	174.0	14.4	6.9	9.7	9.1	2.5	6.4	2.2	1.0	3.1
2006 年	236.1	24.0	9.0	9.5	12.0	5.7	6.7	5.2	1.2	8.0
2007 年	281.3	25.2	11.5	14.2	13.7	8.6	8.0	11.7	2.5	10.1
2008 年	435.1	25.0	19.8	29.6	20.0	13.0	12.8	14.6	3.6	6.4
2009 年	262.1	14.1	18.0	11.9	11.9	16.2	9.4	6.3	4.6	4.0
2010 年	369.8	18.7	16.8	18.3	17.6	20.9	11.9	9.1	5.5	5.5
2011 年	551.7	28.7	38.2	33.7	24.3	21.6	27.5	6.1	8.8	7.7
2012 年	564.4	34.3	36.2	38.9	32.3	27.5	24.2	16.0	8.2	10.3
2013 年	572.5	26.9	33.8	17.2	31.5	23.3	15.7	12.5	5.9	4.9
2014 年	536.3	17.1	33.0	18.4	29.8	20.8	11.1	9.6	8.3	5.9
2015 年	267.7	19.2	23.8	13.6	13.8	23.5	4.0	6.9	3.1	5.8
2016 年	193.8	18.2	17.4	14.0	8.1	17.7	3.9	6.9	4.4	5.5
2017 年	265.8	23.4	22.6	22.1	11.6	14.4	5.1	6.6	10.8	8.3
2018 年	378.0	24.3	30.1	22.0	12.4	13.5	4.8	9.7	11.9	2.8
2019 年	335.6	25.1	34.6	18.8	10.3	15.5	6.6	10.0	11.5	5.0
2020 年	237.0	27.2	24.7	16.6	6.5	17.2	6.6	11.4	14.6	6.2
合计	5 938.3	393.9	390.7	327.6	274.1	265.8	172.7	160.4	108.7	106.3

① HS 编码 7403,具体品名为"未锻轧的精炼铜及铜合金"。

气及其他烃类气、铁合金^①、成品油也在哈萨克斯坦出口份额中占有较大比重。

（二）进口商品结构不断调整

按 4 位商品编码统计,20 年来哈萨克斯坦进口产品排在首位的是载人机动车辆,其次是原油、成品油、成品药以及电话机(表 2-14)。随着哈萨克斯坦市场需求的不断变化,近年来进口商品结构有所调整。载人机动车辆进口自 2015 年不断减少,较 2007 年的 23.9 亿美元减少 63.5%,占比由 7.3% 降至仅 2.9% 左右。原油和成品油进口在 2013 年达到 28.4 亿美元和 16 亿美元的峰值后出现明显下降,至 2020 年石油进口值更是降为不足 1 000 万美元。而成品药以及电话机这两类商品的进口值总体呈现上升趋势,2010 年以来增长较快,所占比重明显提升。

三、哈萨克斯坦对全球主要贸易市场进出口发展情况

20 年来,哈萨克斯坦主要贸易伙伴分别为欧盟、俄罗斯、中国、瑞士和乌克兰。2001—2003 年,俄罗斯是哈萨克斯坦最大的贸易伙伴。2004 年,欧盟超越俄罗斯成为哈萨克斯坦第一大贸易伙伴并始终保持遥遥领先地位。2004—2020 年,哈萨克斯坦对俄罗斯的进出口贸易总值占其进出口总值的比重保持在 19% 左右。哈萨克斯坦对中国进出口贸易快速发展,中国曾于 2012 年以微弱优势领先俄罗斯成为哈萨克斯坦第二大贸易伙伴,占其进出口总值的比重稳步提升,2020 年达到 18.1%,较 2001 年提升 12.5 个百分点。

（一）哈萨克斯坦对欧盟进出口贸易发展情况

1. 基本贸易情况

欧盟是哈萨克斯坦最主要的经贸合作伙伴,双方一直保持着良好的合作关系。2015 年 12 月,哈萨克斯坦与欧盟签署深化伙伴关系和合作协议,就经

---

① HS 编码 7202,具体品名为"铁合金"。

表 2-14　2001—2020 年哈萨克斯坦主要进口商品统计表

单位：亿美元

HS 年份	8703	2709	2710	3004	8517	7305	7304	8481	8802	2711
2001 年	2.3	2.3	2.9	1.1	0.7	1.1	2.1	0.8	0.1	1.5
2002 年	2.3	2.3	1.9	1.4	0.9	0.3	1.6	0.7	1.3	2.4
2003 年	3.5	2.6	2.7	1.9	1.3	1.2	1.5	0.8	1.0	2.5
2004 年	5.5	5.1	5.1	2.7	1.1	1.5	2.6	1.2	0.8	3.7
2005 年	7.6	7.8	5.9	3.3	1.7	3.4	3.7	1.9	0.3	3.8
2006 年	14.1	14.9	8.1	4.1	1.8	3.9	4.6	2.5	2.2	4.7
2007 年	23.9	18.3	10.6	5.0	2.6	3.4	5.9	3.3	5.2	3.8
2008 年	12.3	27.7	15.6	6.0	0.3	13.6	7.1	6.0	7.5	4.9
2009 年	7.7	14.5	7.8	6.1	2.6	22.9	5.6	6.4	2.8	2.9
2010 年	4.0	13.4	4.7	7.5	4.2	2.0	4.4	3.4	6.2	2.8
2011 年	6.5	25.0	13.8	7.8	8.4	2.4	5.0	4.0	5.8	3.0
2012 年	13.8	22.0	14.6	10.2	7.8	10.0	5.7	4.9	3.3	5.0
2013 年	21.9	28.4	16.0	12.9	10.2	17.5	8.0	6.4	6.6	4.9
2014 年	23.3	1.9	14.1	11.1	10.6	2.7	6.9	6.0	6.3	3.7
2015 年	8.7	0.2	9.3	9.3	7.2	8.1	4.0	4.8	4.7	4.4
2016 年	4.2	0.1	7.8	7.0	6.1	5.3	3.1	4.8	3.1	4.7
2017 年	5.5	0.1	10.2	7.9	8.4	1.0	4.0	4.1	1.9	3.2
2018 年	6.1	0.1	8.1	8.8	9.9	0.6	5.4	5.8	4.9	3.9
2019 年	7.4	0.1	4.2	8.6	9.3	3.4	5.5	8.2	6.3	6.2
2020 年	7.7	0.0	4.6	11.7	10.2	1.0	4.2	8.1	7.0	4.0
合计	188.3	186.8	168.0	134.2	105.2	105.2	91.0	84.1	77.2	76.2

贸、投资、能源、交通运输、环保、区域合作等领域展开深度合作。协议的签署有利于哈萨克斯坦的经济发展，并推动哈萨克斯坦与欧盟双边经贸合作再上新台阶。

哈萨克斯坦对欧盟进出口在 2001—2008 年经历了一个快速增长的阶段，从 2001 年的 39.8 亿美元增长到 2008 年的 391.5 亿美元，8 年间翻了近 10

倍。受国际金融危机及货物进出口价格变化影响,哈萨克斯坦对欧盟进出口在
2009 年出现了短暂下降。经过快速调整后哈萨克斯坦对欧盟进出口在 2010
年开始回升,2013 年达到最高值 551.9 亿美元。此后,欧债危机不断加剧,欧
盟地区经济持续萧条,同时国际原油价格大跌引发财政收入下降,导致哈萨克
斯坦货币出现贬值,进口需求疲软。受日益严峻的外部环境影响[1],哈对欧盟
进出口自 2014 年起连续 3 年下降,其中 2015 年降幅达到 41.2%,为 20 年来
对欧盟进出口最大降幅。虽在 2017—2018 年有所回升,但 2019 年再次出现下
降趋势,2020 年进出口值进一步下降到 245.1 亿美元(图 2-8)。

图 2-8 2001—2020 年哈萨克斯坦对欧盟进出口值及增速统计图

2. 主要出口商品为能源及金属类产品

哈萨克斯坦对欧盟出口前五位的商品依次是原油、成品油、铜材、石油气
及其他烃类气和铁合金(表 2-15)。哈萨克斯坦是独联体国家中仅次于俄罗斯
第二大油气资源国,早在苏联时期国内石油天然气工业就具备一定规模。除
2009 年受金融危机的影响出现了短暂下降外,哈萨克斯坦对欧盟石油出口值
在 2001—2013 年保持快速增长的态势,从 2001 年的 11.1 亿美元快速攀升至
2013 年的 398.7 亿美元,增长 34.9 倍,原油出口值占对欧出口总值的比重也
由 50% 左右提升至接近 90%;然而,国际原油价格大幅下滑,2016 年哈萨克斯

---

[1]《对 2014 年—2018 年哈萨克斯坦经济社会发展的预测》,驻哈萨克经商参处,网址:
https://china. huanqiu. com/article/9CaKrnJChe5。

表 2-15 2001—2020 年哈萨克斯坦对欧盟主要出口商品统计表

单位：亿美元

HS\年份	2709	2710	7403	2711	7202	7106	2844	2804	8802	7901
2001 年	11.1	0.7	5.0	0.3	0.7	1.0	0.0	0.1	0.0	0.5
2002 年	12.3	0.6	2.7	0.5	0.7	0.7	0.4	0.2	0.1	0.1
2003 年	15.5	0.9	2.0	1.3	0.9	0.7	0.0	0.4	0.1	0.1
2004 年	50.2	1.9	7.1	2.7	1.8	1.3	0.2	0.7	0.0	0.8
2005 年	83.7	5.4	8.7	2.8	4.3	1.6	0.3	0.9	0.1	0.4
2006 年	120.8	8.2	19.9	2.5	4.2	2.6	1.7	0.8	2.4	0.7
2007 年	140.3	6.2	13.8	3.1	5.3	2.8	2.2	0.8	3.6	4.7
2008 年	234.6	9.4	14.8	5.6	13.4	2.7	2.5	1.7	3.4	3.4
2009 年	179.7	3.5	6.8	4.5	2.7	1.3	4.2	0.6	0.4	1.5
2010 年	263.9	7.8	6.6	8.8	5.0	1.5	2.9	1.0	0.0	2.5
2011 年	366.5	9.7	8.4	12.8	10.7	1.6	3.4	1.7	0.5	0.6
2012 年	392.5	12.3	6.6	11.9	12.3	3.7	3.5	1.8	1.9	0.1
2013 年	398.7	27.5	5.4	8.1	3.8	2.0	2.3	2.0	1.1	0.0
2014 年	392.0	27.2	1.0	7.0	2.7	1.4	1.2	2.1	1.3	0.0
2015 年	196.7	12.7	7.0	7.0	2.4	4.8	2.7	2.0	0.5	0.1
2016 年	147.7	6.9	4.4	4.6	2.2	5.8	2.1	1.4	0.0	0.8
2017 年	205.3	9.9	2.9	2.6	3.5	5.3	0.4	1.7	0.0	0.5
2018 年	274.8	9.4	4.1	2.0	3.6	3.7	1.2	1.8	0.4	0.0
2019 年	219.0	7.5	1.9	1.4	2.3	2.0	1.6	1.7	1.7	0.0
2020 年	156.7	3.9	1.3	0.8	2.0	5.5	1.7	1.6	2.5	0.0
合计	3 862.0	171.5	130.4	90.2	84.6	52.0	34.6	25.1	19.9	16.5

坦对欧盟出口原油下降至 147.7 亿美元,占比自 2008 年以来首次下降至 80%
以下;2017—2018 年虽经历了小幅的回升,但是 2019—2020 年再次出现走低
的情况。哈萨克斯坦对欧盟出口成品油在 2001—2006 年逐年增加,从 0.7 亿
美元增加到 8.2 亿美元;2007 年全球油价大幅下跌导致出口值下降,2008 年又
短暂创新高 9.4 亿美元;受国际金融危机影响,2009 年同比减少 62.3%;金融

危机之后的一系列刺激计划促使哈萨克斯坦对欧盟出口成品油快速增长,从 2009 年的 3.5 亿美元增长到 2013 年的 27.5 亿美元,增长了近 7 倍;2014 年之后,哈萨克斯坦对欧盟成品油出口值再次回落到 10 亿美元以下;2020 年,哈萨克斯坦对欧盟成品油出口值仅为 3.9 亿美元。

3. 进口以药品和机械设备为主

20 年来,哈萨克斯坦自欧盟进口产品种类多样,前五位主要进口产品分别为成品药、阀门[①]、航空器、载人机动车辆、电气控制或电力分配装置[②](表 2-16)。其中,成品药进口整体呈快速增长趋势,除个别年份外始终保持进口首位,2020 年占比达 11.2%,比 2001 年提升 8 个百分点。阀门进口自 2001 年的 0.4 亿美元快速增长到 2009 年的 4.5 亿美元,2012 年减少为 1.7 亿美元,2013 年回升并保持在 2.5 亿美元左右。2004 年哈萨克斯坦自欧盟进口航空器 0.2 亿美元,至 2020 年已扩大到 4.6 亿美元,增长 20.8 倍。进口载人机动车辆波动幅度较大,2007 年增长到最高值 7.7 亿美元后震荡下降,2015—2020 年比重降为仅 0.6% 左右。

表 2-16　2001—2020 年哈萨克斯坦自欧盟主要进口商品统计表

单位:亿美元

年份　＼　HS	3004	8481	8802	8703	8537	3002	8414	7304	8413	7326
2001 年	0.6	0.4	0.0	0.5	0.2	0.1	0.3	0.4	0.3	0.1
2002 年	0.8	0.4	0.0	0.7	0.3	0.1	0.2	0.3	0.3	0.1
2003 年	1.1	0.4	0.0	1.2	0.2	0.1	0.3	0.3	0.3	0.2
2004 年	1.8	0.6	0.2	1.7	0.4	0.2	0.5	0.7	0.7	0.2
2005 年	2.3	0.4	0.0	2.3	0.7	0.4	0.5	0.9	0.7	0.5

① HS 编码 8481,具体品名为"用于管道、锅炉、罐、桶或类似品的龙头、旋塞、阀门及类似装置,包括减压阀及恒温控制阀"。

② HS 编码 8537,具体品名为"用于电气控制或电力分配的盘、板、台、柜及其他基座,装有两个或多个品目 8535 或 8536 所列的装置,包括装有第 90 章所列仪器或装置,以及数控装置,但品目 8517 的交换机除外"。

年份 ＼ HS	3004	8481	8802	8703	8537	3002	8414	7304	8413	7326
2006 年	2.8	1.2	1.3	4.8	0.6	0.4	0.9	1.1	0.9	0.5
2007 年	3.6	1.5	2.7	7.7	0.8	0.5	0.9	1.1	1.1	0.8
2008 年	4.3	4.0	3.6	3.0	1.3	0.7	0.9	1.9	1.4	1.4
2009 年	4.2	4.5	1.4	2.3	2.5	0.8	5.1	1.9	1.1	1.4
2010 年	5.2	1.7	5.5	0.8	3.3	1.0	0.9	0.7	1.3	0.9
2011 年	5.0	1.9	3.1	1.1	1.1	1.0	1.2	0.6	1.2	1.2
2012 年	6.8	1.7	0.1	1.6	1.0	1.1	0.6	0.6	1.4	1.3
2013 年	8.7	2.6	3.2	2.4	0.8	1.8	0.6	0.6	1.2	1.5
2014 年	7.5	2.4	2.9	1.8	1.2	1.7	0.6	1.0	1.1	1.3
2015 年	6.2	2.2	0.1	0.5	1.3	1.8	0.5	0.8	0.9	0.9
2016 年	4.4	2.4	1.2	0.3	0.9	1.5	2.0	1.1	0.8	1.1
2017 年	5.2	1.7	0.7	0.4	1.0	1.7	0.6	0.6	0.7	0.7
2018 年	5.8	2.8	1.8	0.4	1.5	1.5	0.6	1.3	0.7	1.1
2019 年	5.5	3.0	1.9	0.4	1.4	1.4	0.8	1.1	0.8	1.0
2020 年	6.9	3.1	4.6	0.4	1.1	1.5	1.0	0.9	0.8	0.8
合计	88.9	39.4	34.3	34.2	21.6	19.4	18.8	18.3	17.5	17.2

(二) 哈萨克斯坦对俄罗斯进出口贸易发展情况

1. 基本贸易情况

2001—2020 年哈萨克斯坦与俄罗斯的进出口贸易经历了快速增长、调整壮大和稳步增长时期。2001—2008 年进出口总值由 44.9 亿美元快速增长到 199.8 亿美元。2009、2010 年受金融危机影响大幅下降，下降幅度分别为 37.7%和 31.8%，进出口总值跌至 124.4 亿美元和 84.8 亿美元。2011 年进出口总值止跌回升，增长 180.4%至 237.8 亿美元。2012 年进出口总值达到 20 年间进出口总值的峰值，为 238.6 亿美元。此后受国际石油价格下跌和世界经济衰退的影响，进出口总值连续 3 年下滑，到 2016 年进出口总值跌至 126.4

亿美元。2017—2020 年为哈萨克斯坦对俄罗斯进出口贸易的稳步增长阶段。在全球经济复苏的背景下,2017 年哈萨克斯坦对俄罗斯进出口总值同比增长 26.5%。2020 年受疫情影响,进出口总值微降至 182 亿美元(图 2-9)。

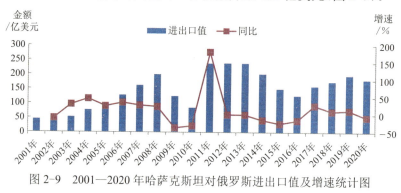

图 2-9　2001—2020 年哈萨克斯坦对俄罗斯进出口值及增速统计图

2. 主要出口商品为矿产品和原油

哈萨克斯坦对俄罗斯出口前五位的商品依次是铁矿砂及其精矿、煤炭、原油、氧化铝和铀矿[①],均为原料性商品(表 2-17)。2001—2010 年,哈萨克斯坦对俄出口上述五种商品合计占其对俄出口总值的比重均在 50% 以上,2011 年起,占比逐步下降,到 2020 年仅为 27.4%。同时,制成品占比显著提升,出口铁或非合金钢平板轧材[②]占比由 2001 年的 6.8% 提升至 2017 年的 15.1%。哈萨克斯坦对俄罗斯出口商品结构呈现出以原料性商品为主向多元化趋势发展。

3. 油、气进口此消彼长,载人机动车进口先抑后扬

哈萨克斯坦自俄罗斯进口前五位的商品依次是原油、成品油、载人机动车辆、钢管[③]和石油气及其他烃类气(表 2-18)。原油和成品油在 2014 年以前占

---

① HS 编码 2844,具体品名为"放射性化学元素及放射性同位素(包括可裂变或可转换的化学元素及同位素)及其化合物;含上述产品的混合物及残渣"。

② HS 编码 7210、7208,具体品名分别为"宽度≥600 mm 的铁或非合金钢平板轧材,经包覆、镀层或涂层""宽度≥600 mm 的铁或非合金钢平板轧材,经热轧,但未经包覆、镀层或涂层"。

③ HS 编码 7305,具体品名为"其他圆形截面钢铁管(例如,焊、铆及用类似方法接合的管),外径≥406.4 mm"。

表 2-17　2001—2020 年哈萨克斯坦对俄罗斯主要出口商品统计表

单位：亿美元

HS 年份	2601	2701	2709	2818	2844	7210	2711	7208	2610	2603
2001 年	0.8	2.1	5.1	1.6	0.0	0.8	0.7	0.3	0.2	0.3
2002 年	1.0	1.4	4.4	1.3	0.2	0.7	1.3	0.2	0.2	0.3
2003 年	1.5	2.0	5.0	1.7	0.5	1.4	1.1	0.4	0.2	0.0
2004 年	3.9	2.2	5.4	2.3	0.7	1.4	0.8	0.5	0.5	0.8
2005 年	4.7	3.3	3.8	3.1	1.3	1.7	0.9	0.4	1.1	0.9
2006 年	3.8	3.6	6.7	4.7	1.9	1.7	1.0	0.6	1.1	1.2
2007 年	5.9	3.9	6.6	4.6	5.2	2.4	1.3	0.7	1.6	0.5
2008 年	9.1	6.0	8.8	4.9	3.5	3.6	1.8	1.2	3.2	0.9
2009 年	4.9	4.1	3.5	3.1	2.7	2.2	1.7	0.5	1.5	0.6
2010 年	5.1	3.2	3.3	2.3	2.2	1.6	1.6	0.5	1.3	0.6
2011 年	15.1	14.3	0.5	3.8	1.3	4.3	2.0	1.7	3.3	2.4
2012 年	9.2	5.3	0.5	3.1	5.0	3.9	2.3	2.3	2.3	1.9
2013 年	8.4	3.6	0.3	3.1	3.3	3.2	2.3	1.9	2.3	2.0
2014 年	7.3	3.7	2.2	3.0	3.9	2.7	2.3	1.5	2.0	1.6
2015 年	3.7	2.5	6.1	3.4	5.0	2.1	1.8	1.0	1.4	0.7
2016 年	3.5	1.7	0.6	3.2	2.5	2.2	1.3	1.4	1.1	1.1
2017 年	4.6	2.6	0.1	3.3	1.5	3.1	1.3	3.7	1.4	1.5
2018 年	4.2	2.2	0.2	3.4	2.5	3.1	1.9	4.7	1.5	3.4
2019 年	5.9	2.2	0.3	1.6	4.3	1.9	2.7	3.5	1.1	3.3
2020 年	5.8	1.9	0.2	1.1	4.4	2.4	1.5	2.5	0.5	2.9
合计	108.4	71.8	63.4	58.5	51.7	46.5	31.7	29.1	27.9	26.9

进口绝对主导地位，2014—2015 年俄罗斯中止了供应哈萨克斯坦炼厂的免税原油，哈萨克斯坦自俄罗斯原油和成品油进口出现断崖式下跌，之后成品油进口虽有反弹，但原油进口值至 2020 年逐渐趋零。同时，哈萨克斯坦自俄罗斯进口天然气自 2015 年起连续攀升，至 2019 年达历史峰值 5 亿美元。哈萨克斯坦自俄罗斯进口载人机动车辆先抑后扬，由 2001 年的 1.2 亿美元降至 2010 年的

0.2 亿美元,随后快速增长到 2014 年的 11.6 亿美元,为历史最高值,此后连续下降两年,自 2017 年起稳定在 2.5 亿美元以上。哈萨克斯坦是拥有丰富油气资源的内陆国家,管道运输是油气外运的主要方式,因此,随着中国—哈萨克斯坦天然气和原油输送管道的修建周期,哈萨克斯坦自俄罗斯进口钢管产品也有

表 2-18　2001—2020 年哈萨克斯坦自俄罗斯主要进口商品统计表

单位:亿美元

年份＼HS	2709	2710	8703	7305	2711	8606	4011	2704	7304	7216
2001 年	2.3	2.5	1.2	0.2	0.3	0.2	0.6	0.4	1.0	0.3
2002 年	2.3	1.5	0.9	0.2	1.2	0.2	0.5	0.4	0.6	0.2
2003 年	2.6	2.1	0.9	0.5	1.5	0.2	0.7	0.4	0.5	0.4
2004 年	5.1	4.6	1.1	0.6	1.7	1.1	0.9	1.0	0.9	0.7
2005 年	7.8	5.2	1.1	1.2	2.0	1.7	1.0	1.3	1.3	0.9
2006 年	14.9	7.0	1.0	2.1	2.4	1.5	1.3	0.8	1.4	1.2
2007 年	18.3	9.2	1.5	1.3	0.8	0.7	1.7	0.9	1.5	1.7
2008 年	27.7	13.8	0.6	4.0	0.8	2.0	1.5	1.8	1.5	1.5
2009 年	14.5	6.4	0.3	4.6	0.7	1.1	1.0	0.9	1.0	0.9
2010 年	13.4	3.3	0.2	0.3	0.7	0.5	0.5	0.8	0.5	0.6
2011 年	25.0	12.3	1.4	0.8	0.7	4.7	1.9	2.2	1.7	2.0
2012 年	22.0	12.8	4.0	3.9	1.4	6.2	1.9	2.1	1.6	2.0
2013 年	28.4	13.5	8.9	9.2	1.0	1.3	2.0	1.7	2.0	2.1
2014 年	1.9	11.2	11.6	1.0	0.9	2.1	1.7	1.4	2.3	1.8
2015 年	0.2	7.3	6.2	0.7	1.3	0.9	1.4	1.3	1.2	1.7
2016 年	0.1	6.4	2.0	0.5	1.7	0.4	1.5	1.2	1.0	1.0
2017 年	0.1	8.4	2.6	0.4	1.8	1.0	1.8	2.2	1.4	1.6
2018 年	0.1	6.7	3.0	0.4	2.4	2.0	1.8	2.4	1.9	1.7
2019 年	0.1	3.1	3.9	1.9	5.0	1.8	2.1	2.3	1.9	1.6
2020 年	0.0	3.6	3.4	0.8	3.4	1.0	1.9	2.0	1.3	1.5
合计	186.8	140.9	55.9	34.8	31.8	30.5	27.5	27.4	26.4	25.6

所波动。2004 年中哈原油管道一期工程开工,2008 年中哈天然气管道一期工程和中哈原油管道二期工程开工,2012 年年底中哈天然气二期工程开工,均带动哈萨克斯坦进口钢管快速增长,2013 年当年哈萨克斯坦自俄罗斯钢管进口值高达 9.2 亿美元,达到历史峰值,此后钢管进口值整体呈低位运行态势。

(三) 哈萨克斯坦对瑞士进出口贸易发展情况

1. 基本贸易情况

哈萨克斯坦对瑞士进出口贸易以出口为主,除 2001、2010、2020 年外,出口值占进出口总值的比重始终保持在 90% 以上。2001—2008 年,进出口值连续 7 年高速增长,2008 年突破 100 亿美元,达 114.5 亿美元,创哈萨克斯坦对瑞士贸易最高值。此后连续 2 年下降,2010 年降至 14.2 亿美元,2011 年止跌反弹,2013 年起,逐步调整趋缓至 2020 年的 17.1 亿美元(图 2-10)。此外,由于哈萨克斯坦与瑞士的产业结构和贸易结构差异较大,哈萨克斯坦对瑞士进出口贸易始终处于顺差状态。

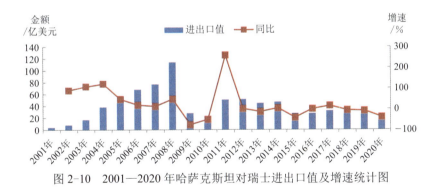

图 2-10　2001—2020 年哈萨克斯坦对瑞士进出口值及增速统计图

2. 出口以能源类和矿产类产品为主

哈萨克斯坦对瑞士出口以原油为主,除个别年份外,出口原油占哈萨克斯坦对瑞士出口的比重始终保持在 60% 以上,其中 2006 年占比高达 96.1%。除原油外,包金材料① 也是哈萨克斯坦对瑞士出口的主要商品。2001 年,出口包金材料 0.6 亿美元,经过 10 年的快速增长,2011 年出口达 9.1 亿美元的峰值,此后出口逐渐趋缓,2015 年起几乎无出口。此外,哈萨克斯坦对瑞士自 2007 年开始出口石油气及其他烃类气,2011—2020 年年均出口 2.3 亿美元(表 2-19)。

表 2-19　2001—2020 年哈萨克斯坦对瑞士主要出口商品统计表

单位:亿美元

HS 年份	2709	7108	2711	7106	2710	7202	7601	7113	7801	7901
2001 年	0.6	0.6	0.0	0.2	0.0	2.3	0.0	0.0	0.0	0.0
2002 年	3.5	0.9	0.0	0.3	0.0	2.1	0.0	0.0	0.1	0.8
2003 年	12.5	1.0	0.0	0.1	0.1	2.6	0.0	0.0	0.1	0.4
2004 年	32.3	1.4	0.0	0.0	0.1	3.2	0.0	0.0	0.2	0.0
2005 年	52.3	1.4	0.0	0.0	0.1	0.8	0.0	0.0	0.1	0.2
2006 年	64.6	2.2	0.0	0.0	0.0	0.0	0.0	0.0	0.2	0.1
2007 年	71.7	2.7	0.0	0.2	0.0	0.0	0.0	0.0	0.0	0.0
2008 年	101.9	4.8	0.9	0.0	0.0	0.0	2.5	0.0	0.8	0.1
2009 年	17.2	6.1	0.0	1.4	0.0	0.0	1.1	0.0	0.4	0.4
2010 年	0.8	8.3	0.0	1.9	0.0	0.0	0.0	0.0	0.7	0.5
2011 年	34.8	9.1	1.6	3.5	0.0	0.0	0.2	0.1	0.1	0.0
2012 年	21.4	7.9	2.0	5.2	13.0	0.0	0.1	0.0	0.0	0.0
2013 年	31.9	4.1	2.7	3.6	0.7	0.0	0.0	0.0	0.0	0.0
2014 年	39.3	0.4	2.2	3.2	0.0	0.0	0.0	0.2	0.0	0.0
2015 年	23.5	0.0	2.6	0.0	0.0	0.0	0.0	0.4	0.0	0.0
2016 年	23.1	0.0	3.1	0.0	0.0	0.0	0.0	0.4	0.0	0.0
2017 年	26.3	0.0	3.7	0.0	0.0	0.0	0.0	0.4	0.0	0.0
2018 年	25.2	0.0	1.9	0.0	0.0	0.0	0.0	0.6	0.0	0.0
2019 年	23.2	0.0	2.1	0.0	0.0	0.0	0.0	0.8	0.0	0.0
2020 年	12.7	0.0	1.6	0.3	0.0	0.0	0.0	0.5	0.0	0.0
合计	618.7	51.0	24.4	20.3	14.1	11.0	3.9	3.5	2.8	2.6

---

① HS 编码 7108,具体品名为"金(包括镀铂的金),未锻造、半制成或粉末状"。

3. 进口商品种类逐渐丰富

哈萨克斯坦自瑞士进口以药品[①]、婴幼儿食品[②]、涡轮发动机和杀虫剂及类似产品[③]为主(表2-20)。2001年进口药品仅为356.7万美元,占当年哈萨克斯坦自瑞士进口总额的5.9%,2010年首次突破4 000万美元,占比提升至23.6%,2012年达到4 835.8万美元的峰值后连续4年下降,2017年扭转下降趋势,受新冠肺炎疫情影响,2020年攀升至4 012.7万美元,占比达21.8%。婴幼儿食品进口增长较快,由2001年的19.8万美元剧增至2014年的2 172.9万美元,增长108.7倍,占比由0.3%提升至11.9%,此后进口逐渐趋缓,2020年占比降至1.3%。进口涡轮发动机主要集中在2004、2005、2012年,其余年份进口值均不足千万美元。进口杀虫剂及类似产品在2008年达到顶峰1 589.8万美元后迅速下降,2016—2020年进口份额占比均不足1%。

表2-20　2001—2020年哈萨克斯坦自瑞士主要进口商品统计表

单位:亿美元

年份＼HS	3004	1901	3002	8411	3808	8504	3215	8802	9021	9101
2001 年	0.0	0.0	0.0	0.0	0.0	0.0	0.0	0.0	0.0	0.0
2002 年	0.1	0.0	0.0	0.0	0.1	0.0	0.0	0.0	0.0	0.0
2003 年	0.1	0.0	0.0	0.0	0.1	0.0	0.0	0.0	0.0	0.0
2004 年	0.1	0.0	0.0	0.1	0.1	0.0	0.0	0.0	0.0	0.0

---

① HS 编码3004、3002,具体品名分别为"由混合或非混合产品构成的治病或防病用药品(不包括品目3002、3005或3006的货品),已配定剂量(包括制成皮肤摄入形式的)或制成零售包装""人血;治病、防病或诊断用动物血制品;抗血清、其他血分及免疫制品,不论是否修饰通过生物工艺加工制得;疫苗、毒素、培养微生物(不包括酵母)及类似产品"。

② HS 编码1901,具体品名为"麦精;细粉、粗粒、粗粉、淀粉或麦精制的其他品目未列名的食品,不含可可或按重量计全脱脂可可含量低于40%;品目0401至0404所列货品制的其他品目未列名的食品,不含可可或按重量计全脱脂可可"。

③ HS 编码3808,具体品名为"杀虫剂、杀鼠剂、杀菌剂、除草剂、抗萌剂、植物生长调节剂、消毒剂及类似产品,零售形状、零售包装或制成制剂及成品(例如,经硫黄处理的带子、杀虫灯芯、蜡烛及捕蝇纸)"。

HS 年份	3004	1901	3002	8411	3808	8504	3215	8802	9021	9101
2005 年	0.1	0.0	0.0	0.7	0.1	0.1	0.0	0.0	0.0	0.0
2006 年	0.1	0.0	0.0	0.0	0.1	0.1	0.0	0.0	0.0	0.0
2007 年	0.1	0.0	0.0	0.0	0.1	0.1	0.0	0.6	0.0	0.0
2008 年	0.1	0.1	0.0	0.0	0.2	0.0	0.0	0.1	0.0	0.0
2009 年	0.3	0.1	0.0	0.1	0.0	0.0	0.0	0.0	0.0	0.1
2010 年	0.4	0.1	0.1	0.0	0.1	0.0	0.0	0.0	0.0	0.0
2011 年	0.3	0.1	0.1	0.0	0.0	0.0	0.0	0.0	0.0	0.1
2012 年	0.5	0.2	0.2	0.2	0.0	0.0	0.1	0.0	0.0	0.0
2013 年	0.4	0.2	0.1	0.0	0.0	0.1	0.1	0.0	0.1	0.1
2014 年	0.4	0.2	0.0	0.0	0.1	0.0	0.1	0.0	0.1	0.0
2015 年	0.2	0.2	0.1	0.0	0.0	0.1	0.0	0.0	0.1	0.0
2016 年	0.2	0.2	0.1	0.0	0.0	0.1	0.0	0.0	0.1	0.0
2017 年	0.2	0.2	0.1	0.0	0.0	0.0	0.0	0.0	0.1	0.0
2018 年	0.2	0.2	0.1	0.0	0.0	0.0	0.1	0.0	0.1	0.0
2019 年	0.2	0.1	0.0	0.0	0.0	0.0	0.1	0.0	0.1	0.0
2020 年	0.4	0.0	0.4	0.0	0.0	0.0	0.1	0.0	0.1	0.1
合计	4.5	1.8	1.6	1.2	1.1	0.8	0.7	0.7	0.7	0.6

（四）哈萨克斯坦对乌克兰进出口贸易发展情况

1. 基本贸易情况

2001—2008 年是哈萨克斯坦对乌克兰进出口贸易的快速增长时期,2008 年进出口贸易总值突破 40 亿美元,较 2001 年增长 537.1％。受全球金融危机影响,2009—2010 年哈萨克斯坦对乌克兰进出口值连续两年大幅下降,此后贸易规模快速反弹并不断扩大,2011—2012 年连创哈乌进出口贸易新高,同比增速分别达 117.6％和 24.2％。2013—2020 年哈萨克斯坦对乌克兰进出口总值除 2017 年外,整体呈现不断下滑趋势,2020 年受新冠肺炎疫情冲击,进出口总值跌至 7.7 亿美元,同比下降 42.8%(图 2-11)。

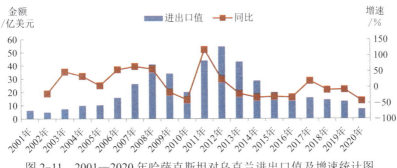

图 2-11　2001—2020 年哈萨克斯坦对乌克兰进出口值及增速统计图

2. 出口商品以天然气、原油和煤炭为主

石油气及其他烃类气是哈萨克斯坦对乌克兰出口的最主要商品(表 2-21)。上合组织成立初期,哈萨克斯坦对乌克兰出口石油气及其他烃类气规模较小,且 2005 年曾停止出口,2006 年突破 3 亿美元,占当年哈萨克斯坦对乌克兰出口的 53.6%。此后出现大幅波动,其中 2007—2008 年连续两年高速增长,之后又在 2009—2010 年出现急剧下降。2011 年,哈萨克斯坦对乌克兰出口石油气及其他烃类气猛增至 15.8 亿美元,创哈萨克斯坦对乌克兰出口石油气及其他烃类气最高值,并连续 4 年保持 10 亿美元以上的水平。2015 年后在 7.4 亿美元上下浮动,2020 年受到新冠肺炎疫情影响,出口值大幅下降至 2.1 亿美元。原油出口主要集中在 2001—2005 年和 2008—2016 年,其中 2001 年出口 4.5 亿美元,占当年哈萨克斯坦对乌克兰出口的 91.4%,2012 年刷新 2001 年以来最高值,达 5.7 亿美元。此外,煤炭也是哈萨克斯坦对乌克兰出口的主要商品,2012 年达到最高值 2.5 亿美元,2020 年出口值虽减少 28.3%,但占比 20.4%,创哈萨克斯坦对乌克兰出口煤炭占同期哈萨克斯坦对乌克兰出口值比重的最大值。

3. 进口商品以钢材、运输设备和食品为主

2007 年哈乌签署了以加强双方能源合作为主要内容的 2007—2008 年两国关系发展计划,计划包括铺设石油管道以及在哈萨克斯坦联合开发油田等。

表 2-21　2001—2020 年哈萨克斯坦对乌克兰主要出口商品统计表

单位：亿美元

HS 年份	2711	2709	2701	2710	7210	7901	7202	2503	1001	7204
2001 年	0.0	4.5	0.0	0.0	0.1	0.0	0.0	0.0	0.1	0.0
2002 年	0.2	2.2	0.0	0.0	0.2	0.0	0.1	0.0	0.0	0.0
2003 年	0.1	1.5	0.0	0.0	0.1	0.0	0.1	0.0	2.0	0.0
2004 年	0.2	1.0	0.2	0.0	0.3	0.0	0.1	0.0	0.5	0.0
2005 年	0.0	0.3	0.1	0.0	0.3	0.3	0.3	0.0	0.0	0.0
2006 年	3.3	0.0	0.7	0.1	0.5	0.8	0.1	0.0	0.0	0.0
2007 年	5.2	0.0	1.0	2.1	0.8	0.6	0.3	0.0	0.0	0.0
2008 年	9.1	0.7	1.6	4.0	0.9	0.3	0.4	0.5	0.0	0.4
2009 年	7.8	0.5	0.8	2.5	0.4	0.2	0.2	0.5	0.0	0.0
2010 年	0.6	1.1	1.1	2.0	0.4	0.3	0.1	0.1	0.0	0.0
2011 年	15.8	3.2	2.4	2.5	0.5	0.3	0.1	0.4	0.0	0.4
2012 年	12.7	5.7	2.5	2.0	0.1	0.2	0.1	0.4	0.0	0.4
2013 年	13.3	3.3	0.7	0.2	0.2	0.2	0.1	0.2	0.0	0.9
2014 年	14.0	0.4	0.7	0.0	0.2	0.1	0.1	0.2	0.0	0.0
2015 年	8.4	1.3	0.7	0.0	0.1	0.1	0.0	0.5	0.0	0.0
2016 年	5.1	2.1	0.5	0.3	0.1	0.2	0.1	0.1	0.0	0.0
2017 年	8.7	0.0	0.5	0.1	0.1	0.4	0.2	0.0	0.0	0.0
2018 年	7.6	0.0	0.6	0.0	0.1	0.5	0.2	0.1	0.0	0.0
2019 年	7.1	0.0	1.2	0.0	0.1	0.2	0.2	0.0	0.0	0.0
2020 年	2.1	0.0	0.9	0.0	0.0	0.2	0.2	0.0	0.0	0.0
合计	121.5	28.1	16.0	15.9	5.5	4.8	3.0	2.7	2.7	2.2

在计划推动下，哈萨克斯坦自乌克兰进口钢材[①]、铁道货车及零件[②]等商品快速

----

① HS 编码包括 7305、7304 和 7302，具体品名分别为"其他圆形截面钢铁管（例如，焊、铆及用类似方法接合的管），外径 ≥ 406.4 mm""无缝钢铁管及空心异型材（铸铁的除外）""铸铁管及空心异型材"。

② HS 编码 8606、8607，具体品名分别为"铁道及电车道非机动有篷及无篷货车""铁道及电车道机车或车辆的零件"。

增长,且均在 2008—2013 年达到进口最高值,2014 年后,相关商品进口迅速减少甚至不再进口。此外,由于哈萨克斯坦部分食品不能实现完全自给,烘焙糕饼①、巧克力②和乳酪③等商品进口份额整体呈上升趋势(表 2-22)。

表 2-22　2001—2020 年哈萨克斯坦自乌克兰主要进口商品统计表

单位:亿美元

HS 年份	7305	8606	1905	1806	7304	8504	8607	0406	7302	9403
2001 年	0.0	0.0	0.0	0.0	0.2	0.0	0.0	0.0	0.0	0.0
2002 年	0.0	0.2	0.1	0.1	0.1	0.1	0.1	0.0	0.0	0.0
2003 年	0.2	0.3	0.1	0.2	0.3	0.0	0.1	0.0	0.0	0.0
2004 年	0.4	1.5	0.2	0.3	0.5	0.1	0.3	0.0	0.0	0.0
2005 年	1.1	0.9	0.2	0.2	0.6	0.2	0.4	0.0	0.1	0.0
2006 年	1.3	0.7	0.2	0.3	0.6	0.4	0.5	0.2	0.1	0.1
2007 年	1.2	0.5	0.3	0.5	0.6	0.6	0.4	0.4	0.1	0.2
2008 年	3.5	2.1	0.5	0.6	0.7	1.0	0.4	0.4	0.1	0.2
2009 年	9.7	1.6	0.4	0.4	0.2	0.4	0.4	0.4	0.1	0.2
2010 年	0.4	2.2	0.4	0.4	0.4	0.3	0.4	0.5	0.2	0.4
2011 年	1.0	3.3	0.5	0.4	0.4	0.6	0.4	0.4	0.4	0.5
2012 年	5.8	7.0	0.5	0.1	0.3	0.5	0.4	0.4	1.3	0.7
2013 年	4.6	2.4	0.6	0.1	0.3	0.5	0.4	0.4	1.6	0.7
2014 年	1.3	0.6	0.5	0.2	0.1	0.1	0.1	0.2	0.0	0.5
2015 年	0.6	0.0	0.3	0.3	0.1	0.1	0.0	0.1	0.0	0.3
2016 年	0.0	0.0	0.2	0.2	0.0	0.0	0.0	0.1	0.0	0.1
2017 年	0.0	0.0	0.2	0.3	0.0	0.0	0.0	0.2	0.0	0.1
2018 年	0.0	0.1	0.2	0.2	0.0	0.1	0.0	0.1	0.0	0.0

① HS 编码 1905,具体品名为"面包、糕点、饼干及其他焙烘糕饼,不论是否含可可;圣餐饼、装药空囊、封缄、糯米纸及类似制品"。

② HS 编码 1806,具体品名为"巧克力及其他含可可的食品"。

③ HS 编码 0406,具体品名为"乳酪及凝乳"。

续表

HS 年份	7305	8606	1905	1806	7304	8504	8607	0406	7302	9403
2019 年	0.0	0.1	0.1	0.2	0.0	0.0	0.2	0.1	0.0	0.0
2020 年	0.0	0.0	0.1	0.1	0.0	0.0	0.0	0.1	0.0	0.0
合计	31.2	23.5	5.5	5.5	5.3	5.0	4.8	4.3	4.2	4.0

四、哈萨克斯坦对上合组织其他成员国进出口发展情况

(一) 哈萨克斯坦对上合组织其他成员国进出口贸易发展情况

2001—2020 年哈萨克斯坦对上合组织其他成员国的进出口贸易经历了突飞猛进、换挡减速和乘势而上时期。在实现了连续 7 年同比增长之后,受金融危机影响,2009 年哈萨克斯坦对上合组织其他成员国进出口值大幅下降 31.6%;经过 3 年的快速反弹,2012 年进出口 516.6 亿美元,较 2001 年增长 803.8%;此后受国际石油价格下跌和世界经济衰退的影响,进出口总值连续 4 年下滑,到 2016 年进出口总值跌至 232 亿美元;2017 年在上合组织扩员的背景下,哈萨克斯坦对其他成员国贸易额下降的趋势开始扭转,连续 4 年实现增长(图 2-12)。

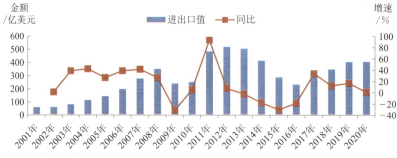

图 2-12　2001—2020 年哈萨克斯坦对上合其他成员国进出口值及增速统计图

(二) 出口商品以能源资源型产品为主

哈萨克斯坦对上合组织其他成员国的出口商品以能源类和资源型产品为

主,位居首位的产品是原油,其次是铜材、铀矿、铁矿砂及其精矿和铁合金。哈萨克斯坦的石油储量和固体矿产资源非常丰富,对上合组织其他成员国出口原油、铜材均在 2012 年达到峰值后逐渐趋缓,经过几年调整后分别再次重回上升轨道并延续到 2020 年。出口铀矿、铁矿砂及其精矿均呈现逐年上升、达到峰值、波动回落的走势。出口铁合金 2012 年达到峰值的 12.2 亿美元后,经过几年波动,自 2017 年开始出口值连续 4 年稳定在 9 亿美元左右(表 2-23)。

表 2-23　2001—2020 年哈萨克斯坦对上合组织其他成员国主要出口商品统计表

单位:亿美元

HS 年份	2709	7403	2844	2601	7202	2603	2711	2701	1001	2818
2001 年	6.2	1.1	0.0	0.9	0.1	0.4	0.7	2.2	1.8	1.8
2002 年	5.2	3.0	0.4	1.1	0.5	0.4	1.3	1.5	0.6	1.4
2003 年	8.4	4.2	0.6	1.8	0.8	0.7	1.1	2.2	0.9	1.9
2004 年	10.8	2.6	1.0	4.4	2.2	1.4	1.0	2.3	2.3	2.7
2005 年	8.7	5.6	1.8	6.4	1.8	1.0	1.2	3.5	1.1	3.8
2006 年	21.1	3.6	3.3	6.7	2.2	1.2	1.1	3.7	2.1	5.2
2007 年	35.4	10.1	5.7	8.0	4.3	2.5	1.4	4.1	2.1	5.2
2008 年	53.2	8.9	5.7	12.8	5.9	3.3	1.8	6.4	2.2	5.0
2009 年	29.2	6.8	9.1	9.4	5.4	4.5	1.8	4.5	1.7	3.1
2010 年	59.7	11.1	11.7	11.9	5.4	5.5	1.9	3.5	1.9	2.3
2011 年	90.4	16.9	14.4	27.5	9.9	8.8	2.8	14.9	2.7	3.8
2012 年	90.8	20.3	19.1	24.2	12.2	8.2	4.5	6.3	4.8	3.1
2013 年	89.8	16.0	16.7	15.7	6.2	5.9	4.2	4.3	6.9	3.1
2014 年	52.1	11.4	16.2	11.1	8.4	8.3	5.2	4.2	5.7	3.0
2015 年	26.8	7.7	17.2	4.0	4.8	2.7	3.8	2.9	5.5	3.4
2016 年	9.8	8.5	10.7	3.9	6.6	4.4	3.3	1.9	5.2	3.2
2017 年	15.6	11.0	12.5	5.1	9.8	10.8	4.8	2.8	4.8	3.3
2018 年	17.0	13.5	10.2	4.8	9.4	11.8	15.2	2.4	6.1	3.4
2019 年	26.0	15.5	10.3	6.6	8.7	11.5	21.0	2.5	7.3	2.4
2020 年	31.7	18.4	12.9	6.6	9.1	14.5	17.9	2.4	9.6	2.5
合计	688.0	196.0	179.5	172.7	113.6	107.7	96.0	78.4	75.3	63.5

（三）进口产品主要为能源类和机械制造类商品

哈萨克斯坦自上合组织其他成员国进口产品主要有原油、成品油、载人机动车辆、石油气及其他烃类气和电话机。其中进口原油快速增长，自 2006 年突破 14 亿美元后连续 8 年保持高位，2013 年攀升至 28.4 亿美元。由于主要贸易国出口政策调整等因素影响，自 2014 年起进口原油骤降至 1.9 亿美元，2020 年进口下降为仅 427.9 万美元。进口成品油和石油气及其他烃类气均经历快速增长、短暂下降、缓慢增长和震荡走低。2001—2011 年进口载人机动车辆规模较小，年均进口值仅 1.1 亿美元，2012—2014 年连续 3 年快速增长，分别进口 5 亿美元、10.2 亿美元和 13.8 亿美元，此后震荡下降稳定在 4 亿美元左右。电话机进口主要集中在 2009—2020 年，2010 年进口值突破 1 亿美元后，整体延续增长态势到 2020 年的 6.7 亿美元（表 2-24）。

表 2-24　2001—2020 年哈萨克斯坦自上合组织其他成员国主要进口商品统计表

单位：亿美元

年份 ＼ HS	2709	2710	8703	2711	8517	7305	7304	8471	8704	4011
2001 年	2.3	2.6	1.2	0.9	0.0	0.2	1.2	0.0	0.4	0.6
2002 年	2.3	1.6	0.9	1.7	0.1	0.2	0.6	0.1	0.3	0.5
2003 年	2.6	2.2	0.9	2.1	0.2	0.5	0.7	0.2	0.5	0.7
2004 年	5.1	4.7	1.2	3.0	0.2	0.6	1.1	0.4	0.9	0.9
2005 年	7.8	5.2	1.3	3.4	0.3	1.2	1.7	0.4	1.5	1.0
2006 年	14.9	7.1	1.3	3.7	0.3	2.2	2.2	0.5	2.5	1.3
2007 年	18.3	9.4	2.0	2.5	0.6	1.5	2.8	0.7	5.1	1.9
2008 年	27.7	13.9	0.8	3.0	0.1	9.4	3.1	0.8	1.9	1.7
2009 年	14.5	6.4	0.4	2.5	1.0	12.9	2.3	0.7	0.7	1.2
2010 年	13.4	3.4	0.4	2.8	1.9		2.4	1.7	0.9	0.8
2011 年	25.0	12.4	1.8	2.4	3.8	0.9	3.1	4.2	2.6	2.5
2012 年	22.0	12.9	5.0	3.2	4.0	4.1	3.7	7.1	4.0	2.9
2013 年	28.4	13.6	10.2	2.8	5.4	12.9	5.2	7.9	4.4	3.1
2014 年	1.9	11.5	13.8	2.8	6.3	1.3	4.2	4.3	3.0	2.7

续表

HS 年份	2709	2710	8703	2711	8517	7305	7304	8471	8704	4011
2015 年	0.2	7.6	6.5	3.9	4.5	1.1	1.8	1.6	1.5	2.1
2016 年	0.1	6.9	2.1	2.8	3.5	0.7	1.6	1.5	0.8	1.9
2017 年	0.1	9.2	2.9	2.9	5.2	0.5	2.4	2.2	1.5	2.5
2018 年	0.1	6.9	3.1	3.9	6.8	0.5	3.0	2.9	2.0	2.6
2019 年	0.1	3.2	4.1	6.2	6.1	3.2	3.0	3.2	1.7	3.0
2020 年	0.0	3.7	5.1	3.9	6.7	0.9	2.0	5.3	1.1	2.8
合计	186.8	144.4	65.0	60.5	57.0	55.6	48.1	45.7	37.3	36.7

第三章
塔吉克斯坦进出口贸易发展情况

　　塔吉克斯坦是上合组织创始成员国之一。该国地处中亚东南部,国土面积14.31万平方千米,是中亚面积最小的国家。尽管塔吉克斯坦国内水资源丰富,拥有中亚地区58%的水利资源,但由于93%的国土面积被高山覆盖,约50%的领土海拔高度超过3 000米,适用农业生产的国土面积仅占6%左右。冷战结束以前,塔吉克斯坦是苏联加盟共和国中经济发展程度较低的地区。苏联解体后,塔吉克斯坦又历经多年内战,国民经济遭受严重破坏,1999年国内贫困率高达83%。进入21世纪,塔吉克斯坦政府着力恢复经济,通过发行新货币、建立国家财政和金融体系、完善税收和海关政策等一系列手段使经济保持平稳增长。当前,塔吉克斯坦致力于推进国际化、工业化转型,由农业国家向工农业协同发展转变。该国与上合组织其他成员国经贸合作快速发展,规模和范围逐步扩大,与上合组织其他成员国间的贸易额超过塔吉克斯坦对外贸易总额的60%,在交通、能源、农业等领域的合作均取得了丰硕成果。

一、塔吉克斯坦进出口贸易发展历程

　　纵观2010—2020年塔吉克斯坦对外贸易数据[①],塔吉克斯坦对外贸易呈

[①] 2010—2013年数据(进出口值)来源于塔吉克斯坦统计署数据,2014—2020年数据(进出口值、国别、产品)来源于Trade Map,下同。

现平稳缓慢发展态势,进出口值始终在 30 亿～50 亿美元区间上下波动。塔吉克斯坦进口所占比重较大,一直维持在 70%～80%,出口主要为初级产品并且附加值低,因此贸易逆差持续存在,在 2014 年达到最高 34.2 亿美元后逐渐收窄,至 2020 年贸易逆差降至 18.3 亿美元。2010—2020 年,塔吉克斯坦对外贸易的变化大致可以分为三个阶段(图 2-13)。

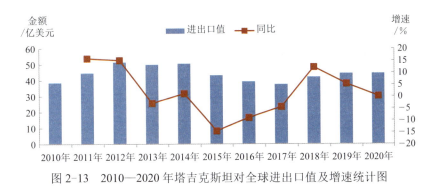

图 2-13　2010—2020 年塔吉克斯坦对全球进出口值及增速统计图

(一) 2010—2012 年:快速发展

2008 年金融危机后,各国积极采取各种刺激需求的经济政策,经济逐步恢复。2010—2012 年,塔吉克斯坦进出口每年均保持两位数的高速增长。2012 年,进出口值达到 11 年间的最高水平 51.4 亿美元。

(二) 2013—2016 年:震荡下行

2013 年,由于国际铝价和棉价下跌,塔吉克斯坦主要出口产品铝和棉花出口值大幅下降,当年出口总值下降 30.9%,之后一直未突破 10 亿美元,进口值也呈下降态势。尤其是 2015 年受当年世界经济需求下降、增速放缓和主要贸易国俄罗斯受国际原油价格暴跌和西方制裁影响经济下滑等多重因素影响,进出口均出现较大幅度下降,至 2016 年进口值降至 30.3 亿美元,较 2013 年下降 25.1%。

（三）2017—2020 年：稳定增长

2017—2020 年,塔吉克斯坦进出口值逐年攀升,由 2017 年的 37.6 亿美元增至 2020 年的 44.5 亿美元。2020 年出口值达到峰值 13.1 亿美元,进口值达到 31.4 亿美元。

二、塔吉克斯坦主要进出口商品

（一）铝、金、棉花、矿产品是主要出口商品

塔吉克斯坦出口商品结构单一,且基本为初级产品。主要出口商品有未锻轧铝、金[①]、未梳的棉花[②]、锌矿砂及其精矿[③]、铅矿砂及其精矿[④]（表 2-25）。2014—2020 年,上述商品合计占同期出口总值的 69.9%。

铝和棉花是塔吉克斯坦主要出口商品,以 2020 年为例,两者合计占比超过 20%。塔吉克斯坦凭借国内丰富的水电资源,大力发展电解铝产业,未锻轧铝成为其主要出口商品。但受国际市场铝价低迷影响,叠加采掘设备高度依赖进口、设备陈旧、技术落后、流动资金匮乏等不利因素,塔吉克斯坦铝出口值逐年下降。棉花生产相对稳定,一直是塔吉克斯坦经济发展的支柱之一,棉花出口额基本保持平稳。

塔吉克斯坦金、锌、铅等矿产品的出口受国际市场需求影响较大。塔吉克斯坦政府允许私人开采有色金属和贵金属、宝石和半宝石。2019 年政府批准对相关法律进行修订,2020 年 11 月 27 日批准了许可证办理条例,加上 2020 年新冠肺炎疫情对全球经济产生巨大冲击,金作为稳定的保值商品受到很大的关注,因此,塔吉克斯坦金的产量与出口量增加,金出口值在 2019、2020 连续两年大幅增长。锌、铅的开采几乎同时进行,因此锌与铅矿砂的出口波动趋势

---

① HS 编码 7108,具体品名为"金（包括镀铂的金）,未锻造、半制成或粉末状"。

② HS 编码 5201,具体品名为"未梳的棉花"。

③ HS 编码 2608,具体品名为"锌矿砂及其精矿"。

④ HS 编码 2607,具体品名为"铅矿砂及其精矿"。

几乎完全一致,国际市场价格为决定出口值的主要因素。

表 2-25　2014—2020 年塔吉克斯坦主要出口商品统计表

单位:亿美元

HS\年份	7601	7108	5201	2608	2607	2716	2523	5205	2617	2603
2014 年	2.4	0.8	1.3	0.7	0.8	0.4	0.0	0.1	0.2	0.1
2015 年	2.2	1.7	1.4	0.6	0.7	0.5	0.0	0.1	0.1	0.1
2016 年	2.1	1.0	1.2	0.9	1.0	0.5	0.2	0.1	0.3	0.2
2017 年	2.0	0.0	1.2	1.8	1.5	0.5	0.5	0.4	0.3	0.3
2018 年	2.0	0.0	1.7	1.7	1.2	0.8	0.7	0.4	0.4	0.8
2019 年	1.8	2.2	1.4	1.3	1.2	0.3	0.7	0.4	0.3	0.2
2020 年	1.4	5.9	1.4	0.6	0.8	0.6	0.6	0.4	0.1	0.1
合计	13.7	11.6	9.6	7.5	7.1	3.7	2.5	1.8	1.7	1.7

(二)成品油、小麦、石油气及其他烃类气、车辆、氧化铝是主要进口商品

塔吉克斯坦从国外进口商品种类较多,以能源类商品、小麦、乘用车和金属材料等为主。2014—2020 年,进口值排名前五位的进口商品分别为成品油、小麦及混合麦[①]、石油气及其他烃类气、载人机动车辆、氧化铝,上述商品进口值合计占同期塔吉克斯坦进口总值的 29.1%(表 2-26)。

成品油是塔吉克斯坦进口占比最高的商品,其中自俄罗斯进口占比始终在 3/4 以上,占比最高的年份甚至超过 90%,其余来自哈萨克斯坦、吉尔吉斯斯坦、乌兹别克斯坦等国。2014 年成品油进口值最高,达 5.1 亿美元,之后大幅回落,2016 年降至 2.6 亿美元,2017—2020 年成品油进口趋于稳定,2020 年进口 2.8 亿美元,同比下降 17.4%,占当年进口总值的 8.8%。

---

① HS 编码 1001,具体品名为"小麦及混合麦"。

表 2-26　2014—2020 年塔吉克斯坦主要进口商品统计表

单位：亿美元

HS 年份	2710	1001	2711	8703	2818	4407	7214	1512	1701	8704
2014 年	5.1	2.3	1.8	2.5	1.3	1.8	0.8	0.8	0.7	0.8
2015 年	3.6	2.4	1.5	0.9	1.3	1.3	0.8	0.7	0.7	0.6
2016 年	2.6	2.3	1.6	0.3	1.4	0.8	0.4	0.7	0.5	0.3
2017 年	2.7	2.0	1.6	0.8	1.1	0.8	0.4	0.7	0.6	0.5
2018 年	3.2	1.7	1.8	1.2	0.9	0.6	0.8	0.6	0.6	0.7
2019 年	3.3	2.2	2.1	1.5	1.1	0.6	0.8	0.7	0.7	0.6
2020 年	2.8	2.4	2.0	1.2	0.9	0.7	1.3	0.8	0.6	0.4
合计	23.3	15.4	12.3	8.3	7.9	6.6	5.4	5.0	4.4	3.8

2014—2020 年，塔吉克斯坦进口的小麦及混合麦占比为 6.7%，此外，小麦粉占比达 1.1%。由于塔吉克斯坦国内山地较多，受地理环境因素的影响，谷物种植发展相对缓慢，同时，邻近哈萨克斯坦、俄罗斯等粮食出口大国，国内以发展棉花种植等经济作物为主，还无法实现粮食的自给自足，小麦及混合麦进口占比较高。2015 年塔吉克斯坦小麦及混合麦进口值达 2.4 亿美元的高点，2016—2020 年谷物进口趋于稳定。

塔吉克斯坦相对落后的经济水平和多山的地理环境导致交通出行以公路为主，但国内工业相对落后，不具备规模化生产载人机动车辆的条件。国内经济发展和国内人民生活需要催生了载人机动车辆进口需求，2014 年进口值达 2.5 亿美元的峰值，随后进口值有所回落，2018—2020 年进口值稳定在 1.2 亿～1.5 亿美元。此外，尽管电解铝产业是塔吉克斯坦支柱产业，但由于其国内铝土矿储量较低，需要进口大量氧化铝作为电解铝产业原材料。受国际铝价等因素影响，氧化铝进口值呈震荡下行趋势。2016 年进口值最高，达 1.4 亿美元，2020 年最低，为 0.9 亿美元。

三、塔吉克斯坦对全球主要贸易市场进出口发展情况

2014—2020 年，塔吉克斯坦主要贸易伙伴依次为俄罗斯、哈萨克斯坦、

中国、土耳其、欧盟,上述国家和地区合计占同期塔吉克斯坦进出口总值的74.7%。塔吉克斯坦的国际贸易发展与上合组织联系密切,因此主要贸易伙伴中上合组织成员国占大部分。此外,近年来塔吉克斯坦与瑞士贸易大幅增长,主要是由于塔吉克斯坦贵金属、半贵金属和钻石的开采量增加,出口到瑞士的比重较高,拉高整体进出口值。

(一) 塔吉克斯坦对俄罗斯进出口贸易发展情况

1. 基本贸易情况

塔吉克斯坦与俄罗斯有良好的政治、经济和文化关系,俄罗斯一直是塔吉克斯坦的最大贸易伙伴国。两国进出口贸易十分稳定,进出口值在10亿美元上下波动,2014年进出口值达到14.2亿美元,创2014—2020年7年间最高值(图2-14)。塔吉克斯坦对俄罗斯贸易也是进口占绝对主导地位,出口占比较小,这受制于塔吉克斯坦国内主要产业相对于俄罗斯而言优势并不突出,因而俄罗斯进口需求偏低。

图2-14　2001—2020年哈萨克斯坦对俄罗斯进出口值及增速统计图

2. 出口以棉产品等初级产品居多

2014—2020年,塔吉克斯坦对俄罗斯的主要出口商品为未梳的棉花,坦克①,

---

① HS 编码 8710,具体品名为"坦克及其他机动装甲战斗车辆,不论是否装有武器;上述车辆的零件"。

棉纱线①,邮票、证券凭证或印花税票②,载人机动车辆,上述商品合计占同期塔吉克斯坦对俄罗斯出口总值的 75.4%(表 2-27)。塔吉克斯坦对俄罗斯的总体出口值较低且没有明显的波动趋势,对俄罗斯贸易格局影响较小,这主要受制于塔吉克斯坦的商品种类、产量不能满足俄罗斯的进口需求。

表 2-27 2014—2020 年塔吉克斯坦对俄罗斯主要出口商品统计表

单位:万美元

HS 年份	5201	8710	5205	4907	8703	2608	0813	6211	2826	8430
2014 年	2 028.5	1 581.2	49.9	600.0	176.6	917.6	63.9	143.7	0.0	0.0
2015 年	2 852.9	0.0	283.6	3 084.8	326.4	777.5	87.1	74.8	0.0	350.0
2016 年	1 821.8	2 348.2	175.9	0.0	305.0	0.0	84.0	108.4	0.0	0.0
2017 年	1 587.2	0.0	344.2	0.0	337.2	0.0	93.3	143.1	0.0	214.3
2018 年	2 396.5	635.5	995.2	528.5	0.0	172.7	168.3	248.6	39.4
2019 年	959.4	0.0	1 341.7	0.0	728.2	0.0	297.4	179.1	376.7	0.0
2020 年	1 283.1	85.3	1 314.3	0.0	141.7	0.0	413.8	149.4	0.0	0.4
合计	12 929.4	4 650.2	4 504.8	3 684.8	2 543.6	1 695.1	1 212.2	966.8	625.3	604.1

塔吉克斯坦的传统产品棉花对俄罗斯的出口总体稳定,出口值的波动主要受塔吉克斯坦国内棉花产量和国际棉花价格的影响,对俄罗斯出口棉花在 2015 年达到 2 852.9 万美元的峰值。近几年,棉纱线对俄罗斯的出口有上升趋势,2016—2019 年实现连续 3 年出口值的快速增长,在 2019 年达最高值 1 341.7 万美元,进一步提高了棉花产品的附加值。塔吉克斯坦对俄罗斯出口第二位的商品为坦克,2016—2020 年,进口值呈震荡下降趋势,近两年几乎停止出口。

---

① HS 编码 5205,具体品名为"棉纱线(缝纫线除外),按重量计含棉量≥85%,非供零售用"。

② HS 编码 4907,具体品名为"在承认或将承认其面值的国家流通或新发行并且未经使用的邮票、印花税票及类似票证;印有邮票或印花税票的纸品;钞票;空白支票;股票、债券及类似所有权凭证"。

3. 成品油进口占比八成以上

2014—2020 年,塔吉克斯坦自俄罗斯的主要进口商品为成品油、锯材[①]、氧化铝、葵花油[②]、铁[③]等,上述商品合计占同期塔吉克斯坦自俄罗斯进口总值的 48.4%(表 2-28)。

表 2-28　2014—2020 年塔吉克斯坦自俄罗斯主要进口商品统计表

单位:亿美元

HS 年份	2710	4407	2818	1512	7214	1806	4410	1517	8703	2713
2014 年	4.6	1.8	0.0	0.2	0.6	0.2	0.2	0.2	0.0	0.3
2015 年	3.2	1.3	0.9	0.3	0.5	0.2	0.2	0.1	0.1	0.1
2016 年	2.3	0.8	1.2	0.3	0.2	0.2	0.1	0.1	0.0	0.1
2017 年	2.2	0.8	0.9	0.5	0.2	0.2	0.2	0.2	0.1	0.1
2018 年	2.5	0.6	0.9	0.3	0.1	0.2	0.2	0.2	0.3	0.2
2019 年	2.8	0.6	0.2	0.5	0.1	0.3	0.2	0.2	0.4	0.1
2020 年	2.1	0.7	0.0	0.5	0.4	0.2	0.2	0.2	0.2	0.2
合计	19.6	6.6	4.1	2.6	2.1	1.6	1.3	1.2	1.1	1.1

成品油是塔吉克斯坦进口占比最高的商品,2014—2020 年塔吉克斯坦 84.3% 的成品油进口自俄罗斯。2014 年塔吉克斯坦成品油总进口值为 5.1 亿美元,而从俄罗斯的进口值为 4.6 亿美元,占比高达 90.2%。自 2015 年开始,塔吉克斯坦自俄罗斯进口成品油连续 3 年下降,之后有所回升。

塔吉克斯坦自俄罗斯进口的锯材在 2014 年达最高值 1.8 亿美元,此后连续两年大幅下降并稳定在 0.6 亿～0.8 亿美元。氧化铝的进口呈下降趋势,这主要与塔吉克斯坦从国外进口氧化铝总体下降有关,进口值由 2016 年的最高

---

① HS 编码 4407,具体品名为“经纵锯、纵切、刨切或旋切的木材,不论是否刨平、砂光或端部接合,厚度＞6 mm”。

② HS 编码 1512,具体品名为“葵花油、红花油、棉籽油及其分离品,不论是否精制,但未经化学改性”。

③ HS 编码 7214,具体品名为“铁或非合金钢的其他条、杆,除锻造、热轧、热拉杆或热挤压外未经进一步加工,包括压制后扭曲的”。

1.2 亿美元降至 2020 年的 33.4 万美元。俄罗斯葵花油产量巨大而且全面禁止转基因作物,因此葵花油为俄罗斯的优势出口产品之一,塔吉克斯坦自俄罗斯进口的葵花油基本稳定在 0.3 亿～0.5 亿美元。塔吉克斯坦钢铁制品依赖进口,加之俄罗斯矿产资源丰富、出口量大、工艺成熟,塔吉克斯坦每年均会有自俄罗斯的钢铁制品进口。

(二)塔吉克斯坦对哈萨克斯坦进出口贸易发展情况

1. 基本贸易情况

哈萨克斯坦是塔吉克斯坦的第二大贸易伙伴,与塔吉克斯坦同为上合组织的创始成员国,也是中亚五国中国土面积最大的国家,石油资源非常丰富。由于两国地理位置邻近,拥有相对其他运输方式更为发达的公路运输系统,交通运输的便利成为两国进出口贸易值较大的重要原因。此外,两国产业发展进程相近,贸易契合度高。2014—2020 年,两国经贸关系持续升温,进出口贸易总值整体为稳定增长趋势,2020 年两国贸易值达到 9.1 亿美元(图 2-15)。

图 2-15　2014—2020 年塔吉克斯坦对哈萨克斯坦进出口值及增速统计图

2. 出口以矿产品为主

2014—2020 年,塔吉克斯坦对哈萨克斯坦的出口商品主要有铅矿砂及其精矿、锌矿砂及其精矿、铜矿砂及其精矿[1]、干果[2]、洋葱[3] 等,上述商品合计占同

---

[1] HS 编码 2603,具体品名为"铜矿砂及其精矿"。

[2] HS 编码 0813,具体品名为"品目 0801 至 0806 以外的干果;本章的什锦坚果或干果"。

[3] HS 编码 0703,具体品名为"鲜或冷藏洋葱、青葱、大蒜、韭葱及其他葱属蔬菜"。

期塔吉克斯坦对哈萨克斯坦出口总值的97.7%（表2-29）。

表2-29 2014—2020年塔吉克斯坦对哈萨克斯坦主要出口商品统计表

单位：万美元

HS 年份	2607	2608	2603	0813	0703	0806	5201	2202	0802	0809
2014年	7 993.7	5 552.2	1 216.2	1 663.6	706.0	59.8	54.3	1.7	153.0	73.1
2015年	5 931.6	5 021.6	1 113.0	863.1	921.4	53.4	331.5	0.0	92.3	40.9
2016年	10 171.2	6 504.3	1 625.3	484.4	507.9	11.8	0.0	0.0	34.9	0.4
2017年	14 548.3	14 487.4	2 663.6	277.2	217.4	25.9	0.0	8.8	29.5	9.0
2018年	11 923.0	9 763.0	7 527.8	170.2	342.6	35.8	0.0	36.1	18.9	3.5
2019年	11 752.1	8 967.1	0.0	97.0	327.0	107.8	31.8	89.3	2.4	48.1
2020年	7 795.6	5 775.5	437.7	90.7	506.3	148.4	0.0	268.0	1.1	60.3
合计	70 115.5	56 071.1	14 583.6	3 646.2	3 528.6	442.9	417.6	403.9	332.1	235.3

塔吉克斯坦对哈萨克斯坦的出口以矿产品为主，包括铅、锌、铜等，这主要得益于塔吉克斯坦丰富的矿产资源。2020年受新冠肺炎疫情影响，铅、锌、铜三种矿产品的出口值合计比上年度减少32.4%。2014—2020年，铅、锌、铜三种矿产品对哈萨克斯坦出口值合计14.1亿美元，占同期塔吉克斯坦对哈萨克斯坦出口值的93%，远大于其他出口产品。

塔吉克斯坦对哈萨克斯坦的洋葱出口较为稳定，主要得益于两国之间便利的交通以及塔吉克斯坦天然的气候条件。干果类出口值连续6年下降，在2020年降至90.7万美元，原因为塔吉克斯坦的干果类产品出口目的地发生一定的转移，中国、土耳其、印度和阿富汗等成为其新的出口市场。

3. 进口以小麦和石油为主

2014—2020年，塔吉克斯坦自哈萨克斯坦的进口商品主要为小麦及混合麦、石油气及其他烃类气、铁、小麦粉①、氧化铝等，上述商品合计占同期塔吉克斯坦自哈萨克斯坦进口总值的75.7%（表2-30）。

---

① HS编码1101，具体品名为"小麦或混合麦的细粉"。

表 2-30   2014—2020 年塔吉克斯坦自哈萨克斯坦主要进口商品统计表

单位:万美元

HS 年份	1001	2711	7214	1101	2818	2710	1512	7209	1006	2402
2014 年	23 117.4	14 271.7	1 770.8	7 729.4	0.0	1 441.5	1 011.4	132.8	845.0	525.6
2015 年	24 391.2	11 880.5	1 978.4	5 689.7	0.0	778.4	632.5	314.6	567.4	508.6
2016 年	23 121.4	11 501.6	1 796.3	2 878.4	0.0	407.1	346.2	466.3	921.6	666.2
2017 年	19 719.5	14 549.5	2 482.2	1 394.4	0.0	810.4	1 041.2	942.7	658.9	1 261.8
2018 年	17 238.1	13 271.7	4 892.5	1 041.0	0.0	868.9	1 650.3	1 765.9	764.0	993.3
2019 年	21 459.5	17 265.7	6 538.6	2 075.2	7 928.7	2 997.9	1 330.5	1 522.8	994.2	652.7
2020 年	22 713.5	15 842.6	6 229.6	2 349.2	8 903.0	3 782.6	1 438.5	1 262.6	1 048.7	348.8
合计	151 760.6	98 583.3	25 688.4	23 157.7	16 831.7	11 086.8	7 450.6	6 407.7	5 799.8	4 957.0

塔吉克斯坦暂未实现粮食的自给自足。哈萨克斯坦是农业大国,是塔吉克斯坦主要的粮食进口来源国。2014—2020 年,塔吉克斯坦自哈萨克斯坦的小麦进口值在 2 亿美元上下浮动,相比其他进口商品更加稳定且进口值更大。塔吉克斯坦从哈萨克斯坦进口天然气十分便利,2019 年进口值达 1.7 亿美元。塔吉克斯坦为钢铁制品的净进口国,自 2016 年进口值稳步增长,2019 年达到最大值 6 538.6 万美元,这与从俄罗斯等其他国家的进口减少有关。2014—2018 年,塔吉克斯坦未从哈萨克斯坦进口过氧化铝,2019 年开始进口,这与哈萨克斯坦与塔吉克斯坦的双边贸易战略有关,也是与自俄罗斯的进口减少有很大关系。

(三)塔吉克斯坦对土耳其进出口贸易发展情况

1. 基本贸易情况

土耳其因其优越的地理位置,成为连接欧洲与亚洲重要的十字路口。塔吉克斯坦和土耳其长期以来保持稳定的贸易伙伴关系,2014—2020 年两国进出口值基本稳定在每年 3 亿~4 亿美元。受新冠肺炎疫情影响,2020 年两国进出口值同比下降 14.5%。土耳其是塔吉克斯坦为数不多的主要出口国,塔吉克斯坦常年对其保持贸易顺差,不过近年来随着对土耳其出口值有所下降,贸易顺差呈收窄态势(图2-16)。

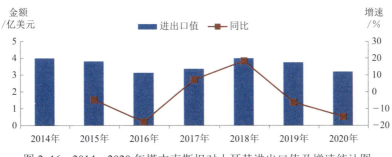

图 2-16　2014—2020 年塔吉克斯坦对土耳其进出口值及增速统计图

2. 主要出口铝、棉花及其制品

2014—2020 年,塔吉克斯坦对土耳其主要出口商品有未锻轧铝、未梳的棉花、棉纱线、废棉①、生皮(毛皮除外)及皮革,上述商品合计占同期塔吉克斯坦对土耳其出口总值的 99%(表 2-31)。

表 2-31　2014—2020 年塔吉克斯坦对土耳其主要出口商品统计表

单位:万美元

年份 \ HS	7601	5201	5205	5202	4104	2805	0802	5203	8528	1212
2014 年	19 462.1	5 030.6	692.6	4.1	138.2	0.0	52.1	0.0	0.0	50.6
2015 年	19 641.7	5 030.0	281.1	290.7	116.7	0.0	42.8	4.8	0.0	8.8
2016 年	15 131.6	3 630.8	565.3	218.8	117.6	98.7	37.8	159.2	0.0	8.1
2017 年	14 703.9	5 245.7	2 615.0	121.3	127.3	180.7	135.7	0.0	117.5	3.5
2018 年	17 707.8	7 662.5	1 753.6	133.7	102.2	143.5	73.7	0.0	0.0	4.7
2019 年	16 649.8	5 124.1	1 306.5	91.7	104.4	0.0	43.5	0.0	0.0	4.8
2020 年	12 912.3	5 852.9	1 305.7	45.6	143.2	0.0	16.2	0.0	0.0	12.6
合计	116 209.2	37 576.6	8 519.8	905.9	849.9	422.9	401.8	164.0	117.5	93.1

塔吉克斯坦的铝出口超 80% 到土耳其,2014—2020 年对土耳其铝的出口值占同期塔吉克斯坦对土耳其出口总值的 70.1%。塔吉克斯坦棉花、棉纱线、

---

① HS 编码 5202,具体品名为"废棉(包括废棉纱线及回收纤维)"。

废棉、皮毛等纺织服装用料对土耳其出口位居铝出口之后,2014—2020 年对土耳其出口合计占比 28.9%。

3. 主要进口冻肉、卫生用品等消费品

2014—2020 年,塔吉克斯坦自土耳其主要进口商品为冻肉、卫生巾及婴儿尿布[①]、塑料[②]、卫生纸[③]、客运机动车辆[④],上述商品合计占同期塔吉克斯坦自土耳其进口总值的 26.2%(表 2-32)。

表 2-32 2014—2020 年塔吉克斯坦自土耳其主要进口商品统计表

单位:万美元

年份 \ HS	0207	9619	3916	4818	8702	5702	8504	3401	7308	8544
2014 年	1 753.2	0.0	840.3	489.9	0.0	872.7	58.5	715.0	393.7	172.3
2015 年	1 411.5	0.0	724.5	868.3	0.0	697.6	332.6	479.7	396.1	411.5
2016 年	1 414.2	0.0	625.5	1 172.8	0.0	250.8	508.5	218.2	98.5	466.9
2017 年	1 518.6	861.1	629.1	638.1	204.8	5.7	463.4	104.7	108.8	75.7
2018 年	649.3	1 233.5	553.3	1.9	2 061.8	27.8	61.9	88.1	298.9	141.9
2019 年	387.9	1 681.2	573.0	2.1	658.5	26.6	138.9	120.1	76.1	221.9
2020 年	132.3	1 652.7	331.0	9.0	35.2	11.9	328.1	159.3	421.5	103.3
合计	7 267.0	5 428.5	4 276.7	3 182.1	2 960.3	1 893.1	1 891.9	1 885.6	1 794.4	1 593.5

2014—2017 年,塔吉克斯坦自土耳其进口肉类稳定保持在 0.15 亿美元左右,2018 年后,进口值逐年下跌,至 2020 年进口值不足 2014 年的 1/10。卫生巾、

---

① HS 编码 9619,具体品名为"任何材料制的卫生巾(护垫)及卫生棉条、婴儿尿布及尿布衬里和类似品"。

② HS 编码 3916,具体品名为"塑料单丝(截面直径 >1 mm)、条、杆、型材及异型材,不论是否经表面加工,但未经其他加工"。

③ HS 编码 4818,具体品名为"卫生纸及类似纸、家庭或卫生用纤维素絮纸及纤维素纤维网纸,成卷宽度不超过 36 厘米或切成一定尺寸或形状的;纸浆、纸、纤维素絮纸或纤维素纤维网纸制的手帕、面巾、台布、餐巾、床单及类似的家庭、卫生或医院用品、衣服及衣着附件"。

④ HS 编码 8702,具体品名为"客运机动车辆,≥ 10 座(包括驾驶座)"。

卫生纸等卫生用品进口合计占比 9.8%,这主要由于塔吉克斯坦国内轻工业相对落后,对上述产品有较大进口需求。

(四) 塔吉克斯坦对欧盟进出口贸易发展情况

1. 基本贸易情况

欧盟为塔吉克斯坦第五大贸易伙伴。2014—2020 年,塔吉克斯坦对欧盟的进出口值从 2014 年 4.2 亿美元的高点大幅下降,近年来,进出口值稳定在 2 亿～3 亿美元(图 2-17)。

图 2-17　2014—2020 年塔吉克斯坦对欧盟进出口值及增速统计图

2. 主要出口锑、砂矿、服装、棉花等

塔吉克斯坦对欧盟主要出口锑及其制品[1]、男式上衣[2]、未梳的棉花、其他矿砂及其精矿[3]、女式套装[4],上述商品合计占同期塔吉克斯坦对欧盟出口总值的 89.1%(表 2-33)。

---

[1] HS 编码 8110,具体品名为"锑及其制品,包括废料及碎料"。

[2] HS 编码 6203,具体品名为"男式大衣、短大衣、斗篷、短斗篷、带风帽的防寒短上衣(包括滑雪短上衣)、防风衣、防风短上衣及类似品,但品目 6203 的货品除外"。

[3] HS 编码 2617,具体品名为"其他矿砂及其精矿"。

[4] HS 编码 6204,具体品名为"女式西服套装、便服套装、上衣、连衣裙、裙子、裙裤、长裤、护胸背带工装裤、马裤及短裤(游泳裤除外)"。

表 2-33　2014—2020 年塔吉克斯坦对欧盟主要出口商品统计表

单位：万美元

HS 年份	8110	6203	5201	2617	6204	5208	2616	6307	5205	8426
2014 年	469.8	1 658.8	289.5	174.0	1.2	97.5	0.0	0.0	119.1	0.0
2015 年	461.9	1 103.9	404.7	404.7	0.9	46.4	0.0	0.0	79.6	0.0
2016 年	1 163.0	1 293.4	510.4	291.5	2.8	24.8	27.9	0.0	67.6	0.0
2017 年	2 050.7	1 642.5	244.8	407.2	3.2	51.1	52.6	0.2	58.5	0.0
2018 年	2 637.8	1 603.1	904.5	446.5	2.0	33.6	116.4	0.5	4.6	0.0
2019 年	2 304.5	1 001.0	1 307.9	238.9	231.9	55.9	141.9	0.3	0.0	0.0
2020 年	3 240.0	1 027.7	1 007.0	98.6	442.2	97.6	0.0	336.4	0.0	148.4
合计	12 327.7	9 330.4	4 668.8	2 061.4	684.2	406.9	338.8	337.4	329.4	148.4

　　塔吉克斯坦锑矿产资源丰富，有多处锑优质大型矿床，可以用于缓解欧盟国家锑资源缺口问题。2014—2020 年，塔吉克斯坦对欧盟锑的出口呈递增趋势，从 469.8 万美元增长到 3 240 万美元，增长 589.7%。棉花产业是塔吉克斯坦的优势产业。欧盟从塔吉克斯坦直接进口棉花之外，还将塔吉克斯坦作为部分服装类产品生产地，例如男士大衣、女式套装等。塔吉克斯坦男士大衣对欧盟的出口始终保持在 0.1 亿～0.2 亿美元，女式套装出口则整体有大幅上升，自 2014 年的 1.2 万美元增长到 2020 年的 442.2 万美元。

3. 主要进口各类车辆、药品、电气控制设备等

　　塔吉克斯坦自欧盟主要进口载人机动车辆、货运机动车辆、药品、电气控制设备、其他印刷品[①]，上述商品合计占同期塔吉克斯坦自欧盟进口总值的 37.8%（表 2-34）。

　　欧盟部分国家汽车工艺位于世界领先水平，塔吉克斯坦自欧盟进口车辆占有较大比重，载人车辆与货运车辆合计占自欧盟进口总值的近 30%。塔吉克斯坦医疗水平落后，很多药品与医用物资从欧盟进口，2014—2020 年自欧盟药品进口占自欧盟进口总值的 4.4%，2020 年受新冠肺炎疫情影响，药品进口值

---

① HS 编码 4911，具体品名为"其他印刷品，包括印刷的图片及照片"。

增长 20.3%。电力出口是塔吉克斯坦的支柱产业之一,随着塔吉克斯坦新建和扩建各种电站以及输电线路的建设和现代化改造,2017—2018 年自欧盟的电力控制设备进口相较其他年份出现大幅增长。

表 2-34　2014—2020 年塔吉克斯坦自欧盟主要进口商品统计表

单位:万美元

年份 \ HS	8703	8704	3004	8537	4911	2818	0602	8708	8431	3002
2014 年	16 710.4	1 134.7	1 443.0	235.8	597.0	1 997.5	1 059.1	345.7	57.4	207.5
2015 年	4 905.3	738.3	1 050.5	726.0	448.1	807.7	75.2	319.1	82.5	195.1
2016 年	1 578.1	538.1	683.6	380.5	620.0	0.0	181.9	230.2	45.7	253.8
2017 年	3 617.1	1 229.2	957.9	2 141.6	465.3	0.0	147.3	301.5	94.1	193.4
2018 年	2 356.3	2 771.3	793.3	2 719.2	442.1	0.3	65.9	511.3	1 052.5	338.2
2019 年	2 667.3	1 337.2	886.3	202.2	312.9	261.9	409.6	487.9	780.6	379.9
2020 年	2 604.0	909.8	1 065.8	22.8	412.4	0.0	1 005.9	521.8	473.6	659.9
合计	34 438.5	8 658.6	6 880.4	6 428.1	3 298.0	3 067.4	2 944.9	2 717.5	2 586.6	2 227.8

四、塔吉克斯坦对上合组织其他成员国进出口发展情况

(一) 塔吉克斯坦对上合组织其他成员国进出口贸易发展情况

在塔吉克斯坦的对外贸易中,上合组织占了十分重要的位置,上合组织其他成员国大部分是塔吉克斯坦的重要贸易伙伴,哈萨克斯坦和乌兹别克斯坦是塔吉克斯坦的主要出口国,俄罗斯和中国则是塔吉克斯坦的主要进口国。

2014—2016 年塔吉克斯坦对上合组织其他成员国进出口值总体较为稳定。随着印度和巴基斯坦加入,上合组织成员国数量增多,塔吉克斯坦对上合组织其他成员国的进出口值出现增长,2019 年已突破 30 亿美元大关,达到 31.5 亿美元,较上年增长 7.1%。2020 年,新冠肺炎疫情使各国经济受到重创,塔吉克斯坦对上合组织其他成员国的进出口贸易值也出现一定幅度的下降,进出口值为 27.8 亿美元,同比下降 11.7%(图 2-18)。

图 2-18　2001—2020 年塔吉克斯坦对上合其他成员国进出口值及增速统计图

（二）塔吉克斯坦对上合组织其他成员国主要出口商品为矿产品

2014—2020 年，塔吉克斯坦对上合组织其他成员国主要出口商品为锌矿砂及其精矿、铅矿砂及其精矿、未梳的棉花、铜矿砂及其精矿、其他矿砂及其精矿，上述商品出口值合计占同期塔吉克斯坦对上合组织其他成员国出口总值的 72.1%（表 2-35）。

表 2-35　2014—2020 年塔吉克斯坦对上合组织其他成员国主要出口商品统计表

单位：万美元

HS 年份	2608	2607	5201	2603	2617	2523	2716	5205	0813	8710
2014 年	6 522.0	7 993.7	2 379.7	1 216.2	1 649.6	2.0	601.6	107.1	1 755.6	1 581.2
2015 年	5 799.1	6 851.9	3 411.5	1 113.0	1 071.7	2.3	436.8	309.5	958.7	0.0
2016 年	9 433.4	10 171.2	2 231.3	1 625.3	2 330.9	411.9	106.0	361.5	579.2	2 348.2
2017 年	18 152.2	14 548.3	3 880.4	2 663.6	2 907.4	1 262.4	56.1	705.4	379.9	0.0
2018 年	16 860.9	11 923.0	4 363.7	7 527.8	3 138.2	4 086.8	3 957.1	1 802.5	344.6	635.5
2019 年	12 854.4	11 752.1	4 836.6	1 781.0	2 596.3	4 191.4	3 225.5	2 601.8	402.2	0.0
2020 年	5 775.5	7 795.6	4 222.0	765.5	1 388.0	3 717.1	1 652.5	2 195.5	515.1	85.3
合计	75 397.5	71 035.8	25 325.2	16 692.4	15 082.1	13 673.9	10 035.6	8 083.3	4 935.3	4 650.2

锌、铅、铜以及其他矿砂及其精矿等矿产资源一直是塔吉克斯坦的优势资源，储量十分丰富，在上合组织其他成员国的援助计划下，开采量与出口量均有很大幅度的提高。排除 2020 年新冠肺炎疫情的不利影响，自 2014 年到 2019 年，各类矿砂的开采量与对上合组织其他成员国的出口量均呈增加态势。尤其锌

与铅矿砂的出口,7年合计出口值分别为7.5亿美元和7.1亿美元,占塔吉克斯坦对上合组织其他成员国出口值的比重超过50%。棉花的出口总体呈震荡递增趋势,自2014年的0.2亿美元到2020年的0.4亿美元,增长77.4%。

(三)塔吉克斯坦自上合组织其他成员国主要进口商品为成品油、小麦等

2014—2020年,塔吉克斯坦自上合组织其他成员国的主要进口商品为成品油、小麦及混合麦、石油气及其他烃类气、锯材、氧化铝,上述商品出口值合计占同期塔吉克斯坦自上合组织其他成员国进口总值的36.1%(表2-36)。

表2-36　2014—2020年塔吉克斯坦自上合组织其他成员国主要进口商品统计表

单位:亿美元

年份＼HS	2710	1001	2711	4407	2818	7214	1512	1101	7212	8704
2014年	4.8	2.3	1.6	1.8	0.0	0.8	0.3	0.8	0.4	0.5
2015年	3.3	2.4	1.3	1.3	0.9	0.8	0.3	0.6	0.4	0.5
2016年	2.4	2.3	1.5	0.8	1.2	0.4	0.3	0.3	0.5	0.2
2017年	2.5	2.0	1.6	0.8	0.9	0.4	0.6	0.2	0.3	0.3
2018年	2.8	1.7	1.8	0.6	0.9	0.5	0.1	0.3	0.3	0.3
2019年	3.3	2.2	2.1	0.6	1.0	0.8	0.7	0.2	0.2	0.3
2020年	2.6	2.4	2.0	0.7	0.9	1.3	0.3	0.3	0.1	0.2
合计	21.7	15.4	11.9	6.6	5.8	5.3	3.6	2.6	2.4	2.2

塔吉克斯坦自上合组织其他成员国进口的商品成品油、小麦、石油气及其他烃类气,主要进口自上合组织成员国的俄罗斯和哈萨克斯坦。2014年塔吉克斯坦自上合组织其他成员国进口成品油达4.8亿美元的峰值,之后稳定在2亿~3亿美元,而石油气及其他烃类气进口稳定在1.5亿~2亿美元。塔吉克斯坦粮食仍未实现自给自足,加之上合组织中有哈萨克斯坦等农业大国,塔吉克斯坦小麦的进口十分稳定,每年自上合组织其他成员国小麦进口均在2亿美元左右。塔吉克斯坦进口的锯材主要自俄罗斯,氧化铝主要自俄罗斯和哈萨克斯坦,两者进口值均稳定在1亿美元左右。

近年来塔吉克斯坦对外贸易额逐年增长,但贸易逆差却不断加大,这与其进出口产品结构密切相关。塔吉克斯坦出口以初级产品为主,受国际市场价格影响大。塔吉克斯坦国内经济需求对国际市场商品进口则依赖较大,进口产品门类众多,其中石油占据主要地位,还有车辆、机械和化工产品等。加入上合组织为塔吉克斯坦对外贸易的发展带来了新的活力,中国与俄罗斯等大国的援助,以及上合组织各国家与塔吉克斯坦便利互惠的各类项目合作,为其更快、更好地提高自身经济实力提供了有利条件。

第四章
吉尔吉斯斯坦进出口贸易发展情况

吉尔吉斯斯坦作为上合组织的创始成员国之一,与上合组织其他成员国贸易活动往来紧密。吉尔吉斯斯坦地处亚洲东北部的内陆腹地,东临中国新疆、南靠塔吉克斯坦,北部毗邻哈萨克斯坦,与上合组织多国接壤的区位优势使其成为中亚地区重要的货物中转集散地之一,在一定程度上提升了吉尔吉斯斯坦的区域外贸活跃度,为吉尔吉斯斯坦积极开展对外贸易提供了良好的地缘政治基础。

作为典型的高山国家,多山岭谷地的地貌特征造就了吉尔吉斯斯坦突出的矿产资源禀赋优势。该国拥有丰富的贵金属等矿产资源,其中黄金储备尤其雄厚,也是该国主要出口产品之一。进入 21 世纪以来,吉尔吉斯斯坦不断扩大对外贸易规模,依托本国优势产业开展对外合作,同时加强招商引资政策扶持力度,通过政策倾斜为对外开放赋能,立足本国工业技术优势,结合先进贸易理念,促使对外贸易成为稳定本国经济发展的中坚力量。

一、吉尔吉斯斯坦进出口贸易发展历程

综观吉尔吉斯斯坦进出口贸易总体情况可以发现,20 年来该国对外贸易规模整体呈扩大趋势,根据其发展特点大致分为三个阶段,即快速发展阶段

（2001—2008 年）、震荡调整阶段（2009—2016 年）和稳定增长阶段（2017—2020 年）（图 2-19）。

图 2-19　2001—2020 年吉尔吉斯斯坦对全球进出口值及增速统计图

2001—2008 年，吉尔吉斯斯坦进出口贸易值快速增长，由 2001 年的 9.4 亿美元增至 2008 年的 56.9 亿美元，增幅达 503.1%，其中，2008 年同比增长 60.2%，是 2001 年以来进出口增速最快的一年；同时，除 2001 年为 890.7 万美元的贸易顺差外，贸易逆差也逐年扩大，由 2001 年的 1.2 亿美元增至 2008 年的 24.5 亿美元。

2009 年，受国际金融危机的影响，吉尔吉斯斯坦进出口贸易规模同比大幅缩减 27%。2010—2013 年，金融危机过后的吉尔吉斯斯坦对外贸易总额重新恢复增长态势。2013 年，吉尔吉斯斯坦外贸进出口总额为 77.6 亿美元，达到了历史峰值，同比增长 9.9%，其中出口 17.7 亿美元，同比增长 5.3%，进口 59.8 亿美元，同比增长 11.3%，贸易逆差也达到了 42.1 亿美元的峰值。2014—2016 年，受俄罗斯、哈萨克斯坦等主要贸易伙伴经济不振以及国际市场黄金行情下探等影响，吉尔吉斯斯坦进出口规模持续下滑，连续 3 年同比降幅分别为 1.8%、26.7%、2.2%，2016 年进出口值降至 54.6 亿美元。

自 2017 年起，吉尔吉斯斯坦贸易状况明显回稳向好，通过连续 3 年的增长，到 2019 年，进出口值达到 68.7 亿美元。2020 年，吉尔吉斯斯坦受政局动荡、新冠肺炎疫情冲击等因素的影响，进出口值再度出现下滑，对外贸易总额为 56.5 亿美元，同比下降 17.8%。

二、吉尔吉斯斯坦主要进出口商品

(一) 黄金为主要出口商品

吉尔吉斯斯坦盛产贵金属,黄金产量尤其丰富,20 年来,吉尔吉斯斯坦出口商品贸易结构不断优化,出口产品门类逐渐丰富。2001—2020 年,吉尔吉斯斯坦前五位主要出口产品分别为黄金、成品油、贵金属矿砂及精矿[①]、脱荚的干豆[②] 和未梳的棉花,上述商品合计占同期吉尔吉斯斯坦出口总值的 53.2%,其中,黄金占比为 39.9%,其他四类产品占比分别为 5%、3.3%、2.8% 和 2.2%(表 2-37)。

表 2-37　2001—2020 年吉尔吉斯斯坦主要商品出口统计表

单位:百万美元

年份 ＼ HS	7108	2710	2616	0713	5201	2716	6204	8708	7005	8539
2001 年	224.6	7.0	0.6	4.7	21.6	46.8	0.0	4.0	0.0	12.3
2002 年	162.8	35.3	0.1	6.6	43.7	22.0	1.3	7.3	0.0	13.9
2003 年	259.6	0.0	0.1	4.4	42.5	19.2	4.8	6.8	4.1	15.6
2004 年	287.4	0.0	0.0	9.0	38.5	21.9	8.8	8.5	12.8	21.5
2005 年	230.7	58.1	0.6	9.0	40.1	20.4	9.2	9.5	19.1	15.6
2006 年	206.0	120.5	2.4	16.9	35.5	25.1	23.1	10.0	24.9	17.6
2007 年	224.7	235.9	4.4	32.5	29.2	32.5	38.6	14.6	38.2	20.0
2008 年	463.5	0.5	3.5	20.4	23.7	25.1	47.0	19.8	32.1	21.1
2009 年	529.5	0.0	2.5	30.1	21.5	37.3	30.1	13.1	1.6	18.5
2010 年	668.3	67.1	0.6	35.3	27.8	48.4	45.7	14.5	0.1	19.7
2011 年	1 006.2	101.0	17.2	51.8	31.0	80.4	49.0	23.1	0.0	21.5
2012 年	562.3	115.4	55.5	48.3	33.9	56.2	57.6	27.4	15.9	22.3
2013 年	736.8	140.0	18.3	73.7	19.9	20.3	41.0	33.4	28.4	23.7

---

① HS 编码 2616,具体品名为"贵金属矿砂及精矿"。

② HS 编码 0713,具体品名为"脱荚的干豆,不论是否去皮或分瓣"。

HS 年份	7108	2710	2616	0713	5201	2716	6204	8708	7005	8539
2014 年	716.9	118.7	40.5	62.0	24.1	0.2	39.0	30.2	25.3	19.4
2015 年	665.4	69.0	19.1	43.8	15.9	0.1	17.1	24.5	10.8	15.5
2016 年	701.6	38.2	135.6	72.3	19.0	0.1	0.7	15.5	14.9	8.3
2017 年	700.4	47.0	143.8	52.5	24.7	24.6	4.6	41.7	27.4	6.0
2018 年	664.2	84.8	124.5	55.3	37.6	16.3	1.7	28.2	29.4	7.4
2019 年	832.9	75.7	157.6	71.6	35.2	0.1	2.4	32.4	28.3	5.0
2020 年	987.0	44.4	163.6	63.5	26.8	0.1	5.0	30.5	27.6	4.2
合计	10 830.6	1 358.6	890.4	763.7	592.1	497.4	426.7	394.8	340.9	309.0

2001—2008 年,吉尔吉斯斯坦前五位产品出口值总体呈上升趋势。其中,黄金和脱荚的干豆的出口规模呈波动上升趋势,贵金属矿砂及精矿、成品油出口波动较大,未梳的棉花出口受其产量影响基本维持相对稳定状态。2008 年受全球金融危机的影响,除黄金外其他主要产品出口值均呈现下降趋势,其中成品油的出口额下降幅度最明显,同比下降 99.8%。2009—2014 年,吉尔吉斯斯坦外贸出口逐渐恢复。其中,2011 年,吉尔吉斯斯坦黄金出口 10.1 亿美元,达历史最高值;2013 年,成品油出口 1.4 亿美元,干豆类出口 7 367.1 万美元,均为历史最高值。2016—2019 年主要产品出口稳步提升。2020 年,受新冠肺炎疫情和政局动荡影响,除黄金和贵金属矿砂及精矿外,吉尔吉斯斯坦主要出口商品贸易额均明显下降,其中成品油、脱荚的干豆、未梳的棉花分别下降41.3%、11.3% 和 23.8%。

(二)成品油为主要进口商品

2001—2020 年,吉尔吉斯斯坦进口商品主要为成品油、成品药、载人机动车、鞋靴①和电话机,上述商品合计占同期吉尔吉斯斯坦进口总值的 24.3%。其中,累计进口成品油 94 亿美元,占同期吉尔吉斯斯坦进口总值的 14.4%,其他

---

① HS 编码 6402,具体品名为"橡胶或塑料制外底及鞋面的其他鞋靴"。

四类产品占比分别为3.2%、2.9%、1.9%和1.9%。20年来,吉尔吉斯斯坦的进口商品结构也在不断调整,部分商品种类的贸易额在总贸易额中的占比有较大的波动(表2-38)。

表2-38　2001—2020年吉尔吉斯斯坦主要进口商品统计表

单位:百万美元

HS 年份	2710	3004	8703	6402	8517	2711	8704	1001	2402	1806
2001 年	66.6	19.8	5.3	0.3	1.3	34.1	1.2	6.7	9.5	3.1
2002 年	83.0	24.2	4.0	1.0	4.5	42.7	2.3	11.7	7.4	4.8
2003 年	0.0	34.4	23.5	4.2	1.5	31.8	3.1	7.5	9.4	6.5
2004 年	0.0	27.9	7.8	1.1	2.5	34.5	2.2	11.1	11.8	8.8
2005 年	258.6	43.2	9.9	1.0	2.7	32.6	6.2	17.6	18.1	11.1
2006 年	431.1	44.3	13.0	1.3	9.2	43.7	48.4	25.5	20.2	17.0
2007 年	610.0	74.1	24.4	0.7	22.1	78.7	28.0	69.9	27.8	31.5
2008 年	1.2	89.3	28.6	36.8	77.8	110.7	40.6	86.3	30.9	44.8
2009 年	0.1	77.4	14.4	36.8	31.8	71.6	34.5	62.7	26.1	45.1
2010 年	730.9	97.6	119.6	25.2	53.8	62.7	87.4	62.3	25.6	48.7
2011 年	833.6	148.7	236.9	29.7	110.0	74.7	113.6	67.0	38.7	67.2
2012 年	1 013.4	172.3	300.7	50.9	75.1	85.0	228.7	88.1	51.9	83.4
2013 年	1 139.7	169.6	372.4	41.0	73.1	69.7	156.3	89.8	64.8	70.2
2014 年	1 040.3	180.8	480.0	29.2	66.7	55.4	153.1	100.4	78.1	63.9
2015 年	643.3	134.2	43.7	60.0	59.3	44.7	56.1	61.4	53.2	45.2
2016 年	374.3	108.7	32.1	202.3	70.0	43.3	23.4	50.7	45.5	36.3
2017 年	556.3	156.2	37.2	218.2	95.5	47.7	14.6	38.6	73.4	44.0
2018 年	541.2	149.7	34.8	251.7	144.0	57.4	23.7	20.5	78.7	41.1
2019 年	609.7	168.3	25.1	206.1	200.5	57.0	26.2	26.8	75.5	41.4
2020 年	469.8	186.7	74.3	44.1	133.0	63.5	55.0	35.0	63.3	32.5
合计	9 403.2	2 107.5	1 887.5	1 241.8	1 234.4	1 141.3	1 104.9	939.6	809.8	746.3

2001—2009 年,吉尔吉斯斯坦成品油进口波动较大,自2010年起,成品油进口占比一直保持领先地位。20年间,成品药、电话机、鞋靴进口值均保持震

荡上升态势。鞋靴进口值在 2001—2015 年增长平稳，在 2016—2019 年大幅增长，由 2015 年的 5 999 万美元增至 2018 年 2.5 亿美元的历史高点。2020 年，受新冠肺炎疫情影响，主要商品进口值均有所下降。

三、吉尔吉斯斯坦对全球主要贸易市场进出口发展情况

2001—2020 年，吉尔吉斯斯坦的主要贸易伙伴为俄罗斯、中国、哈萨克斯坦、欧盟和瑞士，吉尔吉斯斯坦对以上贸易伙伴的进出口值占同期吉尔吉斯斯坦进出口总值的比重分别为 26.4％、18.3％、13.5％、11％和 7.2％，合计占76.5％。受新冠肺炎疫情影响，2020 年吉尔吉斯斯坦对全球主要贸易伙伴市场的进出口值均有所下降，其中对中国、哈萨克斯坦和俄罗斯三国降幅最高，同比分别下降 57％、16.2％和 4.6％。

（一）吉尔吉斯斯坦对俄罗斯进出口贸易

1. 基本贸易情况

2001—2020 年，吉尔吉斯斯坦对俄罗斯贸易总值累计达 244.2 亿美元，其中，2002—2015 年期间，俄罗斯一直稳居吉尔吉斯斯坦第一大贸易伙伴地位。总的来说，2001—2020 年吉尔吉斯斯坦对俄罗斯的进出口贸易可分为三个阶段：第一阶段，2001—2008 年，吉俄贸易总体呈逐年上升趋势，除 2005 年增速为 19％外，其余每年同比增速均在 30％以上，进出口总值由 2001 年的 1.5 亿美元增至 2008 年的 18 亿美元，增幅达 11.1 倍；第二阶段，2009—2013 年，受金融危机冲击，2009 年吉俄进出口值降至 12.8 亿美元，同比降幅达 29.2％，之后逐渐回升，经过连续 4 年的恢复性增长后，在 2013 年进出口值达到近 20 年来的峰值 21.4 亿美元；第三阶段，2014—2020 年，俄罗斯对外贸易大幅度减少，吉俄贸易也因此受到冲击，2014 年后整体进出口值呈下降趋势，在 2016 年降至 10.5 亿美元的低谷，当年同比降幅达 25.7％，随着俄罗斯贸易结构的改善，吉俄贸易在 2017 年后出现缓慢回升趋势。2020 年受新冠肺炎疫情的影

响,吉俄进出口值均有所下降,进出口总值 15.6 亿美元,同比降幅为 4.6％（图
2-20）。

图 2-20 2001—2020 年吉尔吉斯斯坦对俄罗斯贸易值及增速统计图

2. 出口以棉花和服装等为主

2001—2020 年,吉尔吉斯斯坦对俄罗斯出口的前五位商品为棉花、女
装①、成品油,上述商品出口值合计占同期吉尔吉斯斯坦对俄罗斯出口总值的
34％（表 2-39）。

棉花是近 20 年来吉尔吉斯斯坦向俄罗斯出口最多的商品,累计出口值高
达 3.7 亿美元,但近年来吉尔吉斯斯坦向俄罗斯出口值呈波动下降趋势。此外,
女装合计出口 6.5 亿美元,为吉尔吉斯斯坦对俄罗斯出口的重要商品,但近年
来总体呈下降趋势。20 年间,成品油对俄出口波动较大,近几年呈现出大幅度
下降趋势。总的来说,近年来吉尔吉斯斯坦对俄罗斯出口的主要商品基本都有
下降趋势,主要原因在于俄罗斯对商品进出口结构的调整。

---

① HS 编码 6204、6106、6206,具体品名分别为"女式西服套装、便服套装、上衣、连衣裙、裙
子、裙裤、长裤、护胸背带工装裤、马裤及短裤（游泳裤除外）""针织或钩编的女衬衫""女
衬衫"。

表2-39　2001—2020年吉尔吉斯斯坦对俄罗斯主要商品出口统计表

单位：万美元

年份＼HS	5201	6204	2710	6106	6206	2401	7005	7404	8708	0713
2001 年	12.7	0.0	2.5	0.0	0.0	21.3	—	—	2.6	0.2
2002 年	26.1	1.3	4.3	0.0	0.8	17.8	—	—	2.9	0.3
2003 年	26.5	4.0	—	0.0	2.0	9.6	3.9	—	2.7	1.0
2004 年	26.1	8.4	—	0.0	4.0	8.1	12.7	—	3.1	1.5
2005 年	33.6	8.9	9.3	0.0	4.9	8.0	18.6	—	2.0	1.1
2006 年	30.8	22.6	12.3	0.0	12.8	5.8	18.6	0.0	0.6	1.3
2007 年	23.7	37.2	19.2	0.0	21.9	8.0	27.4	0.2	2.6	2.3
2008 年	19.1	46.7	—	0.0	30.4	5.1	25.6	—	2.8	2.2
2009 年	16.5	29.6	—	1.0	23.3	6.6	0.1	—	1.2	2.8
2010 年	19.9	45.5	18.7	6.1	28.8	11.4	—	—	2.4	4.8
2011 年	27.4	47.8	32.1	8.7	21.3	10.3	—	2.1	5.2	6.3
2012 年	27.1	28.9	41.8	3.6	11.0	7.0	9.2	4.9	5.6	5.3
2013 年	12.7	1.2	53.4	0.1	0.6	9.2	12.8	3.5	7.1	3.6
2014 年	15.1	0.0	44.1	—	0.0	13.7	2.2	1.1	6.0	3.4
2015 年	8.3	0.0	22.0	0.0	0.0	4.5		2.0	5.5	4.2
2016 年	5.7	0.0	2.9	6.5	9.6	1.1	0.3	1.4	0.7	17.4
2017 年	10.8	3.7	2.7	26.9	0.2	0.2	2.3	—	12.7	12.9
2018 年	17.7	0.9	4.5	92.3	0.5	0.3	2.9	39.6	6.8	5.1
2019 年	9.2	1.6	4.2	37.0	1.9	0.4	5.1	47.3	14.7	9.8
2020 年	4.0	3.6	0.5	1.4	1.8	0.0	1.3	28.4	15.3	13.8
合计	373.0	291.9	274.7	183.6	175.7	148.6	142.9	130.6	102.5	99.7

3. 成品油进口占比近四成

2001—2020年，吉尔吉斯斯坦自俄罗斯进口的前五位主要商品为成品油、锯材、巧克力、铁或非合金钢条杆、植物油，上述商品进口值合计占同期吉尔吉斯斯坦自俄罗斯进口总值的 48.4％（表2-40）。

表 2-40　2001—2020 年吉尔吉斯斯坦自俄罗斯主要商品进口统计表

单位:百万美元

HS 年份	2710	4407	1806	7214	1512	3004	2711	7306	4011	1905
2001 年	7.0	1.4	2.0	1.0	0.2	2.6	—	0.3	4.3	0.7
2002 年	22.2	2.0	3.1	1.1	0.2	2.8	—	0.6	6.8	0.7
2003 年	—	3.7	4.0	2.1	0.5	6.4	—	0.6	11.7	1.4
2004 年	—	6.7	3.9	2.4	0.4	7.6		1.7	12.2	2.4
2005 年	187.3	9.1	4.5	2.5	0.8	7.7		1.6	11.9	2.4
2006 年	383.6	11.4	8.5	4.9	1.9	10.0	0.1	1.5	15.9	3.2
2007 年	533.8	22.6	19.9	7.1	6.9	14.0	1.3	1.9	20.2	5.9
2008 年	—	29.4	26.8	18.0	19.4	13.1	2.7	0.7	16.6	7.7
2009 年	—	29.4	26.3	17.4	18.6	13.4	1.4	5.1	12.5	6.8
2010 年	625.0	26.0	26.4	14.4	21.7	16.3	0.8	7.6	11.4	7.1
2011 年	781.4	43.9	36.7	23.3	26.6	19.4	1.4	12.1	12.8	10.4
2012 年	986.6	61.8	52.1	33.8	36.5	21.2	2.5	15.8	12.8	13.3
2013 年	1 110.8	74.8	40.1	40.3	42.1	23.3	2.5	19.8	12.0	15.6
2014 年	940.0	73.4	35.1	41.6	39.2	25.5	10.9	20.1	9.9	19.2
2015 年	539.4	22.7	29.1	19.3	35.0	16.5	43.3	18.5	7.2	16.9
2016 年	279.7	34.4	23.5	17.4	22.2	11.0	42.8	18.5	8.4	13.3
2017 年	478.7	5.3	29.9	32.0	24.7	16.2	38.3	20.8	18.3	22.6
2018 年	470.7	3.5	29.4	53.7	24.9	17.7	43.7	25.3	11.0	24.5
2019 年	491.5	4.1	30.6	58.4	25.1	22.3	41.4	28.3	8.6	26.9
2020 年	388.3	8.7	22.6	51.1	28.2	32.0	48.3	55.2	8.2	27.1
合计	8 226.2	474.4	454.7	441.9	375.0	299.0	281.5	255.9	232.8	228.1

总的来说,吉尔吉斯斯坦自俄罗斯进口商品结构较单一,吉尔吉斯斯坦国内对成品油的需求较大,严重依赖自俄罗斯进口,20 年间累计进口成品油占同期吉尔吉斯斯坦自俄罗斯进口总值的 39.9%。

(二)吉尔吉斯斯坦对哈萨克斯坦进出口贸易发展情况

1. 基本贸易情况

哈萨克斯坦是吉尔吉斯斯坦的第三大贸易伙伴,20 年来,哈吉两国双边关系发展迅速,先后成立了总统级国家间理事会与总理级政府间理事会,制定了《2012—2015 年战略合作纲要》,为扩大两国全方位合作奠定坚实基础。2020 年,哈萨克斯坦与吉尔吉斯斯坦两国政府总理举行会谈,双方同意开放哈吉边境所有过境点,以确保两国边境货运畅通无阻,从而进一步促进了两国间的贸易发展。

2001—2020 年吉哈贸易可分为两个阶段,分别为快速发展阶段和震荡调整阶段。2001—2014 年为吉哈贸易快速发展阶段。随着两国经贸合作不断加深,2001—2008 年吉哈双边贸易值不断增加,由 1.2 亿美元增至 5.6 亿美元;2009 年受 2008 年全球金融危机影响,进出口值降至 3.9 亿美元,同比下降 29.6%;危机过后,两国的双边贸易呈现恢复性增长态势,并在 2014 年达到 12.9 亿美元的历史高位,当年同比增幅达 37.1%。2015—2020 年为吉哈贸易的震荡调整阶段,增速有所回落,但每年贸易值均保持在 7 亿美元以上,2020 年受疫情冲击,两国的进出口值降至 7.9 亿美元,同比下降 16.2%(图 2-21)。

图 2-21　2001—2020 年吉尔吉斯斯坦对哈萨克斯坦进出口值及增速统计图

2. 出口以贵金属矿石为主

2001—2020 年吉尔吉斯斯坦对哈萨克斯坦出口前五位的主要产品为贵

金属矿石和精矿、电力^①、供运输或包装货物用的塑料制品^②、乳及稀奶油^③和水泥^④，上述商品出口值合计占同期吉尔吉斯斯坦对哈萨克斯坦出口总值的32%，其中，贵金属矿石和精矿出口值占吉尔吉斯斯坦对哈萨克斯坦出口值的比重最大，为14.7%，其他四种产品依次为7.2%、3.9%、3.2%和3%（表2-41）。

表2-41 2001—2020年吉尔吉斯斯坦对哈萨克斯坦主要出口商品统计表

单位：百万美元

HS 年份	2616	2716	3923	0401	2523	6204	7005	0406	0701	0809
2001年	0.6	10.4	2.5	0.5	1.4	—	—	1.1	0.2	0.1
2002年	0.1	3.4	4.1	0.4	1.5	0.0	—	2.0	0.1	0.0
2003年	0.1	4.4	5.3	2.3	5.7	0.0	0.2	2.3	0.0	0.0
2004年	—	8.5	9.3	2.8	9.4	0.0	0.0	2.8	0.1	0.0
2005年	—	12.3	12.3	5.0	12.9	0.1	0.1	4.9	0.0	0.0
2006年	—	21.0	15.5	8.8	21.2	0.3	5.2	5.1	0.0	0.0
2007年	—	19.0	14.0	9.9	39.0	1.2	9.2	5.3	0.1	0.0
2008年	—	24.9	4.6	11.1	46.8	0.0	4.1	7.8	0.1	0.1
2009年	—	37.2	3.7	9.2	0.7	0.1	0.7	6.3	0.1	0.1
2010年	—	48.3	5.2	11.4	—	0.0	0.0	6.0	7.9	3.2
2011年	7.7	68.9	6.3	10.4	—	1.0	0.0	4.8	15.7	9.2
2012年	25.2	48.6	8.7	10.5	—	28.5	6.4	3.3	10.2	20.7
2013年	17.4	20.3	11.0	6.2	—	39.8	13.9	2.5	6.6	23.9
2014年	38.1	0.2	11.2	11.5	—	38.8	10.5	2.1	3.8	10.5
2015年	18.5	0.1	6.3	23.0	0.0	17.0	5.0	2.6	15.9	2.6
2016年	93.2	0.1	2.8	3.6	0.0	0.5	9.0	1.3	5.3	0.6

① HS编码2716，具体品名为"电力"。

② HS编码3923，具体品名为"供运输或包装货用的塑料制品；塑料制的塞子、盖子及类似品"。

③ HS编码0401，具体品名为"未浓缩及未加糖或其他甜物质的乳及稀奶油"。

④ HS编码2523，具体品名为"硅酸盐水泥、矾土水泥、矿渣水泥、富硫酸盐水泥及类似的水凝水泥"。

续表

HS 年份	2616	2716	3923	0401	2523	6204	7005	0406	0701	0809
2017 年	108.2	0.1	4.0	4.2	0.0	0.3	17.0	13.7	4.0	1.4
2018 年	97.7	0.2	7.1	4.6	—	0.6	13.3	2.5	0.9	0.8
2019 年	125.0	0.1	20.0	4.7	—	0.7	13.5	2.3	3.0	1.0
2020 年	142.2	0.1	22.6	5.2	0.0	1.2	15.8	4.4	1.8	0.5
合计	674.0	328.1	176.5	145.4	138.6	130.2	123.8	83.0	76.0	74.6

自 2011 年开始,吉尔吉斯斯坦对哈萨克斯坦出口贵金属矿石和精矿快速增长,出口值由 2011 年的 774.3 万美元快速扩大到 2020 年的 1.4 亿美元,占比也由 2.7% 上升至 48.4%。电力的出口表现为先升后降的特征,2001—2011 年电力的出口值增长迅速,在 2011 年达到峰值 6 885.3 万美元,之后大幅减少,到 2020 年出口值降至 10.9 万美元。

3. 进口以农产品和能源类产品为主

2001—2020 年,吉尔吉斯斯坦自哈萨克斯坦进口前五位的主要产品为成品油、小麦及混合麦、烟草①、煤和小麦粉,上述商品进口值合计占同期吉尔吉斯斯坦自哈萨克斯坦进口总值的 38.3%,各项商品占比分别为 11.1%、11%、6.4%、5.9% 和 5.8%(表 2-42)。

小麦及混合麦、小麦粉合计进口值在 2001—2013 年呈震荡上升趋势,至 2013 年达到 1.2 亿美元的峰值,此后随着吉尔吉斯斯坦国内小麦产量增加,进口需求不断降低,2020 年进口值仅为 3 504.1 万美元。成品油进口整体呈上升趋势,由 2001 年的 3 238.5 万美元增至 2020 年的 6 354.8 万美元,但波动幅度较大。

---

① HS 编码 2402,具体品名为"烟草或烟草代用品制成的雪茄烟及卷烟"。

表 2-42　2001—2020 年吉尔吉斯斯坦自哈萨克斯坦主要进口商品统计表

单位:百万美元

HS 年份	2710	1001	2402	2701	1101	2711	2202	7210	1512	7208
2001 年	32.4	6.7	6.2	6.2	0.2	0.7	0.5	0.6	1.6	0.4
2002 年	50.1	11.6	5.2	13.6	1.0	0.9	0.7	0.9	1.2	0.4
2003 年	—	7.5	6.8	21.3	0.6	1.0	1.4	1.8	3.2	0.7
2004 年	—	8.8	6.7	16.1	1.8	1.7	2.0	3.5	5.0	0.9
2005 年	48.6	14.5	9.0	21.3	7.5	2.2	2.9	3.1	4.4	1.0
2006 年	33.6	24.5	15.0	15.6	7.1	2.6	4.2	1.0	5.0	0.9
2007 年	65.3	68.0	20.2	13.8	12.0	2.1	6.4	1.8	5.0	2.7
2008 年	1.2	83.0	20.8	23.9	40.1	2.4	14.0	1.1	2.2	3.9
2009 年	0.0	59.7	17.6	21.0	17.7	8.7	10.2	4.8	5.6	2.8
2010 年	89.3	61.5	18.0	34.8	5.8	14.0	12.6	6.1	10.7	4.1
2011 年	32.4	66.9	28.4	32.5	33.3	24.6	14.7	9.8	7.2	6.4
2012 年	9.3	88.1	38.1	38.1	28.6	68.0	18.7	6.2	7.6	11.6
2013 年	7.8	83.2	46.4	50.6	40.5	50.3	23.8	13.5	10.0	18.7
2014 年	79.0	100.4	51.8	45.1	14.2	40.9	23.9	17.3	10.4	19.0
2015 年	85.9	61.3	28.2	39.9	8.8	1.5	15.2	12.9	8.4	10.2
2016 年	80.4	33.3	17.7	15.6	15.4	0.4	7.0	11.7	6.6	7.3
2017 年	60.5	37.1	38.1	20.5	15.4	5.0	14.1	14.6	11.1	12.0
2018 年	47.1	20.3	53.6	17.6	13.2	8.8	23.1	12.2	10.5	15.1
2019 年	94.4	24.4	43.5	9.7	16.7	10.1	23.9	8.2	13.2	9.6
2020 年	63.5	13.7	35.3	11.7	21.3	9.7	21.9	11.0	4.6	4.3
合计	880.7	874.7	506.8	468.9	301.7	255.7	241.3	142.0	133.5	132.1

(三) 吉尔吉斯斯坦对欧盟进出口贸易

1. 基本贸易情况

欧盟为吉尔吉斯斯坦的第四大贸易伙伴,2001—2020 年吉尔吉斯斯坦对欧盟进出口贸易总体呈阶段性波动上升趋势。2001—2008 年,吉尔吉斯斯坦对欧盟进出口贸易经历了 7 年的平稳期后,在 2008 年进出口值激增至 7.8 亿美元,当年同比增长 158.1%。2009—2014 年,受金融危机影响,2009 年吉欧贸易大幅度下降至 3.7 亿美元,当年同比下降 52.3%;金融危机过后,吉欧贸易额逐年上升,在 2014 年恢复至 7.9 亿美元,同比增长 12.2%。2015—2020 年,受石油价格下降等因素影响,2015 年起吉欧贸易陷入 3 年的低潮期,2015—2017 年贸易规模分别降至 3.7 亿美元、3.2 亿美元和 5.5 亿美元;自 2018 年起贸易规模大幅提升,并首次突破 10 亿美元,贸易值连续 3 年攀升,2020 年达到 13.1 亿美元的历史峰值(图 2-22)。

图 2-22　2001—2020 年吉尔吉斯斯坦对欧盟进出口值及增速统计图

2. 出口以黄金等贵金属为主

2001—2020 年,吉尔吉斯斯坦对欧盟出口的前五位主要商品为黄金、废铜①、机动车零件、脱荚的干豆、成品油,上述商品出口值合计占同期吉尔吉斯斯坦对欧盟出口总值的 82.2%。吉尔吉斯斯坦凭借其资源优势,向欧盟出口的主要商品中自然资源占主导地位,商品结构较为单一,其中,出口值最多的商品为黄金,占出口总值的 71.5%,其余四种商品占比分别为 3.5%、2.5%、2.5% 和 2.2%(表 2-43)。

3. 进口以药品和机电产品为主

2001—2020 年,吉尔吉斯斯坦自欧盟进口的前五位主要商品为成品药、载

---

① HS 编码 7404,具体品名为"铜废料及碎料"。

表 2-43　2001—2020 年吉尔吉斯斯坦对欧盟主要出口商品统计表

单位:百万美元

HS 年份	7108	7404	8708	0713	2710	5201	8408	2401	3815	7204
2001 年	100.9	—	0.0	0.0	1.4	7.2	—	0.7	—	0.5
2002 年	—	—	2.2	0.1	1.5	13.8	0.1	0.7	—	0.7
2003 年	—	—	2.6	0.6	—	14.3	0.2	0.3	—	1.5
2004 年	—	0.0	2.9	2.9	—	11.6	1.1	0.8	—	2.1
2005 年	0.0	—	2.8	2.5	3.9	5.0	0.5	1.1	—	1.5
2006 年	0.0	0.8	4.2	1.9	10.7	3.0	0.3	1.4	—	1.2
2007 年	0.0	6.8	6.5	8.3	27.3	2.2	—	1.9	—	1.4
2008 年	0.1	12.8	9.3	3.2	—	1.0	—	6.4	0.4	0.8
2009 年	—	0.7	7.7	4.1	—	0.7	—	6.6	0.2	0.3
2010 年	—	2.1	5.9	5.8	5.0	0.8	0.9	1.6	0.6	0.7
2011 年	0.5	3.7	3.9	7.4	5.2	1.4	1.8	1.7	0.8	0.9
2012 年	4.5	5.4	1.8	8.4	7.6	0.4	2.4	3.3	0.4	0.6
2013 年	7.7	4.8	5.6	9.2	11.9	0.9	3.4	0.7	0.4	0.6
2014 年	1.2	7.2	7.8	5.8	2.1	1.3	8.7	4.6	2.1	0.4
2015 年	—	5.9	9.3	5.6	0.2	1.2	7.6	2.6	1.7	0.2
2016 年	31.3	9.2	3.7	5.2	0.2	1.4	5.2	0.2	0.8	0.2
2017 年	186.9	16.2	10.2	4.9	0.2	1.5	8.7	—	0.4	0.3
2018 年	664.0	47.4	6.7	6.7	3.7	3.0	5.2	0.9	0.9	1.1
2019 年	832.0	15.5	2.6	7.1	4.4	1.7	2.9	0.5	0.9	1.4
2020 年	986.8	—	3.8	7.1	1.8	2.4	5.2	0.3	10.5	0.5
合计	2 816.1	138.5	99.5	96.9	87.0	74.7	54.1	36.2	20.8	17.0

人机动车、拖拉机[①]、货车、机械零件[②],上述商品进口值合计占同期吉尔吉斯斯坦自欧盟进口总值的 30.6%。其中,吉尔吉斯斯坦自欧盟进口值最大的商品为成品药,累计进口值占比达 12.4%,20 年间进口值总体呈波动上升趋势,由

---

① HS 编码 8701,具体品名为"牵引车、拖拉机(品目 8709 的牵引车除外)"。

② HS 编码 8431,具体品名为"专用于或主要用于品目 8425 至 8430 所列机械的零件"。

2001 年的 241.9 万美元增至 2013 年 7 854 万美元的峰值,之后虽有所回落,但
仍保持在 5 000 万美元以上。值得注意的是,前五位主要商品中后四位均为与
车辆相关的商品,说明吉尔吉斯斯坦对车辆需求较大,且偏好从欧盟进口相关产
品。2014 年吉尔吉斯斯坦自欧盟进口载人机动车、拖拉机、货车、机械零件进口
值分别达到 1.6 亿美元、4 982.8 万美元、6 251.4 万美元、1 631.4 万美元的峰
值,之后进口呈逐年下降趋势(表 2-44)。

表 2-44 2001—2020 年吉尔吉斯斯坦自欧盟主要进口商品统计表

单位:百万美元

年份 \ HS	3004	8703	8701	8704	8431	8708	2710	8517	4410	8716
2001 年	2.4	0.5	0.3	0.1	1.4	4.2	1.2	0.3	0.5	0.1
2002 年	2.9	0.3	2.6	0.1	0.1	0.8	2.7	2.7	0.5	0.1
2003 年	4.8	12.4	0.8	1.0	0.2	5.5	0.0	0.4	0.6	0.4
2004 年	7.0	0.6	2.6	0.0	1.3	9.4	0.0	0.1	0.9	1.0
2005 年	7.9	2.4	0.4	0.6	0.5	9.0	3.6	0.4	1.8	0.2
2006 年	13.4	0.5	1.0	8.9	4.6	10.8	3.1	2.9	2.8	0.7
2007 年	19.0	1.6	0.6	0.5	5.3	20.0	5.0	10.9	5.3	0.4
2008 年	27.8	3.2	1.3	1.1	9.3	18.7	0.0	34.3	5.9	4.4
2009 年	30.4	2.9	2.1	0.7	12.5	22.0	0.0	5.8	5.3	2.8
2010 年	38.9	29.7	4.3	11.9	9.9	1.6	10.5	9.5	5.6	1.3
2011 年	54.4	60.0	19.0	24.2	16.5	2.2	11.6	7.4	9.9	5.5
2012 年	69.1	78.0	37.5	50.4	17.3	2.7	12.5	5.8	18.5	11.1
2013 年	78.5	76.7	61.2	54.9	14.8	3.5	16.9	3.0	21.8	11.1
2014 年	64.9	159.2	49.8	62.5	16.3	9.4	16.3	4.5	10.8	20.4
2015 年	61.5	5.5	22.1	13.6	8.5	2.7	12.1	3.7	3.6	9.5
2016 年	51.2	0.6	3.0	0.4	9.4	3.2	9.7	1.4	0.8	1.5
2017 年	62.6	2.5	15.0	2.6	9.1	2.4	9.4	1.4	0.2	6.3
2018 年	62.2	4.6	19.6	8.4	8.3	3.3	8.6	1.0	0.3	7.8
2019 年	59.3	5.2	18.9	5.4	12.6	3.0	7.4	1.0	0.3	5.7
2020 年	60.6	5.5	9.5	7.4	4.3	2.1	5.4	0.9	0.3	3.4
合计	778.7	451.8	271.7	254.7	162.1	136.5	135.8	97.2	95.5	93.5

（四）吉尔吉斯斯坦对瑞士进出口贸易

1. 基本贸易情况

2001—2020 年，吉尔吉斯斯坦对瑞士的进出口总值呈先增后降状态，主要可分为三个阶段：2001—2011 年吉瑞贸易总体呈波动上升趋势，2011 年吉瑞贸易进出口 8.9 亿美元，同比增长 121.5%，达到近 20 年来的峰值；2012—2017 年吉瑞贸易始终处于高位运行态势；2018 年受黄金出口停滞的影响，吉瑞贸易出现降幅 97.1% 的断崖式下降，连续 3 年进出口值均低于 1 500 万美元，2020 年进出口 1 445.8 万美元（图 2-23）。

图 2-23　2001—2020 年吉尔吉斯斯坦对瑞士进出口值及增速统计图

2. 出口以黄金为主

2001—2020 年，吉尔吉斯斯坦对瑞士出口主要商品为黄金、银[①]，上述两项商品出口值合计占同期吉尔吉斯斯坦对瑞士出口总值的 99.9%。其中，黄金在吉尔吉斯斯坦对瑞士出口中占绝对优势，占比达 99.2%，并且在 2001—2011年呈现出不断增加的趋势，之后出口震荡回落，2018 年之后出口为零；2001—2020 年银的出口值不断增长，2020 年出口比重已升至 98.7%，成为第一大出口商品（表 2-45）。

3. 进口以医药材及药品为主

2001—2020 年，吉尔吉斯斯坦自瑞士进口前五位的主要商品为成品药、

---

① HS 编码 7106，具体品名为"银（包括镀金、镀铂的银），未锻造、半制成或粉末状"。

表 2-45　2001—2020 年吉尔吉斯斯坦对瑞士主要出口商品统计表

单位:万美元

年份 \ HS	7108	7106	7112	2401	0712	2710	9015	8803	9006	0713
2001 年	12 364.1	49.5	—	—	—	—	—	—	—	—
2002 年	9 500.9	65.8	29.6	—	0.6	0.2	—	—	27.6	—
2003 年	11 692.8	82.3	—	—	0.4	—	3.5	—	—	—
2004 年	10 088.3	78.1	7.1	—	—	—	1.0	—	—	—
2005 年	6 414.4	87.5	18.5	—	—	—	—	—	—	2.6
2006 年	20 594.9	162.7	0.0	—	—	0.3	4.0	2.4	—	—
2007 年	22 466.0	112.7	23.4	—	—	—	—	2.6	—	—
2008 年	43 648.3	295.1	—	77.2	—	—	3.5	2.8	—	14.3
2009 年	44 298.3	164.9	—	—	—	—	—	9.0	—	—
2010 年	38 625.9	146.5	—	—	1.1	—	8.9	4.2	—	—
2011 年	86 750.5	583.9	—	—	0.5	15.9	—	0.4	—	—
2012 年	54 473.1	286.5	—	—	0.0	1.2	4.3	7.5	—	—
2013 年	51 069.0	235.8	—	—	0.0	3.4	1.2	—	—	—
2014 年	57 298.2	236.1	—	—	1.5	3.3	—	0.9	—	—
2015 年	55 926.2	261.9	—	—	1.5	2.1	2.7	—	—	1.4
2016 年	64 401.0	380.0	—	—	9.1	4.0	2.3	—	—	—
2017 年	48 466.9	411.4	—	—	16.6	6.0	2.2	—	—	—
2018 年	—	—	—	—	10.6	1.6	1.1	—	—	—
2019 年	—	396.6	—	—	4.2	1.1	0.5	—	—	—
2020 年	—	730.8	—	—	0.7	0.9	2.7	—	—	—
合计	638 078.8	4 768.1	78.6	77.2	46.8	40.0	37.9	29.8	27.6	18.3

印刷品、麦精制品 ①、未涂布的纸及纸板 ② 和抗血清,上述商品进口值合计占

---

① HS 编码 1901,具体品名为"麦精;细粉、粗粒、粗粉、淀粉或麦精制的其他品目未列名的食品,不含可可或按重量计全脱脂可可含量低于 40%;品目 0401 至 0404 所列货品制的其他品目未列名的食品,不含可可或按重量计全脱脂可可含量低于 5%"。

② HS 编码 4802,具体品名为"书写、印刷或类似用途的未经涂布的纸及纸板、未打孔的穿孔卡片纸及穿孔纸带纸、成卷或成张矩形(包括正方形),任何尺寸,但品目 4801 或 4803 的纸除外;手工制纸及纸板"。

同期吉尔吉斯斯坦自瑞士进口总值的56.2%。其中,成品药比重最大,占39.8%,其他商品占比分别为5.3%、4.9%、3.3%和2.9%。2001—2014年吉尔吉斯斯坦自瑞士成品药进口额不断攀升,到2014年达到历史峰值,为1 812.3万美元,之后震荡下降,2020年降至270.7万美元;印刷品的进口集中在2011—2018年;麦精制品和未涂布纸及纸板的进口则集中在2006—2013年;抗血清的进口值波动增长(表2-46)。

表2-46　2001—2020年吉尔吉斯斯坦自瑞士主要进口商品统计表

单位:万美元

HS 年份	3004	4911	1901	4820	3002	8535	9018	8421	4901	3808
2001 年	3.6	0.1	—	0.2	2.3	—	5.9	0.4	0.4	4.3
2002 年	7.4	—	—	0.2	0.8	43.0	0.2	0.5	0.8	4.3
2003 年	28.4	0.1	0.3	0.1	3.6	20.8	34.9	28.6	0.3	2.1
2004 年	85.5	—	—	—	11.7	—	10.4	0.1	—	9.8
2005 年	76.1	0.4	0.4	3.8	18.0	—	137.9	—	—	3.2
2006 年	131.3	0.3	23.7	102.2	31.9	—	11.2	3.7	0.1	0.6
2007 年	306.3	0.3	30.5	79.1	32.9	3.9	11.3	2.6	0.4	17.7
2008 年	196.3	0.4	120.6	83.2	16.6	—	3.5	18.4	0.5	9.1
2009 年	321.8	0.3	85.4	83.4	51.7	—	11.1	73.0	0.9	25.2
2010 年	358.0	0.8	104.5	81.4	30.4	51.2	6.6	116.0	1.9	26.1
2011 年	569.5	126.3	156.7	139.5	52.7	2.7	19.5	21.7	0.2	4.3
2012 年	400.1	160.0	285.7	102.5	36.3	0.5	6.5	3.3	19.7	36.2
2013 年	724.7	160.5	294.5	74.4	112.9	—	21.7	3.1	69.6	4.6
2014 年	1 812.3	350.4	—	0.1	56.9	—	39.2	54.0	126.9	177.3
2015 年	1 188.5	124.7	—	0.4	30.3	—	10.2	88.5	56.1	0.1
2016 年	549.9	57.4	—	0.2	12.1	81.6	5.3	1.3	29.5	1.2
2017 年	674.0	113.2	—	0.3	18.2	402.2	15.7	0.7	41.5	—
2018 年	827.8	91.1	—	0.1	26.5	—	37.3	0.4	27.0	—
2019 年	446.9	0.4	—	0.1	40.4	—	19.4	1.4	6.6	—
2020 年	270.7	0.6	—	—	69.2	1.9	24.9	0.1	5.4	1.7
合计	8 979.1	1 187.3	1 102.3	751.2	655.4	607.8	432.7	417.8	388.0	327.8

四、吉尔吉斯斯坦对上合组织其他成员国进出口发展情况

(一)吉尔吉斯斯坦对上合组织其他成员国进出口贸易发展情况

上合组织成立 20 年以来,吉尔吉斯斯坦与上合组织其他成员国进出口贸易中,与俄罗斯累计贸易值最大,除 2016—2019 年外,其余年份俄罗斯均为吉尔吉斯斯坦第一大贸易伙伴;与中国进出口贸易值增速较快,中国在 2008 年超过哈萨克斯坦成为吉尔吉斯斯坦的第二大贸易伙伴,2016—2019 年跃升为吉尔吉斯斯坦第一大贸易伙伴;哈萨克斯坦作为吉尔吉斯斯坦与上合组织成员国之间的第三大贸易伙伴国,20 年来双边贸易总值达 124.9 亿美元,总体呈波动增长态势。

2001—2020 年,吉尔吉斯斯坦与上合组织其他成员国进出口贸易经历了快速发展和震荡调整两个阶段。2001—2013 年是快速发展时期,进出口总值总体呈上升趋势。2009 年国际金融危机影响下,当年进出口值同比下降 26.8%,但很快重新回到增长轨道,并在 2013 年达到 48.6 亿美元的峰值。2014—2020 年是吉尔吉斯斯坦与上合组织其他成员国进出口贸易的震荡调整阶段。2015 年国内外经济发展环境的不稳定,使得吉尔吉斯斯坦与上合组织其他成员国的贸易值降至 36.7 亿美元,当年同比下降 21.3%;2016—2019 年恢复了增长,但增速明显放缓;到 2020 年,新冠肺炎疫情在世界各国开始蔓延,这给吉尔吉斯斯坦与上合组织其他成员国间的贸易也带来较大的打击,贸易规模萎缩至 35.7 亿美元,同比下降 26.5%(图 2-24)。

图 2-24　2001—2020 年吉尔吉斯斯坦对上合其他成员国进出口值及增速统计图

（二）出口以贵金属矿石等资源类产品为主

2012—2020 年,吉尔吉斯斯坦对上合组织其他成员国前五位主要出口产品为贵金属矿石和精矿、成品油、电力、女装和未梳的棉花,上述商品出口值合计占同期吉尔吉斯斯坦对上合组织其他成员国的 22.6%。其中,贵金属矿石和精矿出口值占比最大,为 7.2%,其他四种商品依次为 4.7%、4.1%、3.5% 和 3.1%。贵金属矿石和精矿出口值总体呈上升趋势,由 2001 年的 55 万美元增长至 2020 年的 1.6 亿美元;成品油出口值波动明显,2013 年达到 7 811.5 万美元的峰值,之后震荡下降,2020 年进一步降至 1 982.6 万美元(表 2-47)。

表 2-47　2001—2020 年吉尔吉斯斯坦对上合组织其他成员国主要出口商品统计表

单位:百万美元

HS / 年份	2616	2710	2716	6204	5201	7005	2523	8704	6206	6106
2001 年	0.6	4.2	46.8	0.0	12.8	0.0	1.5	0.9	0.0	0.0
2002 年	0.1	4.9	22.0	1.3	26.1	0.0	1.5	0.1	0.8	0.0
2003 年	0.1	—	19.2	4.4	26.7	4.1	5.9	1.5	2.0	0.0
2004 年	—	—	21.9	8.8	26.2	12.8	9.4	0.3	4.0	0.0
2005 年	0.6	13.1	20.4	9.2	34.7	19.0	13.1	1.9	5.0	0.1
2006 年	2.3	19.1	25.1	23.0	31.0	24.8	21.3	0.8	12.8	0.0
2007 年	4.4	69.0	32.5	38.4	23.8	37.7	40.0	0.7	22.0	0.1
2008 年	3.5	0.5	25.1	46.8	19.1	31.6	47.1	2.7	30.4	0.0
2009 年	2.5	—	37.3	29.8	16.5	1.6	0.7	10.1	23.4	1.0
2010 年	0.6	31.5	48.4	45.6	20.5	0.1	0.3	3.4	28.8	6.1
2011 年	17.0	52.6	80.4	48.8	27.7	0.0	8.3	22.4	21.4	8.7
2012 年	55.4	64.8	56.4	57.5	27.1	15.9	12.2	77.7	22.7	4.6
2013 年	18.3	78.1	20.3	41.0	12.8	28.4	17.2	26.0	15.5	1.4
2014 年	40.5	63.3	0.2	38.9	15.1	25.3	12.9	12.8	10.8	2.3
2015 年	19.1	37.3	0.1	17.1	8.3	10.8	1.7	22.1	5.0	1.5
2016 年	135.6	10.6	0.1	0.6	6.7	14.9	4.0	37.7	26.5	14.4
2017 年	143.1	19.5	24.6	4.4	11.0	27.4	6.2	12.6	0.4	49.0

HS 年份	2616	2710	2716	6204	5201	7005	2523	8704	6206	6106
2018 年	118.0	40.5	16.3	1.6	20.8	29.4	25.4	1.4	0.6	94.6
2019 年	151.5	42.0	0.1	2.3	10.3	28.3	31.3	3.2	2.6	38.3
2020 年	159.3	19.8	0.1	4.8	4.1	27.6	22.3	0.4	1.8	1.4
合计	872.4	570.8	497.4	424.5	381.2	339.7	282.2	238.7	236.3	223.7

（三）进口以成品油等为主

2001—2020 年,吉尔吉斯斯坦自上合组织其他成员国主要进口商品为成品油、鞋靴、石油气及其他烃类气、电话机和小麦及混合麦,上述商品进口值合计占同期吉尔吉斯斯坦自上合组织其他成员国进口总值的 28.7%。其中,成品油的进口值远超于其他主要产品,占吉尔吉斯斯坦对上合组织其他成员国总进口值的 19.6%,其他商品占比分别为 2.6%、2.4%、2.2%和 2%。2001—2009 年,成品油进口波动较大,自 2010 年起随着吉尔吉斯斯坦国内经济发展,成品油需求不断增加,进口值快速攀升,在 2013 年达到 11.2 亿元的峰值,2015—2020 年,成品油进口整体较为平稳。2020 年,受新冠肺炎疫情影响,除石油气及其他烃类气和小麦逆势增长外,其他主要进口产品均有所下降(表 2-48)。

表 2-48　2001—2020 年吉尔吉斯斯坦自上合主要进口商品统计表

单位:百万美元

HS 年份	2710	6402	2711	8517	1001	2402	5515	1806	3004	1512
2001 年	56.3	0.2	34.1	0.7	6.7	6.9	1.9	2.2	2.6	1.8
2002 年	75.9	1.0	42.7	1.6	11.6	5.8	3.6	3.3	3.0	1.4
2003 年	—	4.2	31.8	0.8	7.5	7.5	8.5	4.3	6.9	3.7
2004 年	—	0.8	34.5	1.9	11.1	7.0	11.5	4.3	8.7	5.4
2005 年	240.2	0.9	32.6	1.6	17.6	10.2	2.2	5.2	8.9	5.5
2006 年	420.3	1.2	43.7	5.8	25.5	16.7	2.8	9.7	13.1	7.7

续表

年份＼HS	2710	6402	2711	8517	1001	2402	5515	1806	3004	1512
2007 年	602. 6	0. 7	78. 7	10. 2	69. 9	22. 5	0. 5	21. 5	18. 8	13. 6
2008 年	1. 2	36. 5	110. 7	35. 1	85. 5	25. 1	31. 0	28. 6	17. 8	22. 2
2009 年	0. 1	36. 1	71. 6	22. 6	62. 6	22. 2	11. 3	29. 1	19. 3	24. 3
2010 年	719. 2	24. 7	62. 7	38. 1	62. 3	23. 4	10. 1	30. 3	21. 6	32. 5
2011 年	817. 4	28. 7	74. 7	94. 0	67. 0	34. 7	15. 8	40. 8	27. 3	34. 2
2012 年	996. 6	49. 1	85. 0	59. 1	88. 1	47. 2	17. 5	56. 9	30. 8	44. 1
2013 年	1 119. 2	38. 3	69. 7	65. 3	89. 8	60. 6	26. 6	44. 7	31. 2	52. 2
2014 年	1 019. 5	26. 5	55. 3	22. 6	100. 4	73. 9	27. 1	43. 8	38. 3	49. 6
2015 年	625. 7	58. 9	44. 7	50. 4	61. 4	46. 5	49. 2	33. 2	25. 6	43. 4
2016 年	361. 3	199. 3	43. 3	65. 1	50. 7	31. 4	109. 0	30. 0	17. 5	28. 8
2017 年	542. 3	212. 3	47. 7	86. 6	38. 6	46. 3	100. 4	37. 0	43. 3	35. 8
2018 年	525. 6	245. 2	57. 4	134. 5	20. 5	65. 5	108. 3	35. 5	46. 0	35. 4
2019 年	593. 5	200. 2	57. 0	185. 0	26. 8	57. 9	103. 3	35. 9	59. 9	38. 5
2020 年	454. 3	40. 5	63. 5	127. 5	35. 0	45. 1	14. 6	28. 4	75. 4	32. 9
合计	9 171. 3	1 205. 4	1 141. 2	1 008. 5	938. 5	656. 6	655. 2	524. 7	516. 3	512. 8

第五章
乌兹别克斯坦进出口贸易发展情况

　　乌兹别克斯坦是上合组织创始成员国之一,是一个位于中亚腹地的内陆国,与哈萨克斯坦、吉尔吉斯斯坦、塔吉克斯坦、土库曼斯坦、阿富汗毗邻。乌兹别克斯坦资源丰富,盛产的"四金"——黄金、"白金"(棉花)、"乌金"(石油)、"蓝金"(天然气)是国民经济的主要支柱产业。其中,金、铀、铜、岩盐与钾盐等储量位居世界前列,油气产量和储量位居中亚前列;干旱的大陆性气候适宜优质棉花生长,乌兹别克斯坦有超过两千年的棉花种植历史,是世界主要的产棉国和棉花出口国。乌兹别克斯坦主要出口商品有黄金、天然气、棉纺织品、黑色和有色金属。由于国内工业基础相对薄弱,国内无法满足对工业制品的需求,乌兹别克斯坦进口的主要商品为机械设备、化工产品等。

一、乌兹别克斯坦进出口贸易发展历程

　　乌兹别克斯坦对全球进出口贸易的发展历程大致可分为以下三个阶段(图 2-25、表 2-49)。

图 2-25　2001—2020 年乌兹别克斯坦对全球进出口值及增速统计图

（一）2001—2013 年：基本保持逐年增长

2001—2013 年，乌兹别克斯坦国内政局稳定，经济发展快速，进出口值基本保持连年攀升。其中，2007 年，乌兹别克斯坦进出口值首次突破百亿美元大关，达到 143.7 亿美元，同比增长 43.7%；2010 年，乌兹别克斯坦进出口值跨越两百亿美元门槛，达到 203.7 亿美元；虽然 2012 年进出口增速出现 10 年来首次负增长，同比下降 2.9%，但经过 2013 年 4.5% 的增长，进出口值进一步攀升至 243.8 亿美元。

（二）2014—2016 年：进出口连续下降

2014—2016 年，受到国际大宗商品价格下跌影响，乌兹别克斯坦以能源出口为导向的进出口贸易受到严重冲击。2017 年以前，俄罗斯是乌兹别克斯坦第一大贸易伙伴国，乌兹别克斯坦对俄罗斯贸易依赖程度较高，2014 年俄罗斯卢布大幅度贬值，也给乌兹别克斯坦进出口带来一定影响。进口、出口和进出口值连续 3 年负增长，其中，进出口值降幅为 4.1%、10.6%、2.9%。

（三）2017—2020 年：止降回弹

在经历了连续几年的贸易值下降之后，乌兹别克斯坦积极调整经济政策，吸引外资，扩大出口，加之 2017 年开始国际石油产量下降、油价上升，乌兹别克斯坦出口持续走高。中国推行"一带一路"倡议以来，沿线国家间贸易成本进一步下降,乌兹别克斯坦进口需求增加。2017—2019 年,乌兹别克斯坦进出口贸易整体大幅上升,并在 2018 年和 2019 年实现两位数增长,在 2019 年达到 362 亿美元的峰值。2020 年,受肆虐全球的新冠肺炎疫情的影响,乌兹别克斯坦进出口值有所回落,当年贸易规模为 330.8 亿美元,同比下降 8.6%。

表 2-49　2001—2020 年乌兹别克斯坦进出口统计表 ①

单位:亿美元, %

年份	进出口值	同比	出口值	同比	进口值	同比
2001 年	55.2	—	27.1	—	28.1	—
2002 年	49.4	−10.6	25.1	−7.2	24.3	−13.8
2003 年	58.5	18.5	31.9	26.9	26.6	9.8
2004 年	76.7	31.0	42.8	34.1	33.9	27.3
2005 年	84.2	9.7	47.5	11.0	36.7	8.1
2006 年	99.9	18.8	56.1	18.2	43.8	19.5
2007 年	143.7	43.7	80.3	42.9	63.4	44.7
2008 年	195.7	36.2	102.9	28.2	92.8	46.4
2009 年	197.7	1.0	107.4	4.3	90.3	−2.7
2010 年	203.7	3.1	116.9	8.8	86.9	−3.8
2011 年	240.3	18.0	132.5	13.4	107.8	24.2
2012 年	233.2	−2.9	112.4	−15.1	120.8	12.0
2013 年	243.8	4.5	113.8	1.2	130.0	7.6
2014 年	233.8	−4.1	105.2	−7.6	128.6	−1.0
2015 年	209.1	−10.6	94.5	−10.2	114.6	−10.9
2016 年	203.0	−2.9	89.7	−5.0	113.3	−1.2
2017 年	221.1	8.9	100.8	12.3	120.4	6.2
2018 年	282.3	27.7	109.2	8.3	173.1	43.8
2019 年	362.0	28.2	143.4	31.4	218.6	26.2
2020 年	330.8	−8.6	131.3	−8.5	199.6	−8.7

① Trade Map 系统数据只有 2017—2020 年数据,2001—2016 年数据来源于乌兹别克斯坦国家统计局网站。

二、乌兹别克斯坦主要进出口商品

(一) 出口商品以黄金、天然气、棉纺织品及有色金属为主

作为具有丰富矿产和能源的国家,乌兹别克斯坦现探明有近 100 种矿产品,出口以黄金、天然气、棉纺织品及有色金属等能源资源性产品为主。2017—2020 年,石油气及其他烃类气、金、棉纱线、未锻轧的精炼铜及铜合金和初级形状的乙烯聚合物[①]是乌兹别克斯坦出口值排名前五位的商品,上述商品出口值合计占同期乌兹别克斯坦出口总值的 39.3%。2020 年,这五种商品的出口值分别为 4.8 亿美元、58 亿美元、9.3 亿美元、5.8 亿美元和 2.6 亿美元,占同期乌兹别克斯坦出口总值的 61.4%(表 2-50)。

表 2-50   2017—2020 年乌兹别克斯坦主要出口商品统计表

单位:亿美元

HS / 年份	2711	7108	5205	7403	3901	5201	0809	0806	7901	0713
2017 年	14.0	0.0	6.3	3.2	3.8	4.8	1.3	1.6	2.0	1.0
2018 年	24.5	0.0	7.2	5.1	4.1	2.2	2.5	1.8	1.9	1.4
2019 年	23.0	0.0	9.2	5.6	3.7	2.8	2.0	2.2	2.0	1.8
2020 年	4.8	58.0	9.3	5.8	2.6	1.5	1.9	1.9	1.5	1.9
合计	66.3	58.0	32.1	19.7	14.2	11.3	7.6	7.5	7.5	6.2

2017—2019 年,石油气及其他烃类气一直是乌兹别克斯坦最主要的出口商品,2020 年出口值降至 4.8 亿美元,同比下降 79.2%,为近年来最低值,仅占该国当年出口总值的 3.6%。金是 2020 年乌兹别克斯坦出口值最大的商品,仅在这一年其出口值就高达 58 亿美元,而 2017—2019 年,金(包括镀铂的金)的出口值均为 0。棉纱线和未锻轧的精炼铜及铜合金出口值保持逐年稳定增长,2020 年,这两种商品的出口值分别为 9.3 亿美元和 5.8 亿美元,为近 4 年最高值。2020 年初级形状的乙烯聚合物出口值较 2019 年下降 29.1%,其余年

---

① HS 编码 3901,具体品名为"初级形状的乙烯聚合物"。

份该商品的出口值基本保持稳定。

(二)进口商品主要为机械设备、药物和化工产品等

2017—2020 年,机动车零件和附件,治病或防病用药品,成品油,泥土石料等搅拌机器[①],经包覆、镀层或涂层的铁或非合金钢平板轧材是乌兹别克斯坦进口值排名前五位的商品,上述商品进口值合计占同期乌兹别克斯坦进口总值的 16.6%(表 2-51)。

表 2-51　2017—2020 年乌兹别克斯坦主要进口商品统计表

单位:亿美元

年份 \ HS	8708	3004	2710	8474	7210	8703	1001	4407	1701	8429
2017 年	7.3	7.3	5.2	1.4	2.9	1.6	1.7	2.8	3.3	1.1
2018 年	9.6	7.6	5.0	3.1	3.6	3.2	2.7	3.6	3.4	3.1
2019 年	8.4	8.2	6.2	5.4	3.7	4.4	3.6	3.2	2.7	3.6
2020 年	9.1	10.3	5.4	4.6	3.8	4.8	5.6	3.2	2.4	2.6
合计	34.4	33.4	21.8	14.5	14.1	13.9	13.7	12.7	11.7	10.4

由于乌兹别克斯坦国内工业基础薄弱,近年来工业制品始终是该国进口的主要商品之一,如机动车零件和附件的进口值在 2020 年达到 9.1 亿美元,是 2017 年该类商品进口值的 1.4 倍。2020 年新冠肺炎疫情暴发推高乌兹别克斯坦国内对治病或防病用药品的需求,进口值达 10.3 亿美元,增长 25.2%。

三、乌兹别克斯坦对全球主要贸易市场进出口发展情况

2017—2020 年,乌兹别克斯坦的主要贸易伙伴分别为中国、俄罗斯、欧盟、哈萨克斯坦和土耳其,上述国家和地区进出口值合计占同期乌兹别克斯坦进出

---

① HS 编码 8474,具体品名为"泥土、石料、矿石或其他固体(包括粉状、浆状)矿物质的分类、筛选、分离、洗涤、破碎、磨粉、混合或搅拌机器;固体矿物燃料、陶瓷坯泥、未硬化水泥、石膏材料或其他粉状,浆状矿产品的黏聚或成型机器;铸造用砂模的成型机器"。

口总值的 61.2%。其中,中国是乌兹别克斯坦最大的贸易伙伴,占 18.6%,其他贸易市场分别占 17%、10.2%、8.9%、6.6%。乌兹别克斯坦进出口贸易主要集中于周边贸易大国,贸易的市场集中在亚欧大陆。

(一)乌兹别克斯坦对俄罗斯进出口贸易发展情况

1. 基本贸易情况

乌兹别克斯坦与俄罗斯的贸易联系非常密切,自 1991 年脱离苏联宣布独立以来,俄罗斯曾一直保持乌兹别克斯坦第一大贸易伙伴的地位。随着中国"一带一路"倡议的推进,中国与中亚地区的经济合作程度不断加深,2017 年之后,俄罗斯被中国超越,退居乌兹别克斯坦第二大贸易伙伴地位。2017—2020年,乌俄进出口总值占同期乌兹别克斯坦进出口总值的比重分别为 18.2%、17.8%、16.7% 和 15.8 %(图 2-26)。

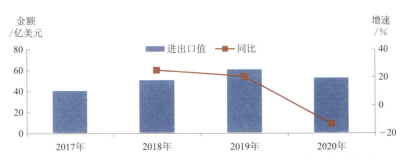

图 2-26　2017—2020 年乌兹别克斯坦对俄罗斯进出口值及增速统计图

2. 出口以能源类商品、棉纺织品及农产品为主

2017—2020 年,乌兹别克斯坦对俄罗斯出口的主要商品为石油气及其他烃类气,棉纱线,初级形状的乙烯聚合物,T 恤衫、汗衫及其他背心[1],杏、樱桃、桃、李及黑刺李[2],上述五种商品出口值合计占同期乌兹别克斯坦对俄罗斯出口总值的 57.7%(表 2-52)。

---

[1] HS 编码 6109,具体品名为"针织或钩编的 T 恤衫、汗衫及其他背心"。

[2] HS 编码 0809,具体品名为"鲜的杏、樱桃、桃(包括油桃)、李及黑刺李"。

表 2-52　2017—2020 年乌兹别克斯坦对俄罗斯主要出口商品统计表

单位：亿美元

HS＼年份	2711	5205	3901	6109	0809	0806	6006	5208	6104	6302
2017 年	4.6	2.0	1.0	0.7	0.3	0.3	0.3	0.2	0.3	0.2
2018 年	5.8	2.1	1.4	0.6	0.4	0.4	0.3	0.3	0.3	0.2
2019 年	8.9	1.9	1.5	0.8	0.4	0.3	0.4	0.4	0.3	0.3
2020 年	0.0	2.0	0.6	0.9	0.7	0.6	0.5	0.4	0.3	0.4
合计	19.3	7.9	4.4	3.0	1.9	1.7	1.6	1.3	1.3	1.1

2017—2019 年，乌兹别克斯坦对俄罗斯出口石油气及其他烃类气逐年增长，从 2017 年的 4.6 亿美元增长到 2019 年的 8.9 亿美元，占同期乌兹别克斯坦对俄罗斯出口总值的比重由 31.5% 提高到 42.9%；2020 年，该类商品出口值为 0。

3. 主要进口商品为成品油和锯材等

2017—2020 年，乌兹别克斯坦自俄罗斯进口的前五位商品分别为成品油，锯材，未经包覆、镀层或涂层的铁或非合金钢平板轧材，葵花油、红花油、棉籽油，经包覆、镀层或涂层的铁或非合金钢平板轧材，上述商品进口值合计占同期乌兹别克斯坦自俄罗斯进口总值的 30.1%（表 2-53）。

表 2-53　2017—2020 年乌兹别克斯坦自俄罗斯主要进口商品统计表

单位：亿美元

HS＼年份	2710	4407	7208	1512	7210	4411	4410	8429	1701	3004
2017 年	4.5	2.7	0.8	0.9	1.0	0.7	0.6	0.2	0.1	0.5
2018 年	3.1	3.4	1.3	1.0	1.3	1.0	0.9	1.3	0.9	0.7
2019 年	3.5	3.0	1.9	1.5	1.4	1.1	0.9	0.7	0.3	0.6
2020 年	3.2	3.2	1.3	1.8	1.3	0.8	0.8	0.9	1.5	1.0
合计	14.4	12.2	5.3	5.3	5.0	3.6	3.2	3.1	2.9	2.8

成品油是乌兹别克斯坦自俄罗斯最主要进口商品，2018 年进口 3.1 亿美元，同比下降 30.3%，之后两年稳定在 3 亿美元以上。俄罗斯森林资源异常丰

富,是世界林木的主要供应地区,乌兹别克斯坦自俄罗斯进口锯材的贸易值总体稳定增长,从 2017 年的 2.7 亿美元增至 2020 年的 3.2 亿美元,近 3 年年均增长率 5.7%。

(二) 乌兹别克斯坦对欧盟进出口贸易发展情况

1. 基本贸易情况

欧盟作为一体化程度最高的区域经济组织,成员国内部经济相对发达,但内部资源比较匮乏,乌兹别克斯坦凭借其丰富的资源储量,成为欧盟重要的贸易伙伴。2017—2020 年,乌兹别克斯坦与欧盟贸易额逐年增长,2018 年和 2019 年增长较快,进出口增速分别为 25.6% 和 24.7%。2020 年,受到新冠肺炎疫情的影响,乌兹别克斯坦对欧盟进出口 35.6 亿美元,较 2019 年仅增长了 1.1%(图 2-27)。

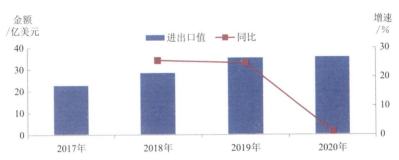

图 2-27　2017—2020 年乌兹别克斯坦对欧盟进出口值及增速统计图

2017—2020 年,乌兹别克斯坦自欧盟的进口值一直保持在其对欧盟出口值的 10 倍以上。即使是在新冠肺炎疫情严重的 2020 年,乌兹别克斯坦自欧盟的进口值相较于 2019 年仍然实现了 2.5% 的增长,但出口值相较 2019 年却下降了 17.1%,进口值为出口值的 12.1 倍。不断扩大的贸易逆差,说明乌兹别克斯坦对欧盟进口货物的依赖程度正不断加大。

2. 出口商品以金属制品、棉花及其制品为主

2017—2020 年,乌兹别克斯坦对欧盟出口的主要商品分别是铁或非合

金钢的角材、型材及异型材,初级形状的乙烯聚合物,棉纱线,棉机织物① 和钼及其制品②,上述商品出口值合计占同期乌兹别克斯坦对欧盟出口总值的45.8%。其中,铁或非合金钢的角材、型材及异型材在 2018 年出口达到 1 亿美元,但在 2020 年降为 0;其他出口值排名前五位的商品出口值波动增长(表 2-54)。

表 2-54　2017—2020 年乌兹别克斯坦对欧盟主要出口商品统计表

单位:百万美元

HS 年份	7216	3901	5205	5208	8102	5201	2710	7210	7403	0806
2017 年	3.4	34.9	21.5	13.7	7.2	28.5	14.2	0.0	3.9	4.7
2018 年	104.2	22.0	18.8	15.8	17.1	0.5	8.2	0.3	4.1	6.2
2019 年	42.5	18.1	20.0	13.4	11.4	6.0	6.1	32.1	8.8	10.2
2020 年	0.0	19.6	31.3	21.3	13.0	2.6	4.0	0.0	9.4	4.8
合计	150.2	94.5	91.6	64.1	48.8	37.6	32.5	32.3	26.1	25.8

3. 进口商品以工业机器为主

2017—2020 年,乌兹别克斯坦自欧盟进口的主要商品分别是治病或防病用药品、纺织机③、非电热工业或实验室用炉及烘箱④、机动车零件和附件、泥土石料等搅拌机器,上述商品进口值合计占同期乌兹别克斯坦对欧盟进口总值的25.1%。2020 年,这五种商品的进口值分别为 3.5 亿美元、1.1 亿美元、3.5 亿美元、5 189.2 万美元和 9 934.6 万美元。其中,治病或防病用药品进口逐年增长,近 3 年年均增长 11.9%;其他排名前五位的商品进口值虽有波动,但整体呈现良好的发展态势(表 2-55)。

---

① HS 编码 5208,具体品名为"棉机织物,按重量计含棉量≥85%,每平方米重量≤200 g"。

② HS 编码 8102,具体品名为"钼及其制品,包括废料及碎料"。

③ HS 编码 8445,具体品名为"纺织纤维的预处理机器;纺纱机、并线机、加捻机及其他生产纺织纱线的机器;摇纱机、络纱机(包括卷纬机)及品目 8446 或 8447 机器用的纺织纱线预处理机器"。

④ HS 编码 8417,具体品名为"非电热工业或实验室用炉及烘箱,包括焚烧炉"。

表 2-55　2017—2020 年乌兹别克斯坦自欧盟主要进口商品统计表

单位:百万美元

HS 年份	3004	8445	8417	8708	8474	9018	8414	2304	3302	8701
2017 年	247.3	62.3	2.1	96.6	56.5	31.6	33.9	33.0	33.7	11.2
2018 年	298.3	245.2	15.0	78.6	37.9	44.8	40.4	59.4	39.3	53.6
2019 年	297.9	153.8	94.2	73.2	86.8	55.5	84.9	51.1	53.2	87.5
2020 年	351.7	108.6	354.4	51.9	99.3	60.4	32.7	47.2	54.0	23.7
合计	1 195.1	569.8	465.8	300.4	280.6	192.3	191.8	190.7	180.2	175.9

(三) 对哈萨克斯坦进出口贸易发展情况

1. 基本贸易情况

哈萨克斯坦与乌兹别克斯坦毗邻,是乌兹别克斯坦第四大贸易伙伴。乌兹别克斯坦向哈萨克斯坦出口水果和石油气等自然资源的同时,自哈萨克斯坦进口小麦等农作物、金属和原油等。2017—2019 年,乌兹别克斯坦与哈萨克斯坦的进出口总值逐年增长,从 19.5 亿美元增长到 31.2 亿美元,增幅达 59.6%。2020 年,受新冠肺炎疫情的冲击,乌兹别克斯坦自哈萨克斯坦进出口总值降至 28.2 亿美元,降幅达 9.4%(图 2-28)。

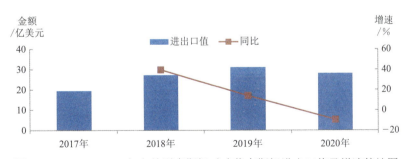

图 2-28　2017—2020 年乌兹别克斯坦对哈萨克斯坦进出口值及增速统计图

2. 出口商品以天然气和水果为主

2017—2020 年,乌兹别克斯坦对哈萨克斯坦主要的出口商品为石油气及其他烃类气,鲜的杏、樱桃、桃、李及黑刺李,主要用于载人的机动车辆,葡萄[①]和初级形状的乙烯聚合物,上述商品出口值合计占同期乌兹别克斯坦对哈萨克斯坦出口总值的 58.7%(表 2-56)。

表 2-56　2017—2020 年乌兹别克斯坦对哈萨克斯坦主要出口商品统计表

单位:百万美元

HS 年份	2711	0809	8703	0806	3901	7901	0810	0702	0813	0709
2017 年	347.9	82.2	26.8	83.0	45.8	46.4	33.5	30.4	26.4	17.5
2018 年	532.7	166.8	5.7	68.3	65.3	11.1	23.5	24.7	20.7	25.1
2019 年	436.4	74.4	90.5	49.5	76.8	42.6	18.2	15.4	9.0	14.6
2020 年	0.0	68.9	147.4	40.4	35.9	4.3	25.6	23.4	11.7	10.5
合计	1 317.0	392.3	270.5	241.3	223.7	104.4	100.8	93.9	67.8	67.7

石油气及其他烃类气是乌兹别克斯坦对哈萨克斯坦出口的最主要商品。2017 年该商品出口 3.5 亿美元;2018 年,受乌兹别克斯坦汇率货币改革、汇率大幅下降的影响,出口值增加到 5.3 亿美元;2020 年,该商品出口值降至 0。

3. 进口商品以农产品和金属矿产及其制品为主

2017—2020 年,乌兹别克斯坦自哈萨克斯坦进口的前五种商品分别是小麦及混合麦、铁及非合金钢的半制成品、小麦或混合麦的细粉、铜矿砂及其精矿和原油,上述商品进口值合计占同期乌兹别克斯坦自哈萨克斯坦进口总值的 46.2%。2020 年,上述商品的进口值分别为 5.5 亿美元、1 亿美元、8 604.7 万美元、9 979.8 万美元和 9 804.7 万美元(表 2-57)。

哈萨克斯坦是中亚地区的农业大国,盛产小麦、蔬菜和水果,在实现自足的基础上,仍有大量农产品出口到周边国家。2017—2020 年,乌兹别克斯坦自哈萨克斯坦进口小麦及混合麦连续快速增长,从 2017 年的 1.7 亿美元增长到 2020 年的 5.5 亿美元。

---

① HS 编码 0806,具体品名为"葡萄"。

表 2-57　2017—2020 年乌兹别克斯坦自哈萨克斯坦主要进口商品统计表

单位:百万美元

HS 年份	1001	7207	1101	2603	2709	2608	7208	2523	1206	7209
2017 年	173.9	123.3	90.7	11.1	70.7	45.3	41.4	10.5	39.1	23.2
2018 年	271.8	171.3	107.9	37.2	136.9	30.4	62.0	73.9	53.8	45.5
2019 年	362.9	173.4	85.5	195.0	33.9	75.9	42.9	49.9	76.0	49.8
2020 年	548.6	104.9	86.0	99.8	98.0	94.9	61.4	69.5	29.5	46.3
合计	1 357.1	572.9	370.1	343.1	339.5	246.5	207.8	203.8	198.5	164.7

(四) 对土耳其进出口贸易发展情况

1. 基本贸易情况

土耳其地理位置独特,横跨亚洲、欧洲两大洲,是两大洲商品集散地和海陆空交通枢纽,与非洲、独联体国家经济联系密切。2017 年,乌兹别克斯坦对土耳其进出口 14.3 亿美元;之后两国贸易额快速增长,2018 年和 2019 年进出口增速分别为 37.4% 和 24.7%;2020 年,受新冠肺炎疫情的影响,乌土两国贸易额下降 17.4%(图 2-29)。

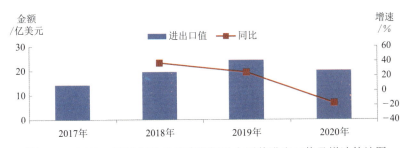

图 2-29　2017—2020 年乌兹别克斯坦对土耳其进出口值及增速统计图

2. 出口商品主要为有色金属和棉制品

乌兹别克斯坦对土耳其的主要出口商品分别是未锻轧的精炼铜及铜合金、棉纱线、未锻轧锌[①]、铜丝[②]和初级形状的乙烯聚合物,上述商品出口值合计

---

① HS 编码 7901,具体品名为"未锻轧锌"。

② HS 编码 7408,具体品名为"铜丝"。

占同期乌兹别克斯坦对土耳其出口总值的 82.4%（表 2-58）。

2017—2020 年，未锻轧的精炼铜及铜合金的出口值从 1.9 亿美元逐年攀升，到 2019 年达到最高值 4.5 亿美元，2020 年，该商品的出口值回落至 3.8 亿美元，同比下降 15.6%。棉纱线是乌兹别克斯坦向土耳其出口的第二大商品，其出口值逐年稳定增长，从 2017 年的 1.1 亿美元增长到 2020 年的 2 亿美元，近 3 年年均增长 23.1%。

表 2-58　2017—2020 年乌兹别克斯坦对土耳其主要出口商品统计表

单位：百万美元

HS 年份	7403	5205	7901	7408	3901	7411	8535	0904	8504	5201
2017 年	193.1	108.5	91.8	171.9	103.2	22.5	20.5	0.3	19.3	5.2
2018 年	327.1	118.4	134.7	70.9	92.5	18.1	11.8	1.5	10.4	9.2
2019 年	450.7	195.5	122.0	83.9	49.1	26.6	22.3	57.4	19.6	12.8
2020 年	382.6	202.3	113.6	61.1	57.6	27.6	17.7	0.1	6.4	19.0
合计	1 353.5	624.7	462.1	387.8	302.4	94.9	72.4	59.3	55.7	46.2

3. 进口商品以活动房屋、机械设备为主

乌兹别克斯坦自土耳其进口的主要商品为活动房屋[①]，泥土石料等搅拌机，纺织机器，种子、谷物或干豆的清洁、分选或分级机器[②]和灭火器[③]，上述商品进口值合计占同期乌兹别克斯坦自土耳其进口总值的 18.8%。2020 年，以上商品的进口值分别为 4 968.4 万美元、2 927.2 万美元、4 253 万美元、3 587.7 万美元和 4 684.1 万美元（表 2-59）。

土耳其作为中东地区制造业强国，其优势领域主要包括机械制造、钢铁和汽车。乌兹别克斯坦工业基础薄弱，满足对机械制品的需求主要依靠进口。乌

---

① HS 编码 9406，具体品名为"活动房屋"。

② HS 编码 8451，具体品名为"种子、谷物或干豆的清洁、分选或分级机器；谷物磨粉业加工机器或谷物、干豆加工机器，但农业用机器除外"。

③ HS 编码 8424，具体品名为"液体或粉末的喷射、散布或喷雾的机械器具（不论是否手工操作）；灭火器，不论是否装药；喷枪及类似器具；喷汽机、喷砂机及类似的喷射机器"。

兹别克斯坦自土耳其进口的前五种主要商品中,除了活动房屋,其余全是机械产品。2017—2020 年,乌兹别克斯坦自土耳其进口的这四种商品的进口值占同期乌兹别克斯坦同类商品进口总值的 26.6%。2017—2020 年,活动房屋是乌兹别克斯坦自土耳其进口的最主要商品,进口值从 876.3 万美元增加到 7 666 万美元,增加 7.7 倍。2020 年,该类商品进口值下降到 4 968.4 万美元,但近 3 年仍年均增长 78.3%。

表 2-59　2017—2020 年乌兹别克斯坦自土耳其主要进口商品统计表

单位:百万美元

HS 年份	9406	8474	8451	8437	8424	3004	8418	9619	8415	7308
2017 年	8.8	3.6	24.5	29.2	13.1	23.1	23.0	19.3	20.4	9.1
2018 年	40.2	86.7	40.6	25.4	28.3	25.5	39.8	15.5	26.4	27.0
2019 年	76.7	50.9	54.6	42.6	35.4	14.4	23.4	22.7	26.0	30.4
2020 年	49.7	29.3	42.5	35.9	46.8	53.0	11.1	31.3	12.9	18.4
合计	175.3	170.5	162.2	133.1	123.6	116.0	97.2	88.9	85.7	84.9

四、乌兹别克斯坦对上合组织其他成员国进出口发展情况

(一) 乌兹别克斯坦对上合组织其他成员国进出口贸易发展情况

乌兹别克斯坦作为上合组织的初始成员国之一,对该组织其他成员国进出口平稳增长。2017 年,乌兹别克斯坦对上合组织其他成员国进出口总值为 106.8 亿美元,2019 年增长至 175.2 亿美元,2020 年有所回落,乌兹别克斯坦对上合组织其他成员国进出口总值跌至 155.6 亿美元,下降 11.2%(图 2-30)。

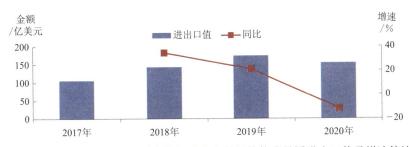

图 2-30　2017—2020 年乌兹别克斯坦对上合组织其他成员国进出口值及增速统计图

（二）出口以天然气、棉纺织品及水果为主

2017—2020 年,乌兹别克斯坦对上合组织其他成员国出口值前五位的商品分别是石油气及其他烃类气,棉纱线,初级形状的乙烯聚合物,杏、樱桃、桃、李及黑刺李和葡萄,上述商品出口值合计占同期乌兹别克斯坦对上合组织其他成员国出口总值的 56.3%。2020 年,上述商品的出口值分别为 4.7 亿美元、6.2 亿美元、1.7 亿美元、1.8 亿美元和 1.6 亿美元(表 2-60)。

表 2-60 2017—2020 年乌兹别克斯坦对上合组织其他成员国主要出口商品统计表

单位:亿美元

HS 年份	2711	5205	3901	0809	0806	7403	6109	8703	5201	0713
2017 年	13.9	4.0	2.4	1.2	1.4	1.2	0.9	1.0	1.2	0.2
2018 年	24.5	5.1	2.9	2.5	1.5	1.8	0.9	0.2	0.7	0.6
2019 年	22.7	6.0	3.0	1.9	1.8	1.0	1.0	1.1	1.4	1.0
2020 年	4.7	6.2	1.7	1.8	1.6	1.8	1.6	1.5	0.2	1.4
合计	65.8	21.4	10.0	7.5	6.4	5.8	4.4	3.8	3.5	3.1

2017—2020 年,乌兹别克斯坦对上合组织其他成员国累计出口石油气及其他烃类气占同期乌兹别克斯坦对上合组织其他成员国出口总值的 33.4%。2017—2019 年,其出口值从 13.9 亿美元攀升至 22.7 亿美元,2020 年降至 4.7 亿美元,下降 79.6%。2017—2020 年,乌兹别克斯坦对上合组织其他成员国出口棉纱线累计出口值占 10.8%。2017—2020 年,该商品的出口值连年增长,从 2017 年的 4 亿美元增至 2020 年的 6.2 亿美元,近 3 年年均增长 15.3%。

（三）进口以原油、小麦及钢材为主

乌兹别克斯坦自上合组织其他成员国主要进口商品是成品油,小麦及混合麦,经包覆、镀层或涂层的铁或非合金钢平板轧材,锯材和治病或防病用药品,上述商品进口值合计占同期乌兹别克斯坦自上合组织其他成员国出口总值的 17.6%。2020 年,上述商品的进口值分别为 4 亿美元、5.6 亿美元、3.7 亿美元、3.2 亿美元和 4.4 亿美元(表 2-61)。

表 2-61 2017—2020 年乌兹别克斯坦自上合组织其他成员国主要进口商品统计表

单位:亿美元

HS \ 年份	2710	1001	7210	4407	3004	8474	7208	7207	8429	1512
2017 年	4.5	1.7	2.9	2.7	2.8	0.7	1.2	1.2	0.8	0.9
2018 年	3.4	2.7	3.5	3.5	2.3	1.7	1.9	2.2	2.1	1.2
2019 年	3.9	3.6	3.6	3.1	2.5	3.4	2.4	2.2	2.5	1.8
2020 年	4.0	5.6	3.7	3.2	4.4	2.9	2.0	1.3	1.5	2.2
合计	15.9	13.7	13.6	12.5	12.0	8.6	7.5	7.0	6.9	6.2

其中,成品油是乌兹别克斯坦自上合组织其他成员国进口的最主要商品。2018 年,乌兹别克斯坦进口值曾降至 3.4 亿美元,下降 24.2%,此后逐年稳定增长,2020 年进口值为 4 亿美元。

第六章
巴基斯坦进出口贸易发展情况

　　巴基斯坦位于南亚次大陆西北部,南濒阿拉伯海,东、北、西三面分别与印度、中国、阿富汗和伊朗为邻。巴基斯坦拥有多元化的经济体系。其中,纺织业是其制造业中最重要的行业,在对外出口中占据了约 60％ 的份额[①];农业也是其经济的重要基础,主要农产品有大米、棉花、小麦、甘蔗等;此外,巴基斯坦还具备包括煤炭、天然气在内的丰富的矿产资源。2017 年 6 月 9 日,巴基斯坦正式成为上合组织成员,对于进一步促进上合组织区域间经贸合作、扩大全球影响力发挥着重要的作用。巴基斯坦凭借优越的地缘优势,为上合组织成员国提供了将欧亚大陆中心地区与阿拉伯海和南亚地区连接起来的天然纽带,既是中亚油气资源和商品贸易进入印度洋最便捷的通道,也是东亚、中亚、南亚地区实现互联互通的交通大动脉,未来可以作为上合组织在南亚地区的重要交通枢纽之一,为互利贸易和能源交易提供重要的陆路区间和运输路线。

一、巴基斯坦进出口贸易发展历程

　　巴基斯坦对全球进出口贸易的发展历程大致可分为以下三个阶段(图2-31)。

---

① 中华人民共和国商务部。

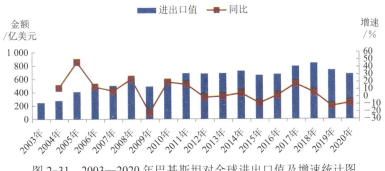

图 2-31　2003—2020 年巴基斯坦对全球进出口值及增速统计图

(一) 2003—2008 年:扩大开放,快速成长

2003 年,巴基斯坦国内工业化进程不断加快,对外贸易获得了快速发展,进出口总值由 2003 年的 249.8 亿美元增长至 2008 的 626.1 亿美元,增幅高达 150.6%。其中,进口值由 130.5 亿美元增长至 423.3 亿美元,增幅高达 224.4%;出口值由 119.3 亿美元增长至 202.8 亿美元,增长 70%,增速明显低于进口;贸易逆差明显扩大,由 11.2 亿美元增加至 220.5 亿美元,增幅达 18.7 倍。

(二) 2009—2016 年:经历冲击,震荡恢复

受 2008 年全球经济危机的影响,各国经济发展陷入停滞。2009 年巴基斯坦进出口总值回落至 491.4 亿美元,同比下降 21.5%。之后各国进入经济调整期,国际间贸易逐步复苏。巴基斯坦对外贸易开始稳步恢复,至 2016 年已恢复至 675.3 亿美元,比 2019 年增长 37.4%。其中,进口增长 48.8%,高于出口 17% 的增速,贸易逆差进一步扩大,增加至 264.6 亿美元。

(三) 2017—2020 年:区域合作,结构调整

2017 年 6 月,巴基斯坦正式加入上合组织,区域间经贸合作进一步加强。2018 年巴基斯坦进出口值冲至 841.7 亿美元的历史高位,进口、出口值也分别达到了创纪录的 603.9 亿美元、237.8 亿美元。近年来,通过政策不断调整,巴

基斯坦的贸易结构有所优化,进口、出口值增速此消彼长,出口值在进出口总值中的比重由 2017 年的 27.6% 提升至 2020 年的 32.7%,2020 年贸易逆差缩小至 235.4 亿美元,相较 2017 年下降 33.9%。2020 年受新冠肺炎疫情等因素影响,巴基斯坦进出口值下降至 680.1 亿美元,下降 8%。

二、巴基斯坦主要进出口商品

(一) 纺织服装是主要出口商品

巴基斯坦主要出口商品为包括纺织制品[①]、服装及衣着附件[②] 在内的纺织服装,大米[③],食糖[④]等农产品以及未改性乙醇[⑤]等初级工业品,2003—2020 年,上述商品出口值占巴基斯坦出口总值的比重达 70% 左右。纺织业是巴基斯坦最重要的制造业,纺织制品和服装及衣着附件是其主要的出口商品,其中,服装及衣着附件出口值占出口总值的比重由 2003 年的 23.2% 提升至 2020 年的 28%,纺织制品的比重则由 48.8% 下滑至 33.1%。基于气候优势,农业也是巴基斯坦的主导产业,大米和食糖等农产品出口值比重由 2003 年的 5.5% 提升至 2020 年的 9.5%。此外,随着巴基斯坦国内工业化的发展,部分工业加工品出口比重也有所提升,其中,未改性乙醇出口值占比由 2003 年的 0.1% 提升至 1.6%(表 2-62)。

---

① HS 编码为 5004–5007、5106–5113、5204–5212、5306–5311、54、5508–5516、56–60、63、6501、6502。

② HS 编码为 39262、4015、4203、4303101、4303102、61、62。

③ HS 编码为 1006,具体名称为"稻谷、大米"。

④ HS 编码为 1701,具体名称为"食糖"。

⑤ HS 编码为 2207,具体名称为"未改性乙醇,按容量计酒精浓度在 80% 以下;蒸馏酒、利口酒及其他酒精饮料"。

表 2-62　2003—2020 年巴基斯坦主要出口商品统计表

单位：亿美元

HS 年份	6302	1006	5205	6203	5209	5208	4203	6105	2710	5210
2003 年	18.6	6.3	9.6	4.2	0.5	6.9	4.2	5.5	2.3	3.8
2004 年	18.3	6.3	11.0	4.4	0.9	7.0	4.5	5.9	2.5	4.8
2005 年	25.6	11.0	12.2	6.0	1.0	7.2	6.2	6.2	6.4	7.3
2006 年	27.2	11.5	14.3	6.3	2.6	7.0	6.2	7.0	8.2	6.2
2007 年	25.7	11.5	13.9	7.1	3.8	6.6	6.7	6.1	9.7	5.4
2008 年	25.4	24.4	11.9	7.9	5.7	7.7	7.4	5.7	11.5	6.8
2009 年	23.8	17.7	12.9	7.1	5.4	5.4	5.5	4.7	7.1	3.6
2010 年	26.4	22.8	16.3	8.5	7.1	6.7	5.9	5.8	12.0	4.1
2011 年	28.4	20.6	19.5	9.4	9.3	7.9	6.5	6.3	13.1	5.2
2012 年	25.2	18.8	21.0	9.2	10.9	7.3	6.3	5.4	3.3	4.9
2013 年	28.5	21.1	22.1	9.7	12.1	7.5	7.0	5.1	5.3	5.0
2014 年	30.3	22.0	18.7	10.6	10.6	7.3	9.0	5.2	0.9	4.5
2015 年	29.1	19.3	15.3	11.7	10.1	6.3	6.4	5.2	0.9	4.0
2016 年	29.9	17.0	11.9	14.8	9.4	5.8	6.0	4.8	0.8	3.9
2017 年	31.4	17.5	12.2	19.8	9.4	5.6	5.9	5.0	1.4	3.6
2018 年	32.6	20.1	12.1	21.8	9.7	6.3	6.2	5.1	2.4	3.1
2019 年	32.6	22.8	10.8	23.4	9.1	6.1	5.9	4.9	1.2	2.9
2020 年	32.6	21.0	8.1	20.9	6.7	6.2	5.4	4.1	0.7	2.3
合计	491.7	311.7	253.7	203.1	124.2	120.7	109.2	98.4	93.0	81.6

（二）进口以资源能源类商品为主

巴基斯坦主要进口商品有成品油、原油、石油气及其他烃类气等资源能源类商品，以及棕榈油及其馏分产品[①]、电话机、废钢等，上述商品进口值约占巴基斯坦进口总值的 30%。其中，原油及成品油一直是巴基斯坦最主要的进口

---

① HS 编码 1511，具体品名为"棕榈油及其分离品，不论是否精制，但未经化学改性"。

产品,受原油价格暴跌的影响,在 2009—2010 年、2015—2017 年和 2020 年出现过明显的下降外,其余年份进口值总体呈增长态势。但随着国内生产消费水平的提高带动其他商品的进口需求不断增长,原油和成品油的进口占比在 2013 年达到 33.7% 的最高点后逐年降低,2020 年已下滑至 14.1%。与此同时,电话机、废钢等产品进口值的比重分别由 2003 年的 0.3%、0.6% 提升至 2020 年的 4.5%、3.6%,进口商品以资源能源类商品为主的结构正在发生明显变化,商品种类更趋多元化(表 2-63)。

表 2-63 2003—2020 年巴基斯坦主要进口商品统计表

单位:亿美元

年份 \ HS	2710	2709	1511	8517	7204	8703	2711	5201	2701	8502
2003 年	14.9	14.5	6.0	0.4	0.7	2.6	0.1	2.9	1.1	1.0
2004 年	13.7	17.4	6.1	0.8	0.9	2.9	0.1	5.2	1.4	1.1
2005 年	21.9	27.8	7.5	3.1	3.2	7.7	0.2	4.8	2.5	2.3
2006 年	35.9	37.6	7.7	0.7	3.3	8.9	0.2	4.0	1.6	2.6
2007 年	41.3	36.6	11.5	0.6	5.5	6.8	0.3	8.9	3.6	3.7
2008 年	71.7	58.9	16.8	15.2	5.9	5.3	0.2	11.6	7.1	9.6
2009 年	51.0	31.3	12.5	6.0	6.5	4.1	0.5	4.8	4.7	10.8
2010 年	72.4	35.2	16.6	8.4	5.6	6.2	0.5	7.6	4.8	5.9
2011 年	89.7	52.0	23.6	10.7	5.2	7.7	0.5	8.2	5.2	3.3
2012 年	99.7	52.7	21.3	13.9	6.2	9.0	0.5	5.6	5.5	2.9
2013 年	92.6	54.7	18.4	11.6	6.6	6.9	0.9	7.6	3.4	3.2
2014 年	85.6	56.1	19.4	13.5	9.1	7.0	0.7	5.2	4.7	3.9
2015 年	59.0	30.2	16.5	11.9	10.2	8.9	5.1	5.4	4.8	8.0
2016 年	57.5	19.8	17.0	11.7	10.3	10.1	10.6	5.8	5.2	9.8
2017 年	74.2	31.4	21.0	12.6	14.6	14.0	19.5	7.6	10.6	6.9
2018 年	68.6	49.2	19.4	12.6	15.8	13.2	35.3	10.5	16.3	6.2
2019 年	53.9	39.1	17.6	14.2	15.1	7.9	35.6	7.1	13.8	3.6
2020 年	41.9	22.7	21.1	20.4	16.7	8.6	24.5	13.2	12.3	5.3
合计	1045.4	667.4	279.8	168.3	141.4	137.7	135.2	126.2	108.7	90.1

三、巴基斯坦对全球主要贸易市场进出口发展情况

巴基斯坦主要的进出口贸易市场有中国、欧盟、美国、东盟和阿拉伯联合酋长国,上述国家合计约占巴基斯坦进出口总值的 60%。

(一) 巴基斯坦对欧盟进出口发展情况

1. 基本贸易情况

2003—2008 年,巴基斯坦对欧盟进出口值保持逐年增长,贸易值由 56.7 亿美元增长至 110.1 亿美元,欧盟是巴基斯坦第一大贸易伙伴,但在其贸易总值中的占比由 22.7% 下滑至 17.6%。受全球金融危机等因素影响,2009—2012 年进出口值出现震荡,2009 年贸易值跌破百亿大关,降至 94.3 亿美元,2012 年小幅增长至 98 亿美元。2013 年,欧盟授予巴基斯坦超普惠制(GSP Plus)待遇,将巴基斯坦纺织品进入欧盟市场的关税由 9.6% 降为 0,使得巴基斯坦对欧盟出口出现大幅提升,2013、2014 年出口值同比增速分别达到 18.2%、15.2%,带动同年进出口总值分别增长 9.4%、8.5%。之后延续波动增长的趋势,在 2018 年进出口值达到 142.6 亿美元的峰值。2020 年,受新冠肺炎疫情等因素影响,进出口值下降至 120.6 亿美元。从整体进出口占比来看,随着巴基斯坦与中国等国家贸易的不断扩大,对欧盟的进出口值占比呈波动下降趋势,由 2003 年的 22.7% 下降至 2019 年的 19%,2020 年更是进一步降至 17.7%(图 2-32)。

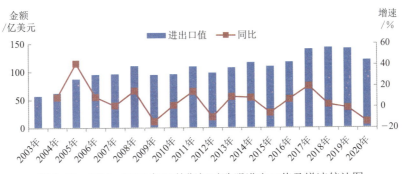

图 2-32　2003—2020 年巴基斯坦对欧盟进出口值及增速统计图

2. 出口以纺织产品为主

2003—2020 年巴基斯坦对欧盟前五位出口商品均为纺织品,分别为织物制品[①]、男装[②]、皮革或再生皮革制的衣服及衣着附件[③]、棉机织物和女装,上述商品出口值达 527.8 亿美元,合计占同期巴基斯坦对欧盟出口总值的 49.8%。纺织品是巴基斯坦出口欧盟的传统优势产品,尤其是 2013 年欧盟授予巴基斯坦超普惠制待遇带来的纺织品关税取消,推动巴基斯坦纺织品对欧盟出口规模迅速扩大(表 2-64)。

表 2-64　2003—2020 年巴基斯坦对欧盟主要出口商品统计表

单位:亿美元

HS 年份	6302	6203	4203	5208	6204	6105	1006	6103	5210	9506
2003 年	6.9	2.4	2.4	1.6	0.8	1.0	0.8	0.3	1.3	1.3
2004 年	7.6	2.4	2.5	1.7	0.9	1.3	0.8	0.4	1.6	1.4
2005 年	9.3	2.9	2.9	2.0	1.5	1.1	0.8	0.6	2.3	1.5
2006 年	9.1	3.4	2.9	2.4	2.2	1.5	0.8	0.6	1.8	1.6
2007 年	10.1	3.9	3.5	2.7	2.0	1.4	0.9	0.8	1.8	1.2
2008 年	10.4	4.3	4.3	3.1	2.0	1.4	2.1	0.9	1.9	1.3
2009 年	10.0	4.2	3.4	2.0	1.7	1.3	1.1	0.7	1.1	0.9
2010 年	11.8	5.1	3.9	2.8	2.6	1.6	1.5	0.8	1.2	1.1
2011 年	13.6	6.0	4.2	3.2	4.2	2.1	1.7	1.3	1.6	1.1
2012 年	11.2	6.0	3.9	2.4	3.6	1.8	0.7	1.1	1.5	1.1
2013 年	13.2	6.1	4.4	3.2	4.4	1.8	1.7	1.7	1.9	1.1
2014 年	16.5	7.4	4.6	3.2	4.6	2.4	2.8	2.4	1.8	1.4
2015 年	15.6	7.8	4.8	2.8	5.3	2.3	1.8	2.4	1.6	1.2
2016 年	17.0	10.3	3.8	3.0	3.7	2.2	1.4	2.8	1.8	1.2

① HS 编码 6302,具体品名为"床上、餐桌、盥洗及厨房用的织物制品"。

② HS 编码 6203,具体品名为"男式西服套装、便服套装、上衣、长裤、护胸背带工装裤、马裤及短裤(游泳裤除外)"。

③ HS 编码 4203,具体品名为"皮革或再生皮革制的衣服及衣着附件"。

续表

HS 年份	6302	6203	4203	5208	6204	6105	1006	6103	5210	9506
2017 年	18.3	13.7	3.7	2.8	1.8	2.5	1.7	3.0	1.7	1.1
2018 年	19.6	14.3	3.7	3.3	1.5	2.6	3.4	3.3	1.4	1.1
2019 年	19.2	15.5	3.5	3.0	1.8	2.5	3.8	3.2	1.3	1.1
2020 年	19.4	13.3	3.2	3.1	1.8	2.1	4.5	3.1	1.0	0.9
合计	239.0	129.2	64.8	48.3	46.5	32.9	32.4	29.6	28.6	21.7

3. 主要进口商品为废钢等

2003—2020 年巴基斯坦自欧盟进口的主要商品是废钢,发电机组及旋转式变流机[1],成品油,治病或防病用药品和无线电广播、电视发送设备[2],上述商品合计占同期巴基斯坦自欧盟进口总值的 18.5%。其中,2003—2020 年,累计进口废钢 44.1 亿美元,且保持增长势头;治病或防病用药品的进口值也保持良好增势;而发电机组及旋转式变流机和无线电广播、电视发送设备在 2005—2008 年间进口规模大幅增长后迅速降低(表 2-65)。

表 2-65　2003—2020 年巴基斯坦自欧盟主要进口商品统计表

单位:亿美元

HS 年份	7204	8502	2710	3004	8525	3002	8517	8411	8445	8414
2003 年	0.3	0.4	0.0	0.7	0.8	0.1	0.1	0.3	0.7	0.5
2004 年	0.3	0.4	0.0	0.8	0.9	0.1	0.2	0.2	1.0	0.4
2005 年	1.1	1.0	0.2	0.8	7.2	0.1	1.3	0.2	1.6	0.7
2006 年	0.7	1.2	0.1	0.8	11.0	0.1	0.8	0.2	0.8	0.9
2007 年	1.3	1.2	0.1	0.9	5.9	1.0	0.1	0.2	0.5	1.4
2008 年	1.8	4.3	0.2	1.1	0.1	0.9	5.8	0.9	0.5	1.3

---

[1] HS 编码 8502,具体品名为“发电机组及旋转式变流机”。

[2] HS 编码 8525,具体品名为“无线电广播、电视发送设备,不论是否装有接收装置或声音的录制、重放装置;电视摄像机、数字照相机及视频摄录一体机”。

续表

HS 年份	7204	8502	2710	3004	8525	3002	8517	8411	8445	8414
2009 年	2.3	7.4	0.2	1.2	0.0	0.9	1.0	0.9	0.1	1.1
2010 年	1.8	2.6	0.2	1.2	0.0	1.0	0.8	1.2	0.5	0.9
2011 年	1.1	1.2	3.2	1.4	0.0	1.2	1.7	0.7	0.5	0.5
2012 年	1.2	1.1	2.0	1.4	0.0	2.0	2.5	0.5	0.5	0.5
2013 年	1.4	1.0	0.8	1.3	0.0	2.5	0.6	0.3	0.7	0.5
2014 年	2.2	1.2	0.8	1.5	0.0	2.5	0.8	0.5	0.6	0.6
2015 年	2.8	1.8	1.6	1.7	0.0	2.0	0.5	0.4	0.5	0.5
2016 年	3.1	0.6	1.5	2.1	0.0	1.8	0.2	1.3	0.5	0.4
2017 年	4.6	1.0	7.3	2.5	0.0	1.8	0.2	3.3	0.8	0.7
2018 年	6.2	1.2	2.2	2.9	0.0	2.0	0.8	1.7	0.7	0.5
2019 年	6.3	0.6	5.4	2.6	0.0	2.0	0.7	0.5	1.0	0.3
2020 年	5.6	0.4	2.6	2.3	0.0	1.5	0.2	0.5	0.5	0.2
合计	44.1	28.7	28.4	27.3	26.1	23.6	17.8	14.2	12.3	12.2

（二）巴基斯坦对美国进出口发展情况

1. 基本贸易情况

2003—2007 年，巴基斯坦对美国进出口值保持逐年增长，贸易值由 35.4 亿美元增长至 64.6 亿美元，累计增长 82.5%，但在其贸易总值中的占比由 14.2% 下滑至 12.8%。2008—2016 年，双边贸易值相对低迷，始终处于 60 亿美元以下。2017 年起，巴基斯坦对美国贸易值重回增长轨道，当年同比增长 17.9%，在 2018 年进出口值达到 67.8 亿美元的峰值，虽然 2019、2020 年连续两年下降，贸易值分别为 66.6 亿美元、67.3 亿美元，但仍处于相对高位（图 2-33）。

图 2-33　2003—2020 年巴基斯坦对美国进出口值及增速统计图

2．主要出口商品均为纺织制品

2003—2020 年巴基斯坦对美国出口前五位商品分别织物制品，针织或钩编的男衬衫[①]，男装，其他制成品[②]，针织或钩编的 T 恤衫、汗衫及其他背心，全部为纺织制品，上述商品合计占同期巴基斯坦对美国出口总值的 55.9%（表 2-66）。

表 2-66　2003—2020 年巴基斯坦对美国主要出口商品统计表

单位：亿美元

年份 ＼ HS	6302	6105	6203	6307	6109	6115	6103	6204	4203	9018
2003 年	6.1	4.2	1.5	1.8	0.6	0.4	0.4	0.4	0.8	0.5
2004 年	6.4	4.4	1.7	1.8	0.8	0.6	0.4	0.4	0.8	0.4
2005 年	12.3	4.9	2.7	1.9	1.3	0.9	0.7	0.9	0.8	0.5
2006 年	14.2	5.3	2.6	1.9	1.6	1.4	1.0	1.3	1.0	0.5
2007 年	11.8	4.5	2.7	2.3	1.8	1.3	1.2	1.0	0.9	0.5
2008 年	10.0	4.1	2.9	2.5	2.1	1.5	1.3	1.1	1.1	0.6
2009 年	9.1	3.2	2.3	2.0	2.2	1.4	1.4	1.0	0.9	0.6
2010 年	10.1	4.0	2.4	2.7	2.3	1.6	1.6	1.2	0.8	0.6
2011 年	10.1	4.0	2.3	2.9	2.3	1.4	1.9	1.4	1.0	0.8
2012 年	9.3	3.3	2.2	2.9	2.1	1.2	1.5	1.9	1.1	0.8

[①]　HS 编码 6105，具体品名为"针织或钩编的男衬衫"。

[②]　HS 编码 6307，具体品名为"其他制成品，包括服装裁剪样"。

续表

HS 年份	6302	6105	6203	6307	6109	6115	6103	6204	4203	9018
2013 年	9.9	3.0	2.4	3.1	2.0	1.3	1.4	2.0	1.1	0.8
2014 年	9.5	2.9	2.2	3.2	1.7	1.5	1.5	1.7	1.1	0.9
2015 年	9.6	2.6	2.5	3.2	1.8	1.4	1.6	1.7	1.1	1.0
2016 年	9.1	2.2	2.8	3.1	1.7	1.3	1.2	1.5	1.1	1.0
2017 年	9.6	2.1	3.9	3.2	1.5	1.3	1.2	0.9	1.0	1.0
2018 年	9.4	2.1	4.9	3.6	1.8	1.4	1.7	0.5	1.2	1.0
2019 年	9.6	2.1	5.3	3.3	2.3	1.5	1.7	0.6	1.2	1.2
2020 年	9.6	1.7	5.4	3.1	1.7	1.8	1.6	0.5	1.1	1.0
合计	175.4	60.5	52.7	48.5	31.7	23.3	23.2	20.1	18.0	13.7

3. 进口主要商品是棉花、废钢、大豆等

2003—2020 年巴基斯坦自美国进口前五位商品分别为未梳的棉花、废钢、大豆[1]、其他航空器、旧衣物[2]，上述商品合计占同期巴基斯坦自美国进口总值的31%。其中，未梳的棉花、废钢基本保持增长趋势，累计进口值分别达 38 亿美元、22.1 亿美元；大豆、其他航空器、旧衣物进口规模相对稳定，进口值合计49.3 亿美元（表 2-67）。

表 2-67　2003—2020 年巴基斯坦自美国主要进口商品统计表

单位：亿美元

HS 年份	5201	7204	1201	8802	6309	8471	8411	8502	8803	9018
2003 年	1.4	0.0	0.0	0.0	0.1	0.2	0.2	0.3	0.6	0.1
2004 年	1.7	0.0	0.0	3.6	0.1	0.3	0.3	0.3	0.8	0.1
2005 年	1.7	0.1	0.0	0.0	0.1	0.5	0.1	0.5	0.3	0.3
2006 年	0.9	0.2	0.1	4.7	0.1	0.4	0.2	0.5	0.6	0.2

---

① HS 编码 1201，具体品名为"大豆，不论是否破碎"。

② HS 编码 6309，具体品名为"旧衣物"。

年份＼HS	5201	7204	1201	8802	6309	8471	8411	8502	8803	9018
2007 年	2.6	0.7	0.0	4.5	0.2	0.3	0.3	1.1	0.4	0.3
2008 年	2.2	0.7	0.0	2.3	0.3	0.3	0.4	0.4	0.3	0.3
2009 年	1.9	1.0	0.0	0.3	0.4	0.3	0.9	0.4	0.3	0.3
2010 年	1.3	0.7	0.0	0.0	0.4	0.4	0.2	1.2	0.5	0.3
2011 年	2.5	0.6	0.0	0.4	0.6	0.4	1.3	0.3	0.3	0.4
2012 年	1.2	1.1	0.0	0.1	0.6	0.4	0.2	0.2	0.2	0.3
2013 年	1.4	1.3	0.0	0.1	0.7	0.4	0.4	0.2	0.2	0.3
2014 年	0.8	1.5	0.1	0.5	0.7	0.6	0.3	0.3	0.5	0.5
2015 年	0.8	1.8	1.3	1.2	0.8	0.6	0.3	0.4	0.2	0.4
2016 年	0.9	1.9	1.2	0.0	1.0	0.6	1.5	0.4	0.2	0.4
2017 年	2.8	2.8	3.5	0.5	1.0	0.9	1.3	0.1	0.2	0.4
2018 年	4.6	2.4	6.7	0.1	1.3	0.9	0.2	0.2	0.2	0.5
2019 年	3.9	2.3	4.6	0.0	0.7	0.9	0.2	0.1	0.1	0.5
2020 年	5.5	3.0	3.5	0.0	0.6	0.8	0.2	0.1	0.1	0.3
合计	38.0	22.1	21.1	18.4	9.8	9.2	8.7	7.2	5.9	5.7

（三）巴基斯坦对东盟进出口发展情况

1. 基本贸易情况

2003—2008 年是巴基斯坦对东盟进出口贸易的高速增长期,贸易值由 20.6 亿美元增长至 49.9 亿美元,年均增长 19.3％,占巴基斯坦进出口总值的比重保持在 8％左右。2009—2016 年是双边贸易的震荡调整期,贸易值由 40.5 亿美元波动增长至 57.3 亿美元,年均增长 5.1％,增速明显放缓。2017 年起,经过两年的快速增长,巴基斯坦对东盟贸易值连续刷新最高值,2018 年达到 76.4 亿美元的历史峰值,2019、2020 年连续两年下降,贸易值分别为 67.1 亿美元、63.3 亿美元(图 2-34)。

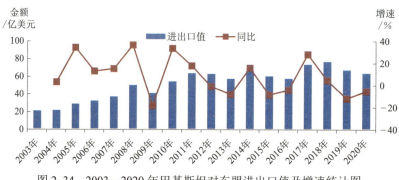

图 2-34　2003—2020 年巴基斯坦对东盟进出口值及增速统计图

2. 冷冻鱼、大米、棉花等为主要出口商品

2003—2020 年巴基斯坦对东盟出口前五位的主要商品为冷冻鱼[①]、大米、未梳的棉花、棉机织物[②]和棉纱线,上述商品合计占同期巴基斯坦对东盟出口总值的 38.7%。其中,冷冻鱼和大米是主要出口商品,2003—2020 年对东盟累计出口值分别为 16.1 亿美元和 15.8 亿美元。除未梳的棉花出口值在 2015 年后大幅下降外,其余主要商品出口值保持稳定,但由于以农产品出口为主,出口值相对较低(表 2-68)。

表 2-68　2003—2020 年巴基斯坦与东盟主要出口商品年度趋势统计表

单位:亿美元

年份 \ HS	0303	1006	5201	5209	5205	3004	2709	2207	6302	4107
2003 年	0.1	0.3	0.2	0.0	0.4	0.0	0.3	0.0	0.6	0.0
2004 年	0.1	0.2	0.2	0.0	0.3	0.1	0.2	0.0	0.5	0.0
2005 年	0.2	0.2	0.4	0.0	0.4	0.1	0.1	0.0	0.1	0.0
2006 年	0.4	0.4	0.3	0.1	0.5	0.1	0.0	0.0	0.1	0.0
2007 年	0.3	0.4	0.4	0.1	0.4	0.1	0.0	0.1	0.1	0.1
2008 年	0.6	0.9	0.3	0.2	0.4	0.2	0.0	0.2	0.2	0.1
2009 年	0.5	0.4	0.6	0.3	0.4	0.2	0.0	0.2	0.1	0.1

---

① HS 编码 0303,具体名称为"冻鱼,但品目 0304 的鱼片及其他鱼肉除外"。

② HS 编码 5209,具体名称为"棉机织物,按重量计含棉量 ≥ 85%,每平方米重量 > 200 g"。

HS 年份	0303	1006	5201	5209	5205	3004	2709	2207	6302	4107
2010 年	0.5	1.4	0.5	0.4	0.4	0.3	0.0	0.5	0.1	0.2
2011 年	1.0	1.0	1.1	0.5	0.7	0.3	0.0	0.3	0.2	0.3
2012 年	0.9	1.3	1.7	0.7	0.5	0.3	0.0	0.2	0.2	0.3
2013 年	1.2	0.9	0.8	0.9	0.4	0.4	0.0	0.5	0.3	0.3
2014 年	1.3	0.9	0.9	0.6	0.4	0.5	1.4	0.4	0.3	0.3
2015 年	1.3	1.2	0.5	0.8	0.3	0.4	1.2	0.4	0.3	0.3
2016 年	1.4	0.8	0.2	0.6	0.2	0.4	0.1	0.3	0.3	0.2
2017 年	1.9	0.9	0.6	0.6	0.2	0.4	0.0	0.2	0.2	0.2
2018 年	1.8	1.8	0.1	0.5	0.2	0.5	0.2	0.3	0.2	0.2
2019 年	1.9	1.2	0.1	0.4	0.1	0.5	1.0	0.4	0.3	0.2
2020 年	0.6	1.2	0.0	0.2	0.1	0.5	0.4	0.7	0.2	0.1
合计	16.1	15.8	8.6	7.1	6.5	5.4	4.9	4.9	4.3	2.9

3. 棕榈油及其馏分产品是最主要进口商品

2003—2020 年巴基斯坦自东盟进口的前五位商品是棕榈油及其馏分产品、成品油、载人机动车辆、煤以及机动车零件,上述商品合计占同期巴基斯坦自东盟进口总值的 52.3%。2013 年,巴基斯坦与印度尼西亚签订的特惠贸易协定正式生效,免除自印度尼西亚进口棕榈油等产品关税,使得棕榈油及其馏分产品从东盟地区的进口值迅速增加,2003—2020 年累计进口值达 279.3 亿美元,占比达 35.4%,其余四项商品进口占比仅为 16.9%(表 2-69)。

表 2-69　2003—2020 年巴基斯坦自东盟主要进口商品年度趋势统计表

单位:亿美元

HS 年份	1511	2710	8703	2701	8708	5402	8517	5504	2917	4001
2003 年	6.0	0.1	0.3	0.1	0.3	0.5	0.0	0.2	0.8	0.3
2004 年	6.0	0.1	0.3	0.3	0.3	0.6	0.0	0.2	0.8	0.3
2005 年	7.5	0.2	1.0	0.7	0.7	0.9	0.1	0.3	0.8	0.4

HS 年份	1511	2710	8703	2701	8708	5402	8517	5504	2917	4001
2006 年	7.6	0.2	1.4	1.2	0.8	0.9	0.0	0.2	0.6	0.5
2007 年	11.5	0.6	0.9	1.4	0.6	0.7	0.0	0.3	0.5	0.5
2008 年	16.7	2.6	1.0	3.9	0.6	0.8	0.3	0.5	0.4	0.6
2009 年	12.4	1.8	1.3	1.9	0.5	0.9	0.2	0.3	0.5	0.3
2010 年	16.5	2.9	1.8	2.3	0.6	1.1	0.3	0.7	0.4	0.6
2011 年	23.5	4.6	1.5	1.8	0.8	1.3	0.3	0.9	0.5	0.6
2012 年	21.3	7.2	1.4	2.0	0.9	0.8	0.2	0.6	0.4	0.5
2013 年	18.4	6.7	1.7	0.9	1.1	0.9	0.8	0.7	0.2	0.6
2014 年	19.4	8.6	1.9	0.9	0.9	0.9	0.8	0.7	0.2	0.6
2015 年	16.5	4.3	2.2	1.0	1.1	0.9	1.1	0.7	0.2	0.5
2016 年	17.0	1.6	2.7	1.1	1.2	0.6	1.1	0.9	0.4	0.5
2017 年	21.0	1.9	5.0	1.4	1.7	1.0	1.7	1.1	0.7	0.8
2018 年	19.4	2.8	5.5	3.1	2.1	1.0	1.2	1.2	1.4	0.8
2019 年	17.6	4.3	3.5	2.3	0.9	0.8	2.5	1.3	1.0	0.7
2020 年	21.1	3.3	2.5	2.2	0.6	0.9	2.3	1.3	0.5	0.6
合计	279.3	53.8	35.8	28.5	15.7	15.5	12.7	12.0	10.5	9.7

(四) 巴基斯坦对阿拉伯联合酋长国进出口发展情况

1. 基本贸易情况

2003—2012 年,巴基斯坦对阿拉伯联合酋长国进出口贸易整体呈现快速增长趋势,虽然全球金融危机的冲击导致 2009 年进出口值大幅下降 15.5%,但经过连续 3 年的快速反弹,贸易值在 2012 年达到了 100.8 亿美元的峰值,期间年均增长率达 16.4%。之后双边贸易增速明显放缓,2019、2020 年连续两年下降,贸易规模进一步下降至 75.2 亿美元、55.7 亿美元。整体来看,巴基斯坦对阿拉伯联合酋长国的进出口值占巴基斯坦进出口总值的比重相对稳定,基本保持在 10% 左右(图 2-35)。

图 2-35　2003—2020 年巴基斯坦对阿拉伯联合酋长国进出口值及增速统计图

2. 出口主要商品为首饰及其零件、成品油和大米等

2003—2020 年巴基斯坦对阿拉伯联合酋长国前五位出口商品分别为首饰及其零件[1]，成品油，大米，织物制品，鲜、冷牛肉[2]，上述商品合计占同期巴基斯坦对阿拉伯联合酋长国出口总值的 53.4%。其中，首饰及其零件的出口值高达 38.9 亿美元，占比达 15.6%（表 2-70）。

表 2-70　2003—2020 年巴基斯坦对阿拉伯联合酋长国主要出口商品统计表

单位:亿美元

HS 年份	7113	2710	1006	6302	0201	2709	6203	8905	4203	0306
2003 年	0.1	1.1	1.8	1.8	0.0	0.0	0.1	0.0	0.3	0.0
2004 年	0.0	0.0	0.2	0.0	0.0	0.0	0.0	0.0	0.0	0.0
2005 年	0.1	2.4	2.3	0.8	0.0	0.0	0.1	0.1	1.1	0.1
2006 年	0.1	3.9	2.4	0.7	0.0	0.0	0.0	0.0	0.4	0.1
2007 年	0.9	5.9	2.8	0.6	0.1	0.0	0.0	4.0	0.7	0.2
2008 年	2.1	5.6	3.8	1.1	0.1	0.0	0.1	0.0	0.4	0.2
2009 年	4.5	2.0	2.4	1.1	0.1	0.0	0.1	0.0	0.1	0.1
2010 年	5.6	3.4	3.1	0.8	0.3	0.0	0.1	0.0	0.1	0.2

---

① HS 编码 7113，具体品名为"贵金属或包贵金属制的首饰及其零件"。

② HS 编码 0201，具体品名为"鲜、冷牛肉"。

续表

HS 年份	7113	2710	1006	6302	0201	2709	6203	8905	4203	0306
2011 年	4.4	4.1	2.9	0.7	0.3	0.0	0.2	0.0	0.1	0.2
2012 年	16.0	2.9	1.9	0.7	0.4	0.0	0.2	0.0	0.2	0.1
2013 年	4.2	3.8	1.9	0.6	0.4	0.0	0.2	0.0	0.1	0.3
2014 年	1.0	2.1	2.1	0.6	0.3	0.2	0.3	0.0	0.1	0.3
2015 年	0.0	0.1	1.4	0.6	0.6	0.2	0.4	0.0	0.1	0.2
2016 年	0.0	0.0	1.3	0.5	0.6	0.0	0.4	0.0	0.1	0.3
2017 年	0.0	0.0	1.8	0.5	0.4	0.5	0.5	0.0	0.1	0.3
2018 年	0.0	0.0	1.2	0.4	0.8	1.4	0.6	0.0	0.1	0.2
2019 年	0.0	0.2	2.3	0.4	1.0	1.5	0.6	0.0	0.1	0.2
2020 年	0.0	0.3	1.5	0.4	1.0	0.8	0.5	0.0	0.1	0.2
合计	38.9	37.8	37.1	12.4	6.5	4.6	4.2	4.2	4.2	3.5

3. 成品油进口占比近五成

2003—2020 年巴基斯坦自阿拉伯联合酋长国的前五位进口商品分别为成品油、原油、废钢、金、初级形状的乙烯聚合物,上述商品合计占同期巴基斯坦自阿拉伯联合酋长国进口总值的 87%。其中,成品油是巴基斯坦自阿拉伯联合酋长国进口的最主要商品,2003—2020 年累计进口值达 447.2 亿美元,占 49.2%,且一直保持增长趋势(表 2-71)。

表 2-71 2003—2020 年巴基斯坦自阿拉伯联合酋长国主要进口商品统计表

单位:亿美元

HS 年份	2710	2709	7204	7108	3901	3902	2711	1701	8517	8908
2003 年	4.8	2.9	0.2	2.0	0.1	0.2	0.0	0.0	0.1	0.1
2004 年	1.2	3.2	0.0	0.0	0.0	0.0	0.0	0.0	0.0	0.0
2005 年	3.2	10.0	0.4	3.7	0.2	0.1	0.0	1.2	0.0	0.0
2006 年	10.9	11.2	0.6	3.8	0.2	0.0	0.1	1.6	0.0	0.0
2007 年	9.8	11.1	1.0	0.7	0.3	0.0	0.0	0.0	0.0	0.0

续表

HS 年份	2710	2709	7204	7108	3901	3902	2711	1701	8517	8908
2008 年	14.6	16.9	0.8	0.2	0.2	0.0	0.0	0.1	0.3	0.0
2009 年	16.9	9.0	0.9	0.8	0.3	0.1	0.0	1.4	0.1	0.0
2010 年	32.0	10.8	0.9	1.2	0.3	0.0	0.2	2.0	0.2	0.2
2011 年	34.9	23.0	0.7	1.4	0.6	0.4	0.1	0.2	0.2	0.1
2012 年	35.0	29.3	0.7	1.8	0.4	0.4	0.0	0.0	0.2	0.0
2013 年	39.3	26.3	1.0	3.8	0.3	0.3	0.2	0.0	0.1	0.3
2014 年	34.8	27.6	1.2	0.4	0.5	0.3	0.4	0.0	0.3	0.5
2015 年	31.7	13.8	1.4	0.1	0.9	0.8	0.9	0.0	1.2	0.7
2016 年	40.1	11.0	1.6	0.1	1.1	0.9	1.5	0.0	1.1	0.1
2017 年	44.4	18.4	2.7	0.1	1.3	0.7	1.0	0.0	1.0	0.5
2018 年	42.8	29.4	2.7	0.1	1.2	0.9	1.2	0.0	1.1	2.0
2019 年	28.7	25.1	2.5	0.0	0.8	1.3	1.3	0.0	0.0	0.3
2020 年	22.1	12.8	2.6	0.0	0.8	1.4	0.8	0.7	0.0	0.3
合计	447.2	291.8	21.8	20.0	9.3	8.3	7.7	7.4	6.1	4.9

四、巴基斯坦对上合组织其他成员国进出口发展情况

(一) 基本贸易情况

2003—2008 年,巴基斯坦对上合组织其他成员国的进出口值快速增长,贸易值由 13.3 亿美元增至 62.6 亿美元,年均增速达 36.4%,占同期巴基斯坦进出口总值的比重也由 5.3% 提升至 10%;之后增速虽有所放缓,但基本保持增长态势。2017 年,巴基斯坦正式成为上合组织的成员国之一,与其他成员国之间经贸联系更加紧密,2017 年对上合组织其他成员国进出口值达到 194.9 亿美元的峰值,同比增长 23.9%,占当年巴基斯坦进出口总值的 24.5%。2019、2020 年虽然受新冠肺炎疫情等因素影响,巴基斯坦对上合组织其他成员国的贸易值有所下降,但仍保持在 20% 以上的比重(图 2-36)。

图 2-36　2003—2020 年巴基斯坦对上合组织其他成员国进出口值及增速统计图

(二) 出口以纺织制品、服装和大米为主

巴基斯坦对上合组织其他成员国的主要出口商品以其传统优势产品纺织制品、服装及衣着附件以及大米为主,2003—2020 年间三者累计出口值合计占同期巴基斯坦对上合组织其他成员国出口总值的 66.2%,2020 年虽有下滑,但仍达到 52.5%的比重。另外,未锻轧的精炼铜及铜合金出口值在 2017 年之后明显增长,2020 年达到 3.2 亿美元、占比 15.3%的规模(表 2-72)。

(三) 进口以电话机、肥料等为主

巴基斯坦自上合组织其他成员国进口的前五位主要商品为电话机,矿物肥料或化学肥料[1],发电机组及旋转式变流机,合成纤维长丝纱线[2],二极管、晶体管及类似的半导体器件[3],2003—2020 年上述商品进口值合计占同期巴基斯坦自上合组织其他成员国进口总值的 18.2%。其中,随着巴基斯坦经济迅速发展,基础通信设施逐步完善,人均可支配收入日益增加,巴基斯坦对通信设备需求量快速提升,电话机成为进口值最大的商品(表 2-73)。

---

① HS 编码 3105,具体品名为"含氮、磷、钾中两种或三种肥效元素的矿物肥料或化学肥料;其他肥料;制成片或类似形状或每包毛重不超过 10 千克的本章各项货品"。

② HS 编码 5402,具体品名为"合成纤维长丝纱线(缝纫线除外),非供零售用,包括细度 < 67 分特的合成纤维单丝"。

③ HS 编码 8541,具体品名为"二极管、晶体管及类似的半导体器件;光敏半导体器件,包括不论是否装在组件内或组装成块的光电池;发光二极管;已装配的压电晶体"。

表 2-72　2001—2020 年巴基斯坦对上合组织其他成员国主要出口商品统计表

单位:亿美元

HS 年份	5205	1006	2610	5209	5208	7403	0303	0805	2515	5201
2003 年	1.2	0.0	0.1	0.0	0.4	0.0	0.2	0.0	0.0	0.0
2004 年	1.5	0.0	0.1	0.0	0.4	0.0	0.2	0.0	0.0	0.0
2005 年	2.0	0.1	0.3	0.0	0.4	0.0	0.2	0.0	0.0	0.1
2006 年	3.1	0.1	0.3	0.2	0.2	0.0	0.2	0.1	0.0	0.0
2007 年	3.2	0.0	0.9	0.2	0.3	0.0	0.2	0.1	0.0	0.0
2008 年	3.3	0.0	1.5	0.3	0.4	0.0	0.2	0.1	0.1	0.0
2009 年	5.8	0.1	0.7	0.4	0.4	0.0	0.3	0.2	0.1	0.2
2010 年	7.3	0.2	1.4	0.5	0.4	0.1	0.4	0.2	0.2	0.7
2011 年	8.7	0.3	1.0	0.9	0.8	0.0	0.3	0.2	0.3	0.8
2012 年	14.3	2.6	1.1	1.9	1.5	0.1	0.2	0.4	0.4	0.7
2013 年	15.4	1.6	1.1	1.9	1.4	0.1	0.2	0.4	0.6	0.4
2014 年	12.5	1.5	0.8	1.4	1.2	0.0	0.3	0.5	0.4	0.1
2015 年	10.5	1.9	0.6	1.2	0.8	0.0	0.2	0.5	0.4	0.0
2016 年	8.2	2.5	0.7	0.8	0.4	0.0	0.2	0.5	0.3	0.0
2017 年	7.7	1.6	1.0	0.7	0.5	0.2	0.3	0.3	0.2	0.0
2018 年	7.6	2.5	0.6	0.7	0.5	1.3	0.5	0.5	0.2	0.0
2019 年	7.3	3.5	0.6	0.5	0.3	2.8	0.9	0.5	0.2	0.0
2020 年	5.8	3.0	0.5	0.4	0.3	3.2	0.7	0.6	0.2	0.0
合计	125.4	21.7	13.3	12.1	10.7	8.2	5.7	5.1	3.7	3.1

表 2-73　2003—2020 年巴基斯坦自上合组织其他成员国主要进口商品统计表

单位:亿美元

HS 年份	8517	3105	8502	5402	8541	8504	7225	4011	8402	8414
2003 年	0.1	0.6	0.0	0.0	0.0	0.1	0.0	0.2	0.0	0.1
2004 年	0.3	1.0	0.0	0.0	0.0	0.1	0.0	0.3	0.0	0.1
2005 年	1.3	1.3	0.1	0.2	0.0	0.2	0.0	0.6	0.0	0.1
2006 年	0.3	1.4	0.1	0.4	0.0	0.3	0.1	0.7	0.0	0.3

HS 年份	8517	3105	8502	5402	8541	8504	7225	4011	8402	8414
2007 年	0.4	3.3	0.5	0.8	0.0	0.3	0.0	0.6	0.0	0.8
2008 年	6.5	2.9	2.8	1.0	0.0	0.9	0.0	0.5	0.2	0.8
2009 年	4.0	0.2	2.3	1.0	0.0	0.6	0.0	0.6	0.3	0.3
2010 年	6.0	1.7	1.5	1.9	0.1	1.0	0.0	0.9	0.4	0.6
2011 年	7.6	2.8	1.2	2.7	0.1	0.6	0.0	1.4	0.8	0.5
2012 年	10.3	2.4	1.1	2.1	0.1	1.3	0.0	1.3	0.4	0.6
2013 年	9.5	1.8	1.8	2.0	1.1	0.7	0.3	1.3	0.3	0.6
2014 年	10.5	3.0	2.0	2.5	1.8	1.0	1.8	1.6	0.5	0.9
2015 年	8.6	3.4	4.3	2.5	4.4	1.4	3.5	1.9	0.7	1.3
2016 年	8.9	2.8	7.9	2.5	4.7	2.2	4.2	2.1	3.0	1.8
2017 年	9.4	4.6	5.3	2.2	6.3	2.9	4.6	2.7	4.7	2.4
2018 年	8.3	6.8	4.6	2.4	3.6	2.3	3.3	1.4	2.8	2.3
2019 年	9.0	3.3	2.7	2.9	3.5	5.3	2.7	0.7	1.1	1.9
2020 年	14.2	2.4	4.7	2.5	3.6	4.3	2.8	2.0	2.6	2.0
合计	115.1	45.7	42.9	29.7	29.4	25.5	23.6	21.0	17.7	17.6

第七章
印度进出口贸易发展情况

印度共和国,通称印度,是南亚次大陆最大国家;东北部同中国、尼泊尔、不丹接壤,东部与缅甸为邻,东南部与斯里兰卡隔海相望,西北部与巴基斯坦交界;东临孟加拉湾,西濒阿拉伯海,海岸线长5 560千米。印度是金砖国家之一,拥有占世界第二位的人口总量,也是世界上发展最快的国家之一。

农业是印度的基础产业。印度55%以上的国土是耕地,其耕地面积居世界第二,仅次于美国。印度三面环海,降水相对均匀,有助于印度农业发展。印度矿产资源丰富,铝土储量和煤产量均占世界第五位,云母出口量占世界出口量的60%。印度制造业发展迅速,在高科技领域也有不少突破。尤其是制药、航天、军工等产业发展趋势良好,已成为全球软件、金融等服务业重要出口国。

2017年6月9日,印度正式成为上合组织成员国。这是上合组织历史上的首次扩员,标志着上合组织从以中亚为核心区域向南亚地区扩展。扩员后,上合组织成为世界上地域最广、人口最多、经济潜力最大的地区性国际组织,有助于以上合组织为依托深化新兴大国战略协作,打造新兴国家共同体,推动构建新型国际秩序。

一、印度进出口贸易发展历程

印度对全球进出口贸易的发展历程大致可分为以下三个阶段(图 2-37)。

图 2-37　2001—2020 年印度对全球进出口值及增速统计图

(一) 2001—2008 年:快速发展

2001—2008 年,随着印度经济发展和对外开放步伐的加快,印度对外贸易持续快速增长,进出口值每年保持两位数增速,由 2001 年的 945.5 亿美元增至 2008 年的 4 975.7 亿美元,累计增长 526.3%。

同时,印度的贸易逆差逐渐扩大,由 2001 年的 67.9 亿美元增加至 2008 年的 1 338.5 亿美元,8 年间印度的进出口贸易逆差扩大了将近 20 倍。

(二) 2009—2016 年:冲高回落

受国际金融危机的影响,2009 年印度进出口值跌至 4 431.7 亿美元,同比下降 10.9%。其中,出口值 1 767.7 亿美元,同比下降 2.8%;进口值 2 664 亿美元,同比下降 15.6%。经济危机后,印度政府积极的经济刺激政策使得印度经济迅速反弹,2010 年进出口值 5 704.4 亿美元,增速达到 28.7%。2010—2013 年,印度进出口值逐年回升,且在 2013 年首次突破 8 000 亿美元大关。2014 年,国际大宗商品价格下跌引发国际经济衰退,印度外贸再次进入下滑通道,连续 3 年进出口出现下滑,其中 2015 年降幅达 15.7%,2016 年继续回落至 6 176.5 亿美元。

在此期间,印度贸易逆差先增后降,自 2009 年开始逐年扩大,2012 年贸易逆差达到 1 994.2 亿美元;随后几年贸易逆差有所收窄,至 2016 年降至 957.2 亿美元,同比收窄 24.6%。

(三) 2017—2020 年:提速换挡

2017 年,印度作为正式成员国加入上合组织,印度进出口贸易呈现出提速换挡的态势。2017 年,印度进出口值为 7 397.1 亿美元,大幅增长 19.8%;2018 年更是达到 8 332.7 亿美元的历史峰值,同比增长 12.6%;2019—2020 年,在印度经济下行以及全球新冠肺炎疫情暴发的背景下,印度的进出口贸易总值回落至 6 434.7 亿美元。

2017、2018 年印度贸易逆差连续扩大,分别达到 1 479.9 亿美元、1 852.8 亿美元;之后伴随进出口值的回落,贸易逆差也有所收窄,2020 年降至 924.9 亿美元。

二、印度主要进出口商品

(一) 成品油为主要出口商品

2001—2020 年,印度主要出口商品为成品油、钻石、贵金属及其首饰、药品、稻谷及大米等,上述商品合计占同期印度出口总值的 32.4%(表 2-74)。

2001—2013 年,剔除 2008 年金融危机的影响,印度成品油出口总体呈现逐年快速增长的态势,2013 年出口值达到 670.8 亿美元的历史峰值;2014 年开始国际油价持续下跌,印度成品油出口值随之进入下降通道;2017 年,全球产油量减少,国际油价有所回升,出口值再次攀升;2020 年,新冠肺炎疫情暴发,油价下跌和出口贸易受到限制,使其出口值大幅下跌至 261.7 亿美元。

表 2-74 2001—2020 年印度主要出口商品统计表

单位：亿美元

HS 年份	2710	7102	7113	3004	1006	8703	2601	8708	5205	0306
2001 年	20.6	56.4	11.1	7.6	6.1	0.9	3.8	3.1	7.9	8.4
2002 年	21.7	72.2	13.8	9.5	11.7	1.5	7.8	3.5	7.7	9.4
2003 年	33.5	86.5	17.1	11.8	9.2	4.2	8.0	4.4	7.1	9.0
2004 年	59.2	88.7	28.2	14.7	11.8	7.4	22.7	6.2	8.1	8.6
2005 年	101.0	120.2	32.0	20.1	16.4	9.5	41.9	10.2	9.3	9.7
2006 年	174.0	104.3	45.9	24.5	14.6	10.5	37.7	12.5	12.3	9.2
2007 年	228.5	133.7	50.6	30.8	23.5	12.8	46.1	13.6	15.6	8.9
2008 年	315.6	148.9	46.1	41.3	28.4	22.2	56.4	15.9	16.7	7.8
2009 年	232.3	166.9	106.0	39.7	24.0	29.4	53.0	11.7	12.3	8.0
2010 年	366.4	222.7	78.3	51.6	23.0	45.1	61.5	19.2	27.6	10.6
2011 年	546.1	322.2	143.8	70.0	40.7	36.2	41.6	27.6	27.6	16.6
2012 年	527.6	223.5	182.0	84.0	61.3	42.4	24.3	35.2	31.6	17.9
2013 年	670.8	289.5	106.0	103.1	81.7	55.6	16.4	39.1	47.7	29.8
2014 年	608.4	240.6	130.9	103.0	79.1	57.7	8.7	40.0	41.0	38.3
2015 年	299.7	218.7	99.9	112.3	63.5	53.9	2.2	38.8	37.4	31.9
2016 年	269.5	240.2	125.5	116.1	53.1	63.7	10.1	40.2	31.6	35.9
2017 年	348.6	246.6	127.7	115.3	70.8	65.9	16.5	44.4	33.9	47.5
2018 年	471.8	256.6	124.4	128.2	73.6	71.9	12.6	51.4	38.5	44.9
2019 年	425.6	218.5	135.6	146.4	68.0	70.0	23.6	50.2	28.5	46.8
2020 年	261.7	152.1	76.6	166.4	79.8	46.2	38.7	41.5	26.1	38.8
合计	5 982.5	3 609.0	1 681.4	1 396.5	840.3	707.0	533.3	508.7	468.3	438.2

2001—2011 年，印度钻石出口持续增长，2001 年印度钻石出口值仅为 56.4 亿美元，2011 年达到 322.2 亿美元的峰值，为 20 年来印度钻石出口最高值。2011 年以后，印度钻石出口震荡下行，2012 年出口值出现较大规模下滑，下降至 223.5 亿美元。受新冠肺炎疫情影响，2020 年钻石出口值跌至 152.1 亿美元。

（二）原油等资源能源类产品进口比重较高

2001—2020 年，印度主要进口的商品为原油、金、钻石、煤、电话机。2020年，上述商品进口值合计占同期印度进口总值的 44%（表 2-75）。

表 2-75　2001—2020 年印度主要进口商品统计表

单位：亿美元

HS 年份	2709	7108	7102	2701	8517	2711	2710	1511	8471	2603
2001 年	128.7	47.9	41.7	9.5	2.1	2.0	10.8	7.8	6.2	3.2
2002 年	145.6	36.7	58.3	9.7	5.8	1.8	14.8	10.9	7.5	3.2
2003 年	180.8	54.3	64.6	11.1	7.3	5.1	15.4	16.8	10.2	3.3
2004 年	245.9	88.5	82.1	16.5	8.9	11.9	27.1	17.1	14.0	6.7
2005 年	347.9	116.7	105.1	34.1	12.6	20.8	51.6	12.9	19.2	8.1
2006 年	475.9	133.2	74.4	35.0	16.7	27.6	61.6	11.9	26.0	44.1
2007 年	540.6	172.1	84.5	46.9	37.1	38.2	86.2	14.8	28.4	43.7
2008 年	865.8	198.8	121.2	90.5	12.2	56.6	121.3	24.4	30.5	43.1
2009 年	649.0	233.7	152.3	75.9	88.7	41.0	45.6	35.0	20.3	30.2
2010 年	886.1	383.5	278.8	93.8	107.0	54.1	57.8	44.9	26.3	45.6
2011 年	1 221.3	536.9	332.9	146.2	109.9	110.2	73.5	67.4	34.8	52.8
2012 年	1 487.6	526.1	208.8	151.5	95.9	140.1	51.7	79.0	42.8	48.8
2013 年	1 480.5	377.1	226.5	149.3	109.2	142.7	44.2	69.7	46.0	74.4
2014 年	1 358.3	310.4	216.1	164.0	134.3	176.3	42.0	65.5	45.3	53.2
2015 年	723.7	350.2	164.2	140.2	158.2	118.7	39.9	59.2	52.2	41.0
2016 年	608.7	229.4	189.7	127.1	147.3	95.9	36.9	56.4	46.1	24.6
2017 年	820.7	361.4	272.2	200.9	206.0	130.8	38.3	67.7	55.6	39.0
2018 年	1 150.8	318.6	266.7	246.6	187.8	190.9	57.0	55.0	63.3	26.4
2019 年	1 019.5	311.8	220.7	226.0	135.2	172.5	66.8	54.1	67.7	11.9
2020 年	645.8	219.2	159.0	158.7	127.1	152.5	58.8	51.2	72.8	9.0
合计	14 982.8	5 006.3	3 319.9	2 133.5	1 709.4	1 689.7	1 001.5	821.7	715.2	612.4

印度原油消费量居世界前列，且原油消费高度依赖于进口。2001—2013

年,除 2008 年受金融危机影响出现负增长外,印度原油进口值始终保持快速增长,由 2001 年的 128.7 亿美元增至 2013 年的 1 480.5 亿美元;2014 开始,由于国际大宗商品价格大幅下滑,印度原油进口值波动明显,至 2020 年进口值下降至 645.8 亿美元。主要进口商品中的金、钻石、煤等矿产资源类商品进口值均呈现出波动增长的趋势。金属于印度缺乏的重要矿产资源之一,该商品的消费高度依赖于进口;印度虽然拥有较为丰富的煤炭资源,但由于资源品质较差,消费仍然依赖于大量进口;大量钻石进口一方面是为了满足国内需求,另一方面是将其进行加工之后再销往世界各地,这也使得印度成为世界主要钻石进口国之一。

三、印度对全球主要贸易市场进出口发展情况

2001—2020 年,印度的主要贸易伙伴分别为欧盟、东盟、中国、美国和阿拉伯联合酋长国,上述国家合计占同期印度进出口总值的 51.4%。其中,欧盟占 14.5%,其他贸易伙伴国分别占 10.1%、9.7%、9.3% 和 7.8%。

(一)印度对欧盟进出口贸易发展情况

1. 基本贸易情况

欧盟是印度的第一大贸易伙伴,2001—2008 年,印度对欧盟的进出口贸易呈现出快速增长势头。2008 年,印度对欧盟的进出口值首次突破 800 亿美元,同比增长 29.9%,且与 2001 年相比增长了 302.7%。受国际金融危机席卷全球影响,2009 年,印度与欧盟的进、出口贸易出现双降,进出口值同比下降 10.3%,降至 747.1 亿美元。经过实施一系列促进经济回暖的举措,印度对欧盟进出口快速反弹,并在 2011 年首次突破 1 000 亿美元大关,同比增长 30.8%。2012—2016 年,受全球经济复苏乏力影响,印度与欧盟的进出口贸易缓慢下滑。2017 开始,经过 3 年的高位波动,受新冠肺炎疫情影响,2020 年进出口值降至 843.1 亿美元,同比下降 20.2%(图 2-38)。

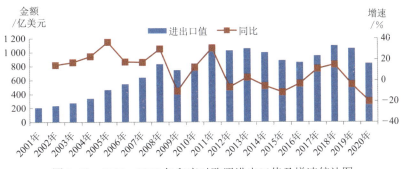

图 2-38 2001—2020 年印度对欧盟进出口值及增速统计图

2. 出口以成品油、钻石等商品为主

2001—2020 年,印度对欧盟出口的主要商品为成品油,钻石,药品,橡胶、塑料及皮革,用于载人的机动车辆,上述商品合计占同期印度对欧盟出口总值的 23.2%(表 2-76)。

表 2-76 2001—2020 年印度对欧盟主要出口商品统计表

单位:亿美元

HS 年份	2710	7102	3004	6403	8703	6204	6109	8708	6206	4202
2001 年	0.0	9.7	1.0	2.3	0.5	3.0	1.9	0.9	1.7	1.7
2002 年	0.3	11.4	1.6	2.6	0.9	3.3	2.7	0.9	2.3	1.8
2003 年	4.1	12.2	1.9	3.3	2.6	2.8	3.3	1.2	2.6	2.1
2004 年	5.4	13.2	2.5	4.2	4.2	3.4	3.6	1.9	3.0	2.8
2005 年	21.2	16.1	3.7	5.5	4.1	6.5	6.3	2.6	5.3	3.2
2006 年	21.5	15.9	3.5	6.8	3.3	7.7	7.6	3.5	5.8	3.5
2007 年	30.1	20.3	4.8	8.4	5.2	7.6	8.6	4.6	5.5	4.1
2008 年	45.4	22.5	8.8	9.6	10.9	8.2	8.2	5.7	6.9	4.8
2009 年	54.7	15.9	6.2	9.4	19.6	8.8	10.7	3.9	7.9	4.2
2010 年	73.0	19.7	8.0	10.8	16.9	8.5	7.5	5.8	8.4	4.5
2011 年	95.8	35.3	10.9	13.5	11.3	12.0	9.0	8.8	9.6	6.1
2012 年	75.9	27.4	12.2	11.4	10.8	9.3	8.0	9.4	6.3	6.0
2013 年	88.5	28.7	14.4	14.3	13.5	9.9	10.2	10.6	7.0	7.3

HS 年份	2710	7102	3004	6403	8703	6204	6109	8708	6206	4202
2014 年	49.5	30.7	13.5	15.2	10.5	10.1	11.0	9.5	6.4	7.9
2015 年	24.6	25.1	13.8	12.4	10.8	9.3	10.3	8.4	6.0	7.4
2016 年	22.7	26.4	14.1	12.2	16.7	8.9	9.5	9.9	6.4	7.2
2017 年	25.7	27.1	14.8	12.5	12.7	9.3	9.9	10.6	6.7	7.7
2018 年	60.2	27.4	17.3	12.9	7.6	9.8	9.5	12.4	6.1	8.0
2019 年	66.7	25.2	18.4	12.2	5.2	10.9	8.8	11.6	5.2	8.0
2020 年	28.8	14.6	21.9	8.9	0.8	8.1	6.5	10.2	3.7	6.0
合计	793.8	424.9	193.4	188.3	167.9	157.3	153.2	132.5	112.8	104.1

2001—2020 年,印度对欧盟累计出口成品油 793.8 亿美元,占同期印度对欧盟出口总值的 10.4%。印度对欧盟的成品油出口明显受国际经济形势和大宗商品价格调整影响,2011 年达到 95.8 亿美元的出口峰值,经过大幅波动之后,叠加新冠肺炎疫情影响,2020 年印度对欧盟的成品油出口值大幅下降至 28.8 亿美元,同比下降 56.8%。20 年来,印度对欧盟的钻石出口值呈现出波动上升的趋势,累计出口 424.9 亿美元,占 5.6%。但受 2020 年新冠肺炎疫情的影响,钻石对欧盟的出口值同比下降 42.1%。印度对欧盟出口药品、橡胶、塑料、皮革、用于载人的机动车辆等也呈现出波动增长的趋势。

3. 进口以钻石、航空器等商品为主

2001—2020 年,印度自欧盟进口的主要商品为钻石、航空器、机动车零件及附件、钢铁废料及碎料、银等,上述商品合计占同期印度自欧盟进口总值的 24%(表 2-77)。

印度是世界上最大的毛坯钻石进口国和钻石加工国,其对钻石的需求量一直居高不下。印度进口毛坯钻石,经过一系列加工之后再对外出口。印度对欧盟的钻石进口呈现稳定增长、波动下滑的态势,2011 年达到 98.5 亿美元的进口峰值,之后波动下滑至 2020 年出口 33.8 亿美元,同比下降 42.3%。印度从

欧盟进口的航空器及运载工具与印欧之间航空工业合作发展息息相关,因此年度进口值变动较大,无法进行趋势性分析。此外,2001—2020 年,印度自欧盟机动车零件、附件的进口值基本呈现出波动增长的发展趋势。

表 2-77　2001—2020 年印度自欧盟主要进口商品统计表

单位:亿美元

HS 年份	7102	8802	8708	7204	7106	8517	7108	8479	8481	9018
2001 年	31.9	0.0	0.6	1.7	2.8	0.8	4.8	0.8	0.7	1.2
2002 年	44.6	0.9	0.9	1.4	1.2	1.9	1.9	1.1	0.8	1.3
2003 年	45.7	2.8	1.1	1.8	1.7	1.7	1.6	1.5	1.0	1.4
2004 年	52.9	2.5	1.8	2.0	1.5	2.7	1.1	1.5	1.2	1.7
2005 年	59.6	7.2	2.4	5.1	3.0	3.2	2.2	2.8	1.9	2.3
2006 年	46.9	24.8	3.6	3.8	0.2	4.3	5.2	3.7	2.2	2.6
2007 年	51.3	2.5	4.3	5.1	4.1	7.8	3.0	4.5	3.4	3.2
2008 年	45.6	35.2	7.1	7.5	8.2	1.7	3.6	5.6	4.3	3.6
2009 年	47.0	29.0	5.3	6.8	1.6	10.3	1.3	7.4	3.4	3.1
2010 年	69.3	11.9	9.2	8.1	1.9	12.5	6.5	5.4	3.2	3.6
2011 年	98.5	3.6	10.6	11.8	13.9	14.2	17.8	5.9	4.5	4.0
2012 年	95.7	5.9	11.0	15.7	6.0	8.0	14.3	5.6	5.4	4.3
2013 年	90.6	6.9	12.4	9.2	18.4	4.9	3.8	5.3	4.6	4.4
2014 年	95.2	2.8	12.2	8.9	13.0	5.7	2.7	4.9	4.7	4.7
2015 年	65.2	3.2	12.4	7.3	15.1	6.0	3.1	4.9	4.7	4.3
2016 年	60.9	3.7	10.9	5.3	4.7	3.8	0.7	5.7	4.3	4.4
2017 年	43.5	21.0	13.0	4.6	4.1	4.9	1.1	7.0	4.2	4.7
2018 年	63.7	3.3	14.7	7.5	13.5	4.8	6.3	8.0	5.5	5.4
2019 年	58.5	1.7	10.2	9.4	8.6	3.5	9.0	6.5	5.7	5.8
2020 年	33.8	0.6	6.8	6.4	2.6	3.8	4.4	5.1	5.1	4.3
合计	1 200.3	169.6	150.8	129.6	126.0	106.6	94.4	93.3	70.8	70.4

（二）印度对东盟进出口贸易发展情况

1. 基本贸易情况

东盟为印度的第二大贸易伙伴。2001—2008 年，印度对东盟的进出口贸易值快速增长，从 2001 年的 76.6 亿美元增长至 461.3 亿美元，进出口值增长 502.2%。2009 年受国际金融危机影响，印度对东盟的进出口值同比下降 9.2%。2010—2013 年，印度对东盟贸易值逐年攀升，虽然受到 2014 年国际大宗商品价格下降的影响，年度进出口值仍然保持在 600 亿美元以上。2018 年印度对东盟进出口达到 937.6 亿美元的历史峰值，同比增长 16.1%。受新冠肺炎疫情影响，印度对东盟 2020 年进出口值降至 736.5 亿美元，同比下降 19.3%（图 2-39）。

图 2-39　2001—2020 年印度对东盟进出口值及增速统计图

2. 出口商品以成品油和冻牛肉等为主

2001—2020 年，印度对东盟出口的主要商品为成品油、冻牛肉、船舶[①]、钻石、环烃[②]，上述商品合计占同期印度对东盟出口总值的 39.2%（表 2-78）。

成品油是印度对东盟最主要的出口商品。除 2009 年受国际金融危机影响，印度对东盟的成品油出口值下降明显之外，2001—2013 年出口值波动攀升，快

[①] HS 编码 8905，具体品名为"灯船、消防船、挖泥船、起重船及其他不以航行为主要功能的船舶；浮船坞；浮动或潜水时钻探或生产平台"。

[②] HS 编码 2902，具体品名为"环烃"。

表 2-78　2001—2020 年印度对东盟主要出口商品统计表

单位：亿美元

HS 年份	2710	202	8905	7102	2902	3004	7601	2304	1202	0306
2001 年	0.0	1.2	0.0	2.9	0.0	0.7	1.2	2.2	0.4	0.5
2002 年	4.4	1.1	0.0	4.5	0.3	0.8	1.5	1.9	0.3	0.7
2003 年	9.0	1.2	0.0	3.4	1.1	0.9	0.7	1.8	0.6	0.7
2004 年	19.9	1.4	0.5	4.9	2.7	1.1	0.7	3.4	0.8	0.7
2005 年	22.7	1.8	1.0	17.4	3.7	1.3	1.7	3.3	0.9	0.6
2006 年	40.3	1.9	3.2	4.2	5.8	1.5	2.0	5.3	1.4	0.4
2007 年	39.0	2.4	1.7	4.8	4.3	1.8	3.4	6.6	2.0	0.4
2008 年	53.9	4.6	7.0	4.7	4.3	2.1	4.0	11.6	2.1	0.3
2009 年	30.6	4.8	5.8	8.1	3.3	2.6	2.6	6.5	1.7	0.3
2010 年	69.8	6.4	13.1	5.2	5.2	2.8	3.1	6.4	3.2	0.4
2011 年	114.5	12.0	28.0	8.2	8.0	3.9	2.1	7.2	7.5	1.5
2012 年	100.6	14.4	13.9	8.3	9.4	4.6	1.2	6.1	7.5	1.6
2013 年	107.9	27.1	5.1	10.8	10.9	5.8	0.6	6.3	4.0	5.2
2014 年	73.0	30.6	8.8	8.6	8.8	5.9	0.4	1.6	5.2	6.6
2015 年	39.6	26.5	13.4	7.3	3.9	6.4	2.5	0.6	5.0	5.8
2016 年	42.3	25.7	9.0	8.4	3.4	6.4	3.5	0.6	5.5	8.1
2017 年	87.1	28.7	13.3	8.6	4.1	6.9	5.5	1.3	4.8	12.4
2018 年	93.9	24.9	2.8	8.8	11.1	7.5	10.3	1.1	3.3	8.9
2019 年	60.5	20.2	27.5	8.0	8.2	8.0	14.5	0.3	4.6	2.5
2020 年	53.1	12.1	17.7	5.8	6.4	9.3	16.2	0.3	5.4	2.2
合计	1 062.0	249.2	172.0	142.8	104.8	80.1	77.7	74.1	66.2	59.5

速增长，2011 年达到 114.5 亿美元的历史峰值。受 2014 年国际大宗商品价格下跌的影响，印度对东盟成品油出口值大幅下降，经过 2016—2018 年的企稳回升，出口值再次出现下滑，2020 年印度对东盟成品油出口值回落至 53.1 亿美元，同比下降 12.1%。东盟是印度牛肉出口的重要贸易市场之一。与其他商品不同，东盟对印度牛肉出口受 2008 年金融危机和 2014 年国际市场大宗商品价格波动影响较小，整体呈现快速上升后高位运行的态势，2014 年出现 30.6

亿美元的高值,之后始终在 20 亿美元以上高位波动,直至 2020 年出口值降至 12.1 亿美元,同比下降 40%。

3. 进口商品以棕榈油和能源类商品为主

2001—2020 年,印度自东盟进口的主要商品为棕榈油及其分离品、煤、原油、成品油、电话机,上述商品合计占同期印度自东盟进口总值的 38.4%(表 2-79)。

表 2-79　2001—2020 年印度自东盟主要进口商品统计表

单位:亿美元

HS 年份	1511	2701	2709	2710	8517	8471	4403	2902	2603	0713
2001 年	7.8	1.1	0.0	0.0	0.2	2.8	3.4	1.3	0.7	2.3
2002 年	10.7	1.2	0.0	0.0	0.4	2.9	2.4	1.1	0.8	2.6
2003 年	16.7	1.6	0.0	0.0	0.8	4.4	4.3	2.4	1.2	2.2
2004 年	17.1	3.6	0.0	0.0	1.2	6.0	5.3	3.5	1.2	2.0
2005 年	12.8	8.0	0.0	0.0	2.1	7.6	5.5	4.2	1.9	2.1
2006 年	11.6	8.9	20.6	9.9	2.7	9.6	5.0	4.5	6.3	4.6
2007 年	14.3	12.5	25.8	19.9	3.4	11.7	6.5	6.2	7.0	4.8
2008 年	24.2	25.5	33.9	32.5	1.2	8.9	7.6	6.0	2.8	5.1
2009 年	35.0	24.9	16.5	15.4	5.5	5.7	7.2	3.9	8.4	8.6
2010 年	44.8	29.5	15.6	25.7	8.8	6.9	8.5	6.0	8.1	6.8
2011 年	64.4	51.4	26.7	26.1	9.4	7.6	11.4	6.4	11.6	6.1
2012 年	77.2	55.2	30.2	14.9	11.1	8.8	12.7	8.0	6.4	6.2
2013 年	69.6	65.3	27.8	8.2	16.6	10.1	12.8	11.8	11.3	6.1
2014 年	65.3	72.5	34.5	8.9	14.4	10.8	11.6	9.1	6.8	8.0
2015 年	59.2	54.5	20.4	9.4	15.1	12.8	6.0	7.0	7.5	8.7
2016 年	56.2	44.9	23.7	7.1	13.6	11.7	4.2	6.5	5.4	8.3
2017 年	67.5	59.8	21.8	6.5	17.0	12.0	3.1	8.6	8.0	5.3
2018 年	54.6	75.2	28.9	9.0	36.6	15.7	2.3	10.4	5.3	3.1
2019 年	51.8	76.0	24.2	11.4	30.5	16.1	2.2	7.0	1.1	3.6
2020 年	50.6	52.2	14.9	9.9	23.8	15.6	1.2	5.2	2.5	4.0
合计	811.5	723.9	365.5	215.0	214.3	187.7	123.3	119.0	104.4	100.4

2001—2020 年,印度自东盟进口棕榈油及其分离品整体呈现快速增长、缓慢回落的态势。2012 年进口值达到 77.2 亿美元的峰值,是 2001 年该商品进口值的近 10 倍;之后缓慢下跌,但仍保持 50 亿美元以上的高位;2020 年进口 50.6 亿美元,较 2012 年的峰值下降了 34.4%。印度自东盟进口煤、原油、成品油等资源能源类商品受国际经济形势影响较大,近年来除 2020 年外,整体仍保持一定增长势头。

(三)印度对美国进出口贸易发展情况

1. 基本贸易情况

2001—2008 年,印度对美国进出口贸易稳步提升。2008 年,印美贸易值达到 458.9 亿美元,同比增长 33.6%;受全球金融危机影响,2009 年印美贸易大幅下滑,进出口值降至 351.3 亿美元。2010—2016 年,印度对美国的进出口贸易在经历了一段快速增长期后,自 2014 开始小幅回落,进出口值在 600 亿美元上下波动。2017—2019 年,印美贸易再次进入发展快车道,2019 年达到 892.1 亿美元的历史峰值。2020 年受新冠肺炎疫情影响,印度对美国的进出口值降至 759.4 亿美元,同比下降 14.9%(图 2-40)。

图 2-40　2001—2020 年印度对美国进出口值及增速统计图

2. 出口商品以钻石、药品等商品为主

2001—2020 年,印度对美国出口的主要商品为钻石、药品、贵金属及其首

饰、成品油、甲壳动物[①]，上述商品出口值合计占同期印度对美国出口总值的 36.1%，其中钻石出口值占 15.2%（表 2-80）。

表 2-80　2001—2020 年印度对美国主要出口商品统计表

单位：亿美元

HS 年份	7102	3004	7113	2710	0306	1302	6304	8708	6302	6204
2001 年	17.3	0.7	5.9	0.0	2.2	0.6	2.3	0.8	0.3	3.1
2002 年	24.2	1.1	7.9	1.4	3.3	0.7	2.8	1.1	0.5	2.8
2003 年	26.5	2.0	9.5	1.5	3.6	0.7	3.0	1.3	0.8	3.0
2004 年	23.4	2.1	14.4	2.4	3.2	0.7	3.4	1.6	1.2	3.2
2005 年	25.2	2.2	15.5	6.7	3.2	1.1	4.9	2.4	1.6	5.9
2006 年	25.0	4.2	21.1	2.3	2.5	1.5	5.0	3.4	2.2	6.7
2007 年	30.1	7.6	19.9	6.7	1.9	1.4	5.0	3.6	2.7	5.8
2008 年	30.0	8.4	13.2	2.4	1.6	2.0	5.3	4.0	3.0	5.6
2009 年	27.8	10.2	15.5	2.3	1.7	1.3	4.8	2.8	2.8	5.8
2010 年	34.9	15.4	14.6	6.2	3.2	3.1	5.1	5.1	6.4	5.2
2011 年	53.1	22.0	15.7	14.7	5.2	15.2	5.0	6.8	8.8	6.2
2012 年	45.7	28.5	15.0	12.2	5.9	52.1	7.8	7.8	8.3	5.7
2013 年	67.1	34.7	16.8	36.4	10.9	20.6	10.8	8.6	7.8	6.1
2014 年	61.7	37.0	17.2	44.9	13.7	16.1	9.3	9.3	8.1	5.9
2015 年	61.7	45.7	18.5	21.4	11.9	5.8	9.9	10.3	8.8	6.2
2016 年	75.6	49.6	22.1	19.5	14.1	3.6	8.6	10.3	9.5	6.4
2017 年	69.8	43.8	23.8	22.3	19.9	5.1	8.7	11.2	9.9	6.1
2018 年	83.9	48.1	18.9	30.1	19.4	4.7	10.3	13.6	9.8	5.9
2019 年	71.9	61.2	20.1	26.8	21.0	3.8	10.5	13.8	9.8	6.9
2020 年	56.6	67.2	17.4	14.3	18.2	2.6	10.6	11.3	9.2	5.4
合计	911.6	491.7	322.9	274.5	166.3	142.8	133.1	128.9	111.6	107.9

[①] HS 编码 0306，具体品名为"活、鲜、冷、冻、干、盐腌、盐渍、熏制的带壳或去壳甲壳动物；蒸过或用水煮过的带壳甲壳动物；可供人食用的甲壳动物的细粉、粗粉及团粒"。

2001—2019 年,除成品油出口受 2014 年国际原油价格波动影响出现一段时间下滑外,印度对美国出口的前五项主要商品基本呈现稳定增长状态。受新冠肺炎疫情影响,2020 年印度对美国出口的大多数商品均受到冲击,钻石、贵金属及其首饰、成品油和甲壳动物同比分别下降 21.3%、13.4%、46.6% 和 13.3%;只有药品出口值由 2019 年的 61.2 亿美元增至 67.2 亿美元,同比增长 9.8%。

3. 钻石、金为主要进口商品

2001—2020 年,印度对美国进口的主要商品为钻石、金、航空器及运载工具、原油、煤,上述商品进口值合计占同期印度自美国进口总值的 22.5%(表 2-81)。

表 2-81　2001—2020 年印度自美国主要进口商品统计表

单位:亿美元

HS 年份	7102	7108	8802	2709	2701	3105	8411	2713	8803	8517
2001 年	1.2	0.2	1.3	0.0	0.0	0.6	0.5	0.0	0.4	0.4
2002 年	1.4	0.1	0.4	0.0	0.0	0.2	0.4	0.0	0.8	1.6
2003 年	2.2	0.2	2.4	0.0	0.0	1.0	0.9	0.0	1.6	2.6
2004 年	2.4	0.3	2.0	0.0	1.0	1.1	0.7	0.0	1.5	2.5
2005 年	2.5	1.0	5.4	0.0	1.7	2.3	1.1	0.0	2.5	3.4
2006 年	3.6	0.5	16.4	0.0	1.2	7.0	1.3	2.2	3.3	4.1
2007 年	3.3	3.7	17.3	0.0	1.2	7.9	1.3	3.4	3.8	4.4
2008 年	6.0	4.4	73.0	3.5	3.6	33.7	1.0	4.4	3.1	1.3
2009 年	8.3	4.8	10.8	0.0	2.3	10.8	3.2	3.8	3.3	3.5
2010 年	9.2	11.6	10.7	0.0	4.5	8.1	3.7	4.2	3.8	3.5
2011 年	16.7	12.6	2.3	1.3	6.6	12.4	2.1	3.9	3.6	5.7
2012 年	7.9	31.5	0.7	1.2	9.9	7.2	2.0	5.9	4.9	5.1
2013 年	6.0	14.4	1.4	0.0	5.8	3.7	3.3	7.9	7.8	3.7
2014 年	6.8	23.7	0.8	0.0	5.1	3.0	4.7	8.3	11.2	5.2
2015 年	5.1	25.6	0.5	0.2	4.8	3.3	6.5	6.7	10.2	4.5

HS 年份	7102	7108	8802	2709	2701	3105	8411	2713	8803	8517
2016 年	4.0	13.2	0.2	0.0	3.8	1.8	8.6	7.7	14.1	2.8
2017 年	4.2	21.2	0.9	4.7	12.5	2.0	18.6	11.4	9.9	3.5
2018 年	44.3	21.3	1.4	29.1	20.6	0.5	14.6	8.8	1.9	4.0
2019 年	45.4	16.1	1.6	46.3	15.3	1.0	18.9	8.8	0.8	3.8
2020 年	34.1	7.5	0.0	37.0	11.4	0.5	8.3	6.7	0.6	4.2
合计	214.6	213.9	149.6	123.1	111.4	108.0	101.7	93.9	89.0	69.7

2001 年以来,印度自美国进口钻石类商品整体呈增长状态,金制品进口值在 2012 年达到 31.5 亿美元的峰值,比 2001 年增长 205.6 倍。受新冠肺炎疫情影响,2020 年印度自美进口钻石和金分别为 34.1 亿美元和 7.5 亿美元,同比分别下降 24.9% 和 53.7%。航空器及运载工具和原油、煤炭等大宗能源类商品受两国大型商业合同的影响,在个别年份出现爆发式增长,如:航空器及运载工具进口值在 2006—2010 年保持在 10 亿美元以上,2008 年出现 73 亿美元的历史高位;原油和煤只是分别从 2018 年和 2017 年开始出现进口值突增,其余年份进口值均保持低位。

(四)印度对阿拉伯联合酋长国进出口贸易发展情况

1. 基本贸易情况

2001—2020 年,印阿贸易波动增长。2001—2012 年,印阿贸易持续增长,2012 年印阿贸易总值达到 735.8 亿美元的历史峰值。2013—2016 年,印阿贸易连续缓慢下滑,2016 年进出口值下降至 499.1 亿美元。2017 年开始,印阿贸易逐步恢复,逐年稳定增长,进出口增速维持在 6% 左右,2019 年贸易值增至 598.5 亿美元。受新冠肺炎疫情影响,2020 年印阿贸易仅为 418.5 亿美元,同比下降 30.1%(图 2-41)。

图 2-41 2001—2020 年印度对阿拉伯联合酋长国进出口值及增速统计图

2. 高价值商品位居出口前列

2001—2020 年,印度对阿拉伯联合酋长国出口总值排名前五位的商品有贵金属及其首饰、成品油、钻石、金、稻谷及大米,上述商品出口值合计占同期印度对阿拉伯联合酋长国出口总值的 55.8%(表 2-82)。

表 2-82 2001—2020 年印度对阿拉伯联合酋长国主要出口商品统计表

单位:亿美元

HS 年份	7113	2710	7102	7108	1006	7114	8517	8905	6109	5407
2001 年	2.1	0.0	3.3	0.0	0.2	0.0	0.0	0.0	0.4	1.2
2002 年	2.4	3.0	3.9	0.0	0.3	0.0	0.0	0.0	0.5	1.7
2003 年	3.9	2.7	7.3	0.0	0.5	0.0	0.0	0.0	1.4	1.9
2004 年	8.5	4.5	10.3	0.0	0.7	0.2	0.0	0.1	1.0	2.7
2005 年	11.4	10.4	14.1	0.0	0.9	0.3	0.0	0.7	0.6	2.2
2006 年	17.9	31.9	11.8	0.0	1.0	2.4	0.0	0.4	1.0	2.0
2007 年	21.4	41.6	16.8	0.0	3.0	0.3	0.1	0.4	1.2	2.4
2008 年	20.7	57.1	23.9	0.0	6.3	0.2	0.2	0.2	1.6	2.8
2009 年	67.9	29.5	46.8	1.9	6.3	26.9	3.8	1.2	1.9	2.6
2010 年	42.8	49.9	78.9	1.0	6.4	11.3	2.5	1.0	1.8	2.9
2011 年	94.2	55.4	94.3	2.8	7.9	14.3	6.8	6.2	2.4	3.6
2012 年	130.5	57.0	41.8	0.1	4.6	11.4	4.9	2.4	2.8	2.0
2013 年	60.0	43.7	57.5	24.5	3.5	1.0	5.8	4.3	3.3	2.6

续表

HS \ 年份	7113	2710	7102	7108	1006	7114	8517	8905	6109	5407
2014 年	63.4	63.7	24.9	24.3	4.1	0.2	2.8	5.9	4.0	2.7
2015 年	42.4	38.0	23.4	52.8	5.6	0.1	1.4	6.1	6.5	2.9
2016 年	62.9	35.1	21.7	43.0	6.4	1.7	2.0	7.9	6.8	2.2
2017 年	56.4	43.2	22.5	22.7	5.1	0.7	1.1	11.7	5.8	1.4
2018 年	77.0	63.6	14.1	0.0	5.1	0.0	7.4	9.3	3.7	1.0
2019 年	82.7	57.5	14.0	0.1	3.5	0.0	19.4	7.5	4.3	1.2
2020 年	22.8	32.7	9.4	0.0	3.9	0.0	11.0	4.2	3.2	0.8
合计	891.4	720.5	540.9	173.4	75.4	71.0	69.6	69.5	53.8	42.7

印度对阿拉伯联合酋长国主要出口商品中,高价格商品和稻谷、大米总体呈现波动增长的趋势,且与国际市场经济波动关联性较弱,贵金属及其首饰、钻石、金、稻谷及大米的出口峰值分别出现在 2012 年、2011 年、2015 年和 2011 年;成品油出口受 2008 年、2014 年国际市场经济形势变化影响,呈现周期性波动的态势,近年虽有所反弹,但 2020 年大幅降至 32.7 亿美元,同比下降 43.1%。

3. 主要进口商品为高价值商品和油气商品

2001—2020 年,印度对阿拉伯联合酋长国进口总值排名前五位的商品有原油、钻石、金、石油气、成品油,上述商品进口值合计占同期印度自阿拉伯联合酋长国进口总值的 80.9%(表 2-83)。

从 2006 年开始,印度与阿拉伯联合酋长国油气贸易稳步发展,2008 年全球经济危机后迎来爆发式增长,2012 年印度自阿拉伯联合酋长国原油进口值达到 129.7 亿美元的峰值;受国际油价下跌影响,油气资源进口经过短暂下滑后快速反弹,2019 年自阿拉伯联合酋长国进口石油气和成品油同时达到峰值。2001—2020 年,印度自阿拉伯联合酋长国进口钻石和金总体呈现冲高回落的态势。在 2010 年和 2012 年分别达到进口峰值后,钻石和金的进口大幅回落,至 2020 年分别进口 41.4 亿美元和 21.3 亿美元,比进口峰值分别下降了 67.5% 和 73.6%。

表 2-83　2001—2020 年印度自阿拉伯联合酋长国主要进口商品统计表

单位:亿美元

HS 年份	2709	7102	7108	2711	2710	7113	7204	3901	7408	2521
2001 年	—	2.4	2.3	0.0	—	0.0	0.4	0.0	—	0.1
2002 年	—	3.4	1.4	0.2	—	0.0	0.4	0.2	0.0	0.1
2003 年	—	5.5	4.6	0.8	—	0.0	0.7	0.2	0.0	0.1
2004 年	—	12.7	16.9	1.6	—	0.1	1.1	0.3	0.0	0.3
2005 年	—	23.9	13.5	2.2	—	0.1	1.2	0.5	0.0	0.2
2006 年	28.2	7.2	15.9	2.4	6.6	0.2	1.4	0.8	0.0	0.2
2007 年	49.5	11.5	23.4	3.1	10.7	0.2	1.9	0.8	0.0	0.4
2008 年	99.7	21.9	35.2	3.2	9.7	0.2	3.4	1.1	0.0	0.5
2009 年	50.3	47.1	47.4	2.6	6.0	2.2	1.9	1.2	0.3	0.2
2010 年	72.8	127.3	72.8	5.7	7.6	0.2	2.7	1.2	0.6	0.5
2011 年	108.2	93.3	94.8	12.6	10.9	1.1	4.2	1.2	1.1	0.9
2012 年	129.7	49.8	95.8	13.2	10.5	41.3	4.7	2.0	1.2	1.5
2013 年	120.5	63.3	73.5	13.1	6.4	4.7	4.0	1.5	2.8	1.8
2014 年	116.8	41.4	35.7	19.5	6.0	4.4	4.6	2.3	2.9	2.2
2015 年	62.5	36.4	37.9	10.5	9.9	0.6	3.7	3.9	2.5	1.9
2016 年	56.3	42.6	26.0	11.7	10.5	0.4	2.6	4.1	2.8	2.1
2017 年	65.6	51.1	41.0	13.9	11.5	0.4	3.1	4.6	3.9	2.7
2018 年	90.2	49.3	22.0	19.6	14.5	1.5	5.4	5.2	5.6	3.4
2019 年	97.5	51.9	33.2	25.1	19.8	1.2	5.2	4.3	4.4	3.5
2020 年	78.2	41.4	25.3	25.1	11.6	0.7	3.4	4.0	2.7	3.1
合计	1 225.9	783.4	718.5	186.0	152.1	59.7	56.2	39.2	30.9	25.7

四、印度对上合组织其他成员国进出口发展情况

（一）印度对上合组织其他成员国进出口贸易发展情况

印度对上合组织其他成员国的进出口贸易,以印度和巴基斯坦 2017 年正式加入上合组织为界,分为两个阶段,包括 2001—2016 年加入上合组织之前波动增长和增长有所停滞阶段,以及 2017—2020 年飞速发展到有所回落阶段(图 2-42)。

图 2-42　2001—2020 年印度对上合组织其他成员国进出口值及增速统计图

2001—2011 年,受金融危机影响,2009 年进口值小幅回落,但印度对上合组织其他成员国的进出口贸易值总体保持逐年快速增长,2011 年贸易值达到 787 亿美元;此后直到 2016 年,印度对上合组织其他成员国贸易值增速明显减缓;2017 年,印度作为正式成员国加入上合组织,当年对上合组织其他成员国的进出口值大增 28.3%,占同期印度进出口总值的 13.3%;2018 年,印度与上合组织其他成员国的进出口值达到 1 036.7 亿美元的历史峰值;之后进出口值连续两年小幅下降,2020 年,印度对上合组织其他成员国进出口值为 884.6 亿美元,同比下降 9.9%。

（二）出口以矿产品、棉花及其制品为主

印度对上合组织其他成员国出口值前五位的商品为铁矿砂[①]、铜及铜合

[①] HS 编码 2601,具体品名为"铁矿砂及其精矿,包括焙烧黄铁矿"。

金、棉花、成品油、棉纱线，上述商品出口值合计占同期印度对上合组织其他成员国出口总值的 40.7％（表 2-84）。

表 2-84　2001—2020 年印度对上合组织其他成员国主要出口商品统计表

单位：亿美元

年份 HS	2601	7403	5201	2710	5205	2902	3004	2516	7202	1515
2001 年	1.9	0.0	—	0.0	0.6	0.0	1.0	0.5	0.0	0.1
2002 年	3.4	0.2	—	0.0	0.5	0.0	0.9	0.6	0.0	0.1
2003 年	5.1	0.2	0.1	0.7	0.4	0.4	1.2	0.8	0.0	0.2
2004 年	17.5	0.4	0.3	0.1	0.5	0.1	1.6	1.1	0.3	0.3
2005 年	36.5	1.0	1.7	0.2	0.5	0.1	2.5	1.1	0.9	0.3
2006 年	32.7	3.8	5.8	0.6	0.8	1.8	2.8	1.4	0.8	0.5
2007 年	41.2	4.1	8.6	1.0	0.9	2.2	2.7	2.2	1.7	0.6
2008 年	52.7	1.2	6.8	1.5	1.1	1.3	3.4	2.4	1.6	0.7
2009 年	44.2	3.9	5.0	0.5	1.3	1.2	3.1	2.2	3.1	1.6
2010 年	57.4	36.2	17.7	3.2	3.5	3.1	3.6	2.6	6.5	2.2
2011 年	38.1	18.3	23.6	14.3	4.2	3.0	6.1	3.8	3.0	2.9
2012 年	21.6	21.9	26.1	3.2	9.8	3.6	5.8	4.8	3.2	3.2
2013 年	12.8	19.4	27.7	7.0	20.2	3.5	7.5	5.3	3.4	3.4
2014 年	4.8	20.9	12.5	15.7	15.2	3.2	5.7	5.0	1.5	2.4
2015 年	1.0	12.5	2.9	5.5	16.6	2.8	4.7	4.1	1.4	2.7
2016 年	9.6	6.2	2.3	7.0	10.1	1.4	4.3	3.7	1.8	2.5
2017 年	13.5	13.6	4.0	9.9	12.3	9.3	5.4	4.5	4.3	4.0
2018 年	9.5	6.2	8.1	30.9	13.9	19.7	5.8	4.4	3.4	3.9
2019 年	18.1	2.4	3.4	20.4	8.6	19.1	6.4	4.2	3.9	3.8
2020 年	33.8	4.6	4.6	11.9	5.7	10.7	7.1	4.6	3.0	3.9
合计	455.4	177.1	161.1	133.7	126.6	86.7	81.6	59.4	43.7	39.7

印度对上合组织其他成员国出口铁矿砂、铜及铜合金呈现出先震荡增长再波动下降的趋势。2001—2010 年，铁矿砂、铜及铜合金的出口值快速增长，并在 2010 年同时达到 57.4 亿美元、36.2 亿美元的峰值；之后出口值大幅下滑；

2017 年印度正式成为上合组织成员国,两类商品出口值有所回升,分别为 13.5 亿美元、13.6 亿美元;2019—2020 年,印度对上合组织其他成员国出口铁矿砂与其他商品相比逆势增长,2020 年,铁矿砂出口值同比增长 86.6％,铜及铜合金增长 90 ％。印度棉花及棉纱线对上合组织其他成员国的出口值先增后减,在 2013 年双双达到 27.7 亿美元和 20.2 亿美元历史峰值后,印度对上合组织其他成员国棉花、棉纱线出口值近几年震荡下降。

(三) 进口以机电产品为主

印度对上合组织其他成员国进口值前五位的主要商品为电话机,自动数据处理设备[①],肥料,热电子管、极管,无线电广播、电视发送设备,上述商品进口值合计占同期印度自上合组织其他成员国进口总值的 21.5％(表 2-85)。

印度自上合组织其他成员国进口第一位的商品为电话机,随着印度经济的快速发展,对电话机的需求也不断增加。2007 年,印度自上合组织其他成员国的电话机进口贸易额首次突破 10 亿美元,达到 14.1 亿美元;受金融危机影响,2008 年印度自上合组织其他成员国电话机进口值降至 5.3 亿美元;2009 年电话机进口值大幅增至 52.5 亿美元,进口规模快速扩大;2017 年印度自上合组织其他成员国电话机进口规模跃上新的台阶,进口值首次突破 140 亿美元,达到 146.6 亿美元的峰值;之后震荡下降,但仍保持 50 亿美元以上的进口规模。2001—2020 年,印度自上合组织其他成员国自动数据处理设备进口值震荡上升;肥料进口值呈现冲高回落、大幅波动趋势。

---

① HS 编码 8471,具体品名为"自动数据处理设备及其部件;其他品目未列名的磁性或光学阅读机、将数据以代码形式转录到数据记录媒体的机器及处理这些数据的机器"。

表 2-85 2001—2020 年印度自上合组织其他成员国主要进口商品统计表

单位:亿美元

HS 年份	8517	8471	3105	8541	8525	2709	8542	7102	2941	3102
2001 年	0.2	0.7	0.2	0.1	0.1	0.0	0.1	0.1	0.7	0.2
2002 年	0.8	0.8	0.3	0.1	2.0	0.0	0.2	0.1	1.2	0.1
2003 年	0.7	1.5	0.5	0.2	5.1	0.0	0.2	0.0	1.5	0.1
2004 年	1.1	3.0	0.1	0.2	8.4	0.0	0.3	0.1	1.5	0.1
2005 年	1.7	6.0	1.0	0.4	11.7	0.0	0.5	0.1	2.6	0.5
2006 年	2.5	9.5	1.8	0.6	19.0	0.8	0.6	0.3	3.7	0.8
2007 年	14.1	9.5	3.1	0.6	26.9	1.8	0.8	0.6	5.7	6.6
2008 年	5.3	14.2	12.1	0.9	26.9	2.6	0.3	0.8	5.7	7.2
2009 年	52.5	9.5	6.3	1.9	1.8	5.6	3.3	6.3	5.3	1.9
2010 年	65.4	14.6	13.1	2.0	2.2	4.3	1.5	4.0	7.1	5.2
2011 年	61.1	18.0	25.1	6.5	2.2	4.7	3.2	6.2	6.5	5.2
2012 年	58.5	24.5	17.2	5.2	3.2	5.7	3.4	6.9	6.7	11.8
2013 年	68.4	29.7	9.7	9.6	2.7	4.2	3.6	7.3	7.5	12.8
2014 年	86.9	27.7	10.7	7.2	2.5	9.6	3.8	7.6	8.5	16.4
2015 年	104.8	31.7	21.8	18.2	3.2	3.7	4.7	9.1	8.4	16.9
2016 年	104.5	27.8	11.4	28.6	2.8	2.2	4.9	18.6	8.1	5.9
2017 年	146.6	35.2	9.3	41.5	5.0	22.7	5.9	32.3	8.8	3.6
2018 年	95.5	32.4	16.5	24.8	6.4	16.9	23.9	14.2	11.2	2.6
2019 年	56.6	33.5	12.8	20.1	7.7	29.5	35.9	5.2	10.8	11.3
2020 年	57.9	37.7	10.6	14.2	6.7	21.8	29.2	5.7	11.3	10.1
合计	984.9	367.6	183.7	183.1	146.6	136.0	126.4	125.5	122.7	119.2

第三篇

中国对上合组织其他成员国贸易发展

中国与上合组织其他成员国位置毗邻,资源禀赋和产业结构各具特色,经贸领域高度互补,在贸易发展上有着得天独厚的优势。上合组织成立 20 年来,成员国贸易往来日益密切,中国对上合组织其他成员国外贸进出口总值由 2001 年的 121.5 亿美元增长至 2020 年的 2 453.2 亿美元,增长了 19.2 倍,年均增幅为 17.1%,比同期中国外贸整体增速高 4.8 个百分点。

一、上合组织成立 20 年来中国对上合组织其他成员国贸易发展历程

　　上合组织成立 20 年以来,中国对上合组织其他成员国双边贸易额和占中国外贸比重均震荡攀升,整体可分为三个阶段:2001—2008 年的快速发展期、2009—2016 年的震荡上升期和 2017 年至今的巩固提升期(图 3-1)。

图 3-1　2001—2020 年中国对上合组织其他成员国进出口值及增速统计图

(一) 快速发展期

　　2001 年既是上合组织成立之年,又是中国加入世贸组织元年。伴随中国成功"入世",对外开放水平进一步提高。2003 年 9 月,上合组织六国共同签署

了《上海合作组织成员国多边经贸合作纲要》，明确了 2020 年前区域经济合作"三步走"的发展目标，为中国对上合组织其他成员国外贸高速发展提供动力，外贸进出口总值从 2001 年的 121.5 亿美元迅速增长至 2008 年的 869 亿美元，较 2001 年增长 615.4%，年均增长率为 32.5%，比同期中国整体外贸年均增长率高 6.5 个百分点。期间，对上合组织其他成员国进出口占中国外贸的比重由组织成立之初的 2.38% 上升至 2008 年的 3.39%。

（二）震荡上升期

2008 年金融危机在全球范围蔓延，上合成员国因经济基础薄弱，社会动荡加剧，受到的冲击尤为严重。全球经济衰退引发的外部需求不足和国内制造业下滑带来的原材料需求减弱共同影响中国对上合组织其他成员国外贸发展。2009 年，中国对上合组织其他成员国进出口 615.4 亿美元，增速由 2008 年的增长 28.7% 逆转为 2009 年的下降 29.2%，其中，进口值、出口值分别下降 39.1% 和 12.2%。为应对金融危机，全球各国纷纷采取经济刺激政策，短暂刺激了货物需求，加之 2009 年基数较低，2010、2011 年，中国对上合组织其他成员国进出口连续两年高速增长，分别增长 36.7%、34.9%，进出口总值回到经济危机前水平并首次突破千亿美元，达 1 134.5 亿美元。2012—2015 年，随着中国出口导向型经济增长模式的逐步改变，叠加上合组织成员国内部经济出现普遍衰退，中国对上合组织其他成员国进出口增速逐年下滑，进出口年度增速分别为 9.1%、4.6%、0.2% 和 −29.1%。虽然 2016 年进出口 937.6 亿美元，增长 1.9%，但仍未回到 2014 年进出口 1 298.1 亿美元的高点，比 2009 年增长 52.3%，年均增速为 6.2%。中国对上合组织其他成员国进出口占中国外贸比重从 2009 年的 2.79% 逐步回升至 2012 年的 3.2%，此后逐年下滑至 2015 年的 2.33%，最终恢复至 2016 年的 2.54%。

（三）巩固提升期

2017 年，印度和巴基斯坦正式成为上合组织成员国，成员国数目扩大至八个，中国对上合组织其他成员国进出口占中国外贸的比重也由扩员前的

2.54%增长至5.3%。同时,成员国国内经济也出现复苏,助推外贸快速增长。2017年和2018年,中国对上合组织其他成员国进出口值分别为2 176.3亿美元和2 549.9亿美元。2019年进出口值小幅攀升至2 589.6亿美元,增长1.6%。受新冠肺炎疫情影响,2020年全球经济出现普遍衰退,上合组织成员国也受到严重影响,中国对上合组织其他成员国进出口2 453.2亿美元,下降5.3%,为上合组织扩员后年度进出口的首次下降。

二、中国对上合组织其他成员国贸易进出口的基本特点

(一)上合组织扩员后贸易顺差大幅提高

上合组织成立之初,中国对上合组织其他成员国出口值远低于自上合组织其他成员国进口值,2001年出口31.7亿美元,进口89.8亿美元,贸易逆差58.1亿美元。随后中国强大的制造业优势逐渐显现,2001—2008年出口年均增速达到50.3%,比进口年均增速高出30.3个百分点,贸易逆差快速缩小。其中,2006年,中国对上合组织其他成员国进出口贸易由逆差转为顺差,当年实现贸易顺差15.5亿美元。2008年达到228.4亿美元贸易顺差的阶段性高位。其中,出口548.7亿美元,比2001年增长16.3倍;进口320.3亿美元,比2001年增长了256.9%。

2009年中国对上合组织其他成员国出口334.3亿美元,下降39.1%,创上合组织成立20年来最大降幅;进口281.1亿美元,下降12.2%;贸易顺差53.2亿美元。2010年,进出口贸易有所回升,贸易顺差扩大至71.4亿美元。接下来5年里,进、出口增速都有所下降,贸易差值大幅波动。先是于2011年出现0.4亿美元贸易逆差,之后逐年回升。2014年贸易顺差237.4亿美元,为上合组织扩员前的历史最大贸易顺差。2015年和2016年贸易顺差分别为110.2亿美元和162.2亿美元。

上合组织扩员以来,中国对上合组织其他成员国进出口值再创新高,但增速趋缓。2017—2019年,分别出口1 500.7亿美元、1 638.6亿美元和1 663.7

亿美元,增速分别为 14.9%、17.2% 和 1.5%;同期,分别进口 675.5 亿美元、911.3 亿美元和 925.9 亿美元,增速分别为 28.8%、9.2% 和 1.6%。贸易顺差波动下滑,从 2017 年的 825.2 亿美元降至 2019 年的 737.8 亿美元。2020 年,受新冠肺炎疫情影响,进出口值均出现下滑。其中,出口值为 1 533.1 亿美元,下降 7.9%;进口值为 920.1 亿美元,下降 0.6%;贸易顺差 613 亿美元(图 3-2)。

图 3-2　2001—2020 年中国对上合组织其他成员国进出口值及贸易差额统计图

(二)一般贸易保持主导地位,边境小额贸易占比逐步萎缩

上合组织成立以来,一般贸易在中国对上合组织其他成员国进出口贸易中始终占据主导地位,占比由 2003 年的 51.5% 逐渐提升至 2020 年的 72.9%。边境小额贸易进出口值总体冲高回落,占比逐渐萎缩,由 2003 年的 30.9% 下降至 2020 年的 5.8%。加工贸易占比始终保持在 10% 左右,最高为 2016 年的 13.3%,最低为 2020 年的 9.6%。此外,随着海关特殊监管区域功能不断完善,保税物流占比从 2003 年的 3.3% 提升至 2020 年 7.5%。

2003—2008 年,一般贸易和边境小额贸易是中国对上合组织其他成员国进出口的主要贸易方式,各主要贸易方式进出口值均保持快速增长。2003 年,一般贸易进出口值为 101.8 亿美元,增长 51.3%,占 51.5%;边境小额贸易进出口值为 61 亿美元,增长 92%,占 30.9%;加工贸易进出口值为 21.8 亿美元,增长 60.7%,占 11.1%。截至 2008 年,一般贸易、边境小额贸易和加工贸易占比分别保持在50%、25%和10%以上,年均增长率分别为24%、22.7%和24.6%,三者合计占进出口总值比重超90%。

2009年,受全球经济危机的冲击,各主要贸易方式进出口值均出现下降。其中,一般贸易进出口值为346.5亿美元,下降24.4%;边境小额贸易进出口值为147亿美元,下降42.6%;加工贸易进出口值为61.7亿美元,下降39.5%;此外,保税物流逆势增长,进出口值为35.6亿美元,增长10.8%,占比由2008年的3.7%骤增至2009年的5.8%。2009—2016年,一般贸易与边境小额贸易占比此消彼长。其中,一般贸易占比总体保持上升趋势,从2009年的56.3%增长至2015年的62.4%,为上合组织扩员前的最高水平,2016年下降至59.8%;边境小额贸易占比震荡下滑,从2009年的23.9%下降至2015年的16%,为上合组织扩员前的最低水平,2016年小幅上升至16.7%。加工贸易占比基本保持在10%以上,其中2013年占9.7%,为上合组织扩员前的最低水平,在此之后连续4年持续回升,2016年占13.3%,为历史最高水平。保税物流进出口值先升后降,从2009年的35.6亿美元逐年增长至2012年的97.7亿美元,达到上合组织扩员前的最高值,此后持续下降至2016年的63.6亿美元,占比由上一阶段的不足5%上升至6%以上。

随着2017年印度和巴基斯坦的加入,一般贸易占比进一步扩大。受新冠肺炎疫情影响,2020年,一般贸易进出口1 787.5亿美元,下降4.1%,比2003年增长16.6倍,年均增幅为18.4%,占比从2017年的66.4%增长至72.9%。同期,边境小额贸易、加工贸易和保税物流分别进出口141.7亿美元、236.3亿美元和182.9亿美元,分别下降23%、下降10.2%和增长10.7%,比2003年增长132.3%、981.6%和26.7倍,年均增幅分别为5.1%、15%和21.6%。边境小额贸易和加工贸易占比持续萎缩,分别从2017年的8.9%和13.2%下降至2020年的5.8%和9.6%;保税物流占比持续增长,从2017年的5.9%增长至2020年的7.5%(图3-3)。

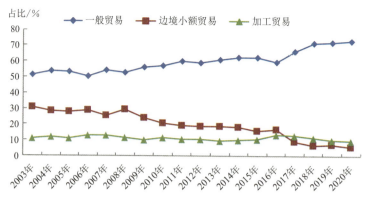

图 3-3 2001—2020 年中国对上合组织其他成员国主要贸易方式进出口值占比统计图

（三）由国有企业"一枝独秀"到各类主体"多轮驱动"，民营企业快速发展，逐步占据主导地位

上合组织成立之初，国有企业在对上合组织其他成员国贸易中占主导地位，占比在 50% 以上。随着中国对外开放水平的不断提升，国有企业占比逐渐下降。2005 年，国有企业进出口 162.4 亿美元，占当年对上合组织其他成员国进出口总值的 43%，首次落后于民营企业 45.1% 的占比。到 2008 年，民营企业占比首次超 50%，比国有企业高出 17 个百分点。此外，外资企业占比也由上合组织成立之初的 11.9% 逐步提高至 2008 年的 14.6%。

受金融危机影响，2009 年民营企业进出口 306.8 亿美元，下降 30.9%，创上合组织成立 20 年来的历史最高降幅，占比也下滑至 49.8%，同年，国有企业和外资企业进出口值虽均有下滑，但下降幅度比民营企业分别低 4.6 和 1.4 个百分点，占比也分别扩大至 35.4% 和 14.5%。此后，国有企业和外资企业占比上升、民营企业占比下降的趋势持续至 2011 年，2011 年民营企业、国有企业和外资企业占比分别为 44.5%、39.2% 和 16.3%。2012 年开始，民营企业再一次激发活力，进出口值占比持续增加。2014 年，民营企业进出口 661 亿美元，创上合组织扩员前最高水平，增长 8.2%，占比 50.9%，再次处于主导地位。尽管 2015 年外贸值下滑给各类企业主体均带来冲击，民营企业凭借其较强的抵御外部风险、适应外贸形势的能力,优势地位得到进一步巩固。2016 年,民营企业进出口 515.4 亿美元,增长 7.1%,占比扩大至 55%。

上合组织扩员后,民营企业进出口值继续保持快速增长,从 2017 年的 1 191.2 亿美元增长至 2019 年的 1 441.1 亿美元,占比从 2017 年的 54.7% 上升至 2019 年的 55.6%。同期,国有企业进出口值增长至 696.6 亿美元,外资企业进出口值增长至 440.6 亿美元。受新冠肺炎疫情的影响,2020 年民营企业进出口 1 397 亿美元,下降 3.1%,比 2003 年增长 19.7 倍,年均增幅为 19.5%,比同期中国对上合组织其他成员国年均进出口增幅高 3.5 个百分点;国有企业进出口 614 亿美元,下降 11.9%,比 2003 年增长 484.2%,年均增幅为 10.9%;外资企业进出口 434.2 亿美元,下降 1.4%,比 2003 年增长 17.4 倍,年均增幅为 18.7%。2017—2020 年,国有企业占比分别为 24.9%、27.6%、26.9% 和 25%;同期,外资企业占比分别为 20.2%、18.8%、17% 和 17.7%(图 3-4)。

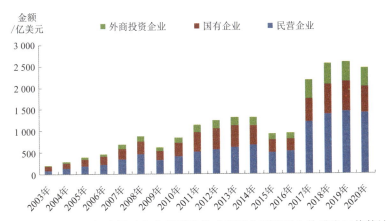

图 3-4　2003—2020 年中国对上合组织其他成员国主要贸易主体进出口值统计图

(四)水路运输占据主导地位,铁路运输近年来加速发展

上合组织成立之初,中国对上合组织其他成员国的进出口主要通过水路运输的方式。2003 年,通过水路运输方式进出口 77.2 亿美元,增长 35.8%,占 39.1%。通过铁路运输、公路运输和航空运输方式分别进出口 69.3 亿美元、

30.3 亿美元和 20.5 亿美元,分别增长 97.5%、189.1% 和 22.5%。随着中国与上合组织其他成员国间进出口加速发展,水路、铁路和公路三种运输方式为中国对上合组织其他成员国进出口的主要运输方式。2004—2008 年,通过上述三种运输方式进出口值合计占中国对上合组织其他成员国进出口总值的比例均超 90%。

2009—2016 年,在水路运输进出口占比持续提高的同时,公路运输和铁路运输占比有所下滑。出口方面,水路运输和公路运输分别约占中国对上合组织其他成员国出口总值的 40% 和 30%,铁路运输约占 15%,航空运输占比保持在 10% 以下。进口方面,随着中国与上合组织其他成员国在能源领域合作日益密切,多条油气输送管道投入运营,叠加能源价格走高,2006 年起,通过其他运输方式(主要为管道运输)进口快速发展。2011—2014 年,其他运输方式的进口值连续 4 年超过 200 亿美元,在同期中国自上合组织其他成员国进口中占比保持在 1/3 以上。中国自上合组织其他成员国进口的运输方式也从以水路运输和铁路运输为主发展为水路运输、铁路运输和其他运输(管道运输)三足鼎立的格局。

上合组织扩员后,由于中国对印度和巴基斯坦的进出口以水路运输方式为主,水路运输占比从 2016 年的 44.8% 快速扩大至 2017 年的 60.3%。此后,水路运输、公路运输和其他运输方式进出口值均冲高回落,航空运输方式进出口值波动上升,铁路运输方式进出口值保持持续增长。2020 年通过水路运输方式进出口 1 461.5 亿美元,下降 2.6%,占 59.6%,比 2003 年增长 17.9 倍,年均增长 18.9%;铁路运输方式进出口 357.7 亿美元,增长 26.3%,占 14.6%,比 2003 年增长 415.9%,年均增长 10.1%;公路运输方式进出口 217.6 亿美元,下降 36.5%,占 8.9%,比 2003 年增长 618%,年均增长 12.3%;航空运输方式进出口 248.6 亿美元,增长 8.7%,占 10.1%,比 2003 年增长 11.1 倍,年均增长 15.8%(图 3-5)。

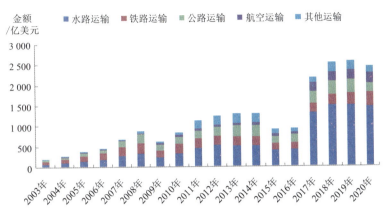

图 3-5　2003—2020 年中国对上合组织其他成员国主要运输方式进出口值统计图

（五）西部地区在与上合组织其他成员国贸易发展过程中起到重要作用

"入世"之初,作为中国对外贸易的主要力量,东部地区[①]在对上合组织其他成员国进出口中占据主导地位。2003 年和 2004 年,东部地区进出口值分别为 113.9 亿美元和 157.6 亿美元,占比分别为 57.7％和 58.4％。同期,西部地区[②]占比 23.1％和 22.8％。随着国家西部大开发战略的实施,借助地缘优势,西部地区成为中国与上合组织其他成员国间贸易发展快速增长的主要动力。2008 年,西部地区对上合组织其他成员国进出口 245.7 亿美元,比 2003 年增长 438.2％,年均增长率为 40％,比同期全国平均增速高 5.5 个百分点,占比从 2003 年的 23.1％增长至 2008 年的 28.3％。就省、自治区、直辖市而言,2008 年对上合组织其他成员国进出口值排名前三的分别为新疆、北京和黑龙江,分别进出口 194.5 亿美元、163.4 亿美元和 114.3 亿美元,较 2003 年分别增长 528.1％、279.7％和 286.5％,2004—2008 年年均增长率分别为 14.4％、13.1％和 13.1％。

---

① 地区范围包括北京市、天津市、河北省、上海市、江苏省、浙江省、福建省、山东省、广东省和海南省。

② 地区范围包括内蒙古自治区、广西壮族自治区、重庆市、四川省、贵州省、云南省、西藏自治区、陕西省、甘肃省、青海省、宁夏回族自治区和新疆维吾尔自治区。

受金融危机的负面影响,2009 年起,西部地区对上合组织其他成员国外贸发展增速放缓,占中国对上合组织其他成员国进出口总值的比重从 2009 年的 27.3% 下滑至 2012 年的 19.6%,此后至 2016 年基本维持在 20% 左右。东部地区进出口占比波动上升,从 2008 年的 52.4% 上涨到 2016 年的 60.3%。就省、自治区、直辖市而言,2016 年,北京、新疆和黑龙江分别进出口 143.7 亿美元、133 亿美元和 92.9 亿美元,比 2008 年分别下降 12.1%、31.6% 和 18.7%。同期,东部地区中,浙江、山东和江苏分别进出口 94.6 亿美元、90.6 亿美元和 53.7 亿美元,比 2008 年分别增长 69.8%、73.6% 和 39.2%。

随着印度和巴基斯坦正式成为上合组织成员国,中国东部地区对上合组织其他成员国进出口占比进一步扩大,由 2003 年的不足 60% 提高至 2020 年的超 70%,进一步巩固了主导地位。2020 年,对上合组织其他成员国进出口排名前五的省、自治区、直辖市均来自东部地区,其中浙江、广东、北京、山东和江苏分别进出口 345.9 亿美元、329.7 亿美元、257.8 亿美元、231.1 亿美元和 230.2 亿美元(图 3-6)。

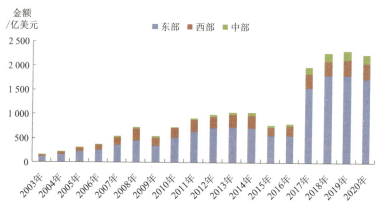

图 3-6　2003—2020 年中国对上合组织其他成员国主要区域进出口值统计图

(六) 出口商品日趋多元,机电产品逐渐占据主导地位

上合组织成立之初,中国与上合组织其他成员国间外贸规模较小,对上合组织其他成员国出口以纺织服装、鞋靴等劳动密集型商品和家用电器、计算

机及零部件等机电产品为主。随着中国产业结构的转型升级,制造业高速发展,对上合组织其他成员国出口商品种类不断丰富,工业制成品牢牢占据主导地位。

2003 年,中国对上合组织其他成员国出口劳动密集型产品 46.6 亿美元,占同期中国对上合组织其他成员国出口总值的 58.1%,其中,纺织服装和鞋靴分别出口 34.7 亿美元和 9.1 亿美元;出口机电产品 16.8 亿美元,占 20.9%,其中计算机及零部件和家用电器分别出口 2.5 亿美元和 1.4 亿美元。随着国内产业升级,出口劳动密集型产品和机电产品占比此消彼长。2011 年,出口劳动密集型产品 211.1 亿美元,增长 13%,占 37.2%;同期,出口机电产品 242.4 亿美元,增长 35.9%,占 42.8%。出口机电产品占比首次超过出口劳动密集型产品,成为中国对上合组织其他成员国主要出口商品。随着上合组织扩员,2017 年中国对上合组织其他成员国出口机电产品 785 亿美元,增长 18.1%,占比首次超 50%,达到 52.3%,占主导地位。2020 年,中国对上合组织其他成员国出口机电产品 857.3 亿美元,下降 0.5%,占 55.9%;出口劳动密集型产品 310.2 亿美元,下降 19%,占 20.2%(图 3-7)。

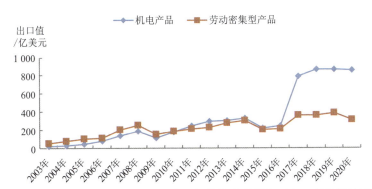

图 3-7　2003—2020 年中国对上合组织其他成员国主要出口商品统计图

(七) 进口商品逐渐向大宗资源型商品转变

上合组织成立之初,中国自上合组织其他成员国进口种类较多,包含原油、原木等原材料,钢材、化肥等中间品,以及机电产品等制成品。随着中国经济快速发展,国内制造业在全球地位稳步提高,对工业原材料的需求大幅攀升,进口逐渐以原油、金属矿、原木等大宗资源型商品为主,互补性的商品结构逐步形成。

2003 年,中国自上合组织其他成员国进口钢材、原油和机电产品分别为 17.5 亿美元、13.2 亿美元和 12.6 亿美元,分别占中国自上合组织其他成员国进口总值的 14.9%、11.2% 和 10.7%。此后,钢材、机电产品等商品的进口占比逐渐下滑,能源产品、金属矿及矿砂、木及木制品和农产品等大宗资源性商品成为中国自上合组织其他成员国进口的主要商品。2012 年,中国自上合组织其他成员国进口包括原油、煤炭和天然气在内的能源产品占比首次超过 50%,其中原油、煤炭和天然气分别进口 292 亿美元、24 亿美元和 4 亿美元,合计占中国自上合组织其他成员国进口总值的 53.2%。随着印度、巴基斯坦正式成为上合组织成员,中国自上合组织其他成员国进口大宗资源性商品比例进一步提高。2020 年,原油、金属矿及矿砂、农产品、未锻轧铜及铜材、天然气和木及木制品分别进口 288.1 亿美元、100 亿美元、76.6 亿美元、59.7 亿美元、43.5 亿美元和 37.3 亿美元,合计占中国自上合组织其他成员国进口总值的 65.8%(图 3-8)。

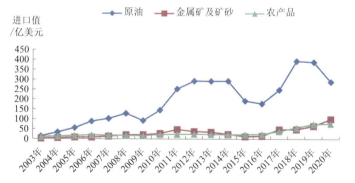

图 3-8 2003—2020 年中国自上合组织其他成员国主要进口商品统计图

三、中国对上合组织其他成员国贸易发展面临的挑战

2017 年上合组织吸纳印度与巴基斯坦为新成员,消化扩员效应,进一步巩

固和提升贸易发展质量成为上合组织面临的新挑战。尽管近年来上合组织成员国经济合作的范围、规模和深度等都在不断拓展,但组织框架内经贸合作成效仍有提升空间。具体而言,上合组织多边经济合作的潜力还未充分发挥,经贸合作领域签署的协议也需进一步落到实处,事关上合组织发展的重大项目,如上合组织开发银行、上合组织自贸区建设的推进速度有待提高。

(一) 各国经济发展程度不同影响合作水平的提升

上合组织成员国内部经济发展和开放程度状况差异较大,导致成员国对组织内贸易发展的认知和利益诉求存在一定差异。中国作为上合组织的发起国、成员国之一,始终坚持睦邻友好的合作理念,在"上海精神"的指导下,积极促进与邻国之间的友好往来,采取平等协商、和平解决争端的方式建立全新的安全合作模式,并通过"一带一路"建设和"命运共同体"的打造,扩大合作领域,加强经贸往来,带动沿线经济共同繁荣。中亚国家矿藏丰富,经济结构相对单一,但基础不够牢固、抵御风险能力有待加强。基于这一特点,其往往将优化自身经济结构,降低外部风险作为经济发展的优先目标。俄罗斯和印度都希望大力发展国内制造业,以进一步提升在全球产业布局中的国际竞争力。在充分协调和解决成员国经济发展诉求差异之前,上合组织在建立长期战略性区域经济合作机制上仍将面临挑战。

(二) 产业合作领域不平衡形成贸易结构不均衡

作为全球制造业规模最大的国家、提供产能的成员国,从贸易结构看,中国对上合组织其他成员国出口以机电产品和劳动密集型产品为主,自上合组织其他成员国进口以原油、农产品、铁矿砂、铜和天然气为主。贸易结构特点充分体现出中国与上合国家经济的互补性,中国与上合国家产业合作也往往集中在能源、资源领域。近年来,随着各国经济持续发展,双边贸易质量稳步提升,中国与各成员国贸易结构逐渐优化,机电产品和高新技术产品的比重不断提高。然而,在上合国家国内制造业基础相对薄弱的背景下,中国与上合组织其他成员国贸易往来容易受到大宗商品价格、国际结算货币流动性等外部因素的影响,产生较大的波动。此外,随着上合组织成员国国内产业结构的提升和完善,双边贸易发展也面临产业竞争和贸易摩擦的挑战。

(三) 其他区域经济组织对上合组织经济合作发展产生对冲

当今世界各国均高度重视经济全球化和区域经济一体化建设。上合组织成立之初就将区域经济合作列为上合组织发展的三大支柱之一。"一带一路"倡议提出后,上合组织成为落实"一带一路"倡议、对接该倡议同欧亚地区其他一体化进程的最佳平台。但目前俄罗斯主导的欧亚经济联盟、独联体经济联盟,印度主导的南亚区域合作联盟,以及上合组织成员国、观察员国和对话伙伴国参与的黑海经济合作组织等区域经济组织都具有各自的经济合作侧重点。上合组织成员国参与多个区域经济组织会产生交织不同的利益诉求,其对上合组织进一步协调内部国家利益诉求和经济政策,提升组织内经济合作水平可能产生一定对冲作用。

四、中国对上合组织其他成员国贸易发展前景展望

(一) "一带一路" 倡议获得上合组织其他成员国积极回应

上合组织成员国很大程度上将"一带一路"倡议视为本国和区域发展的巨大机遇,并努力将自身发展规划与"一带一路"倡议相对接,由此使上合组织的发展与"一带一路"建设呈现协同发展的良好态势。中国与上合组织其他成员国共建"丝绸之路经济带"主要围绕有效实现发展对接这一主线展开,并以"政策沟通、设施联通、贸易畅通、资金融通、民心相通"作为重点合作领域和优先建设内容,在此基础上致力于实现"丝绸之路经济带"与中亚既有的区域合作机制特别是欧亚经济联盟的全面衔接。从合作的整体效果来看,上合组织成员国在构建利益共同体层面取得了有目共睹的成就,合作成果涉及多领域和多层次,呈现出逐步走向区域大合作的发展态势。通过 20 年的共同努力,成员国之间初步形成了利益交融与合作共赢的格局,进而促使上合组织从较为松散的利益共同体转变为更为紧密的利益共同体。

（二）中国与上合组织其他成员国深化合作具备良好机遇

上合组织成员国之间共同利益的涵盖领域十分广泛，在农业、能源、交通运输等各领域，成员国均存在共同利益的交汇点。

1. 农业领域存在重大合作机遇

农业是上合组织各成员国国民经济发展的重要基础，"一带一路"倡议提出之前，农业领域已经成为上合组织成员国扩大与实现共同利益的主要领域，成员国对于解决国内饥饿和贫困问题、保障粮食安全和提升国民营养水平具有共同的强烈愿望。从2006年起，上合组织将成员国之间的农业合作从一般合作提升到优先合作级别。自2010年上合组织首届农业部长会议签署《成员国政府间农业合作协定》以来，成员国之间的农业合作进入务实合作的阶段。2017年，中国农业部、发改委、商务部和外交部联合发布的《共同推进"一带一路"建设农业合作的愿景与行动》指出："开展农业合作是沿线国家的共同诉求。"上合组织成员国不仅是"一带一路"沿线国家，而且有相当部分国家位于"丝绸之路经济带"建设的核心区域，更有上合组织作为较为成熟的合作平台，因此，深化成员国之间的农业合作为构建上合组织命运共同体开辟了新领域。2018年，成员国签署了《上海合作组织粮食安全合作纲要》，将保障粮食安全置于成员国农业合作的优先地位，粮食安全合作成为上合组织成员国发展农业合作的主要推动力量。2001年以来，中国与上合组织其他成员国的农产品贸易总额波动式增长，从2001年的8.97亿美元增长至2020年的103.6亿美元，上合组织其他成员国在中国农产品对外贸易总额中占比相应地从3.24%上升至4.2%。中国与上合组织其他成员国之间农业贸易总额展现出较为强劲的发展活力，同时也具备非常大的发展潜力。

2. 能源领域存在重大合作机遇

上合组织成员国中，俄罗斯、哈萨克斯坦和乌兹别克斯坦是重要的油气出口国，吉尔吉斯斯坦和塔吉克斯坦两国具有较为丰富的水电资源，而中国、印度和巴基斯坦是对能源需求量越来越大的消费国家。基于成员国之间资源禀赋差异及能源供求格局,上合组织在油气上游勘探与开发投资、油气管道建设与运营、石油天然气和成品油贸易、电力贸易和电网联通等具有广阔的合作潜力。随着成员国政府对能源管控力度的增强,上合组织成员国政府主导的区域能源合作逐渐取代了欧美在俄罗斯、中亚地区的能源主导地位,并促使成员国之间形成了相互依赖的能源供求格局,带动了各国能源贸易途径更加多元化。除石油、天然气和煤炭等传统能源的需求有一定增长外,水电、核电、风电、太阳能等清洁或可再生能源已成为上合组织成员国大力发展的领域,并呈现快速增长的势头。在此背景下,清洁能源和可再生能源是上合组织成员国能源合作的新增长点,具有较大的合作潜力。

3. 交通基础设施互联互通存在重大合作机遇

上合组织成立之初,成员国对于推动在上合组织区域实现国际道路运输便利化及实现地区互联互通就表现出较为强烈的愿望。2019 年,成员国政府总理批准通过了《上合组织成员国铁路部门协作构想》,制定了上合组织框架内铁路运输领域的合作计划,该计划成为上合组织成员国融入国际供应链和提升交通运输及物流领域的增值服务的最重要机制。随着"一带一路"建设的持续深入推进,上合组织框架内交通基础设施建设领域的合作呈现快速增长的势头,包括公路运输、铁路运输、航空运输、管道运输以及物流基地等在内的跨国交通运输系统日益向多元化和立体化的方向发展。2018 年 2 月,乌兹别克斯坦 - 吉尔吉斯斯坦 - 中国运输走廊正式运营,该国际公路从中国新疆喀什到乌兹别克斯坦首都塔什干,全长 950 多千米。受益于中吉乌运输走廊,2018 年中乌双边贸易额达 62.6 亿美元,比上年增长 48.4%。当前各国发展国际交通运输合作的意愿逐步增强,将上合组织地区打造成为互联互通国际合作的典范具备较为有利的国内和国际环境。

第一章
中国对俄罗斯进出口贸易发展情况

    中国与俄罗斯位置毗邻,资源禀赋、产业结构各具特色,经济贸易结构互补性强,贸易发展前景广阔。俄罗斯的前身苏联,是最早同中国建立外交关系的国家。1990年,中苏双边贸易额达到43.79亿美元,苏联为中国第五大贸易伙伴。20世纪90年代,中国与俄罗斯共同确认俄罗斯继承苏联同中国的外交关系。1992年12月,中俄签署联合声明,将两国关系提升到"互相视为友好国家"的新阶段。得益于外交关系进一步发展,双边贸易实现稳定增长,贸易规模保持在50亿美元以上。2000年以来,中俄两国政治互信不断巩固加深,确定起长期发展睦邻友好与平等信任的双边关系;经贸合作日益频繁,形成了优势互补、利益交融、互利互惠的贸易格局。2019年,两国关系进一步提升为新时代全面战略协作伙伴关系。愈加巩固的政治外交关系为深化经贸合作提供了重要保障,中俄贸易规模呈现梯次扩大的总体趋势。2001—2020年,中俄贸易占中国对外贸易总值的比重从1.7%提升至2.1%;俄罗斯在中国主要伙伴中的位次保持在第八至十一位,2020年为中国第十大贸易伙伴。随着双方在互相尊重、互利共赢的基础上进一步加深政治、外交、文化、金融等领域的合作,双边贸易必将再上新台阶。

一、上海合作组织成立 20 年来中国对俄罗斯进出口发展历程

中国对俄罗斯进出口的发展历程大致可分为以下三个阶段(图 3-9)。

图 3-9　2001—2020 年中国对俄罗斯进出口值及增速统计图

(一) 2001—2008 年:快速扩张阶段

2001 年,俄罗斯经济进入恢复增长期,国民生产总值保持 6％以上的高增长,国内市场日渐活跃,对外贸商品需求增强;同时,金融秩序恢复,支付能力增强,与中国贸易发展进入快车道。2001 年中俄贸易首次突破百亿大关,达到 106.7 亿美元。此后,中俄经贸合作继续保持快速发展的良好态势,双边贸易额于 2004 年突破 200 亿美元。根据中国人民银行和俄罗斯中央银行 2002 年签订的《关于边境地区银行间贸易结算》,中俄两国从 2005 年 1 月 1 日起正式启动中俄边境贸易用卢布和人民币结算,中俄边境贸易结算更加方便,推动中国对俄贸易进入快速扩张阶段。2008 年,中国对俄罗斯进出口值为 569.1 亿美元,首次突破 500 亿美元。2003—2008 年,中国对俄罗斯进出口年均增幅达 29.7％,其中,2007 年进出口增长 44.4％,为对俄贸易增长最快的一年。

(二) 2009—2014 年,经济复苏阶段

受 2008 年国际金融危机影响,2009 年俄罗斯国内生产总值下降约 8.5％,中国对俄罗斯进出口值大幅下降 31.9％。2010—2012 年,俄罗斯国内经济明

显复苏,中国对俄贸易规模快速回升,先是在 2010 年重新突破 500 亿美元,又于 2011 年和 2012 年分别达到 792.7 亿美元和 882.1 亿美元,进出口值年均增速达到 31.5%。其中,2010 年和 2011 年进出口增速分别为 43.3% 和 42.7%,分别居 20 年来中俄外贸增速的第二和第三位。之后受全球经济转向低迷的影响,中俄贸易增速放缓,2014 年中国对俄罗斯进出口 952.7 亿美元,增长 6.7%,2010—2014 年年均增速为 19.7%。

(三) 2015—2020 年:结构调整阶段

2014—2015 年,货币危机严重冲击了俄罗斯经济,2015 年俄罗斯国内生产总值较上年萎缩 3.7%。始于 2014 年的这场危机导致了俄罗斯为期 3 年的经济衰退,2014—2016 年,俄实际 GDP 分别下降 10.16%、33.79% 和 6.36%。受此影响,2015 年中俄贸易额大幅下滑,进出口总值 680.2 亿美元,下降 28.6%。这一局面在 2017 年得到了扭转,当年中俄贸易快速增长 21%,贸易规模增至 842.2 亿美元;2018 年继续保持高增长态势,中俄双边贸易额首次突破 1 000 亿美元,达到 1 071.1 亿美元,同比增长 27.2%。2019 年中俄贸易继续保持增长态势,中俄贸易额继续扩大。尽管 2020 年新冠肺炎疫情给全球产业链、供应链造成一定冲击,但中俄贸易表现出较高的韧性,进出口值小幅下降 2.6%,保持在 1 000 亿美元以上。

二、中国对俄罗斯进出口基本特点

基于近年来中俄关系的不断发展,中俄双边贸易在进出口贸易均衡性、贸易方式、企业性质、商品种类等方面都发生了极大的变化。贸易更加均衡,一般贸易保持主导地位,贸易方式呈多样化发展,民营企业主体活力不断增强,出口结构不断优化,机电产品比重增加,进口能源类商品占比逐渐提高,农产品成为两国贸易新的增长点,中俄贸易逐渐向纵深发展。

(一) 以贸易逆差为主,贸易差额顺逆多次转换

2006 年以前,中国在中俄贸易中一直处于贸易逆差地位。俄罗斯对中国出口商品大多为重工业、能源等高价值商品,中国对俄罗斯出口以低价值的轻工制品为主,商品价值的差异造成中国长期处于逆差地位。近年来,随着中国制造业结构不断升级,对俄罗斯出口商品价值逐步提升,贸易逆差逐渐收窄,机电产品取代劳动密集型产品,成为中国对俄罗斯出口的主要商品。2007 年中俄贸易差值首次由逆转顺,除了 2009 年、2011 年和 2012 年以外,贸易顺差持续保持到 2017 年,2018 年之后中俄大力开展能源合作,中国自俄罗斯进口原油、天然气、铁矿、煤炭等资源型产品明显增长,拉高中国自俄罗斯进口总值,贸易差值再次转顺为逆(图 3-10)。

图 3-10　2001—2020 年中国对俄罗斯进出口值及贸易差额统计图

(二) 一般贸易占主导,边境小额贸易占比明显下降

一般贸易长期占据中国对俄罗斯贸易主导地位,随着两国关税减让范围不断扩大,双边合作不断深入,自 2001 年以来一般贸易占比一直震荡上扬,从 2002 年的 56.4% 上涨到 2020 年的 74.3%,规模增长近 12 倍,年均增速达14.8%。中俄两国拥有 4 374 千米漫长的边界线,自 20 世纪 80 年代两国关系

正常化以来,中俄边境地方合作得到快速发展,边境小额贸易是两国经贸合作的重要组成部分。2002年,中俄边境小额贸易进出口占中俄贸易的26.6%。随着两国合作的不断深入,边境贸易的表现形式更加多样。边境小额贸易占比不断下滑,到2020年边境小额贸易占比较2003年下滑18.4个百分点;保税物流进出口则快速增长,从2003年的8.2亿美元增长到2020年的111.1亿美元,占比从3.9%明显增长到10.3%。中国对俄贸易中加工贸易占比较为稳定,保持在8%～15%,波动幅度不大(图3-11)。

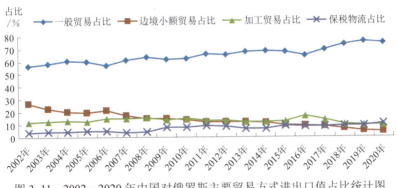

图3-11　2002—2020年中国对俄罗斯主要贸易方式进出口值占比统计图

(三) 国有企业和民营企业此消彼长,外商投资企业小幅波动

上合组织成立20年来,中国对俄贸易经营主体由国有企业"一枝独秀"发展为民营企业占据"半壁江山",外贸主体实现多元化发展。上合组织成立初期,受改革开放初期计划经济的影响,国有企业在对外贸易中仍处于支配地位,2003年,国有企业占53.4%。但随着民营企业外贸经营门槛的降低,民营企业所占比重震荡走高,2006年超越国有企业成为中俄贸易最大经营主体,并延续至今。2020年民营企业进出口占比达52.1%,较2003年占比增长31.4个百分点。外商投资企业占比从2002年的12.9%持续小幅波动增长到2011年的21.2%,之后呈小幅波动下滑趋势,但始终保持在10%以上,到2020年外商投资企业进出口占比为15.5%(图3-12)。

图 3-12　2002—2020 年中国对俄罗斯主要贸易主体进出口值统计图

（四）水路运输为两国贸易主力, 其他运输快速增长助力中俄贸易发展

中俄之间的物流通道已覆盖水、陆、空各个领域, 其中, 水路运输为中俄贸易最主要运输方式。2002 年起, 中俄水路运输贸易额波动上扬, 到 2020 年贸易规模增长超 10 倍, 2003—2020 年年均增速为 14.1%, 占比波动提升, 从 2003 年的 47.4% 增长到 2020 年的 56.5%。与此同时, 中俄漫长的边境线促进了铁路运输和公路运输的发展, 2002 年中俄铁路运输、航空运输和公路运输分别占比 29.4%、14% 和 8.8%。但受铁路运输基础设施老化、两国铁轨轨距不同、单向载货等因素的影响, 铁路运输占比持续下降, 到 2014 年降到 9.6% 的历史最低比重。但随着中欧班列的不断发展, 铁路运输占比有所回升, 维持在 11%～12% 的水平。2020 年, 由于新冠肺炎疫情影响, 铁路运输占比有所回升, 达到 15.4%。中国境内与俄罗斯通航的机场并不多, 且运费高昂, 航空运输所占比重一度降到 3.3%, 从 2010 年以后占比在 6%～9% 不断波动。随着中俄石油管道和天然气管道的开通, 中俄贸易其他运输方式进出口快速增长, 2011 年中俄贸易其他运输方式进出口 115.2 亿美元, 增速达 2 065.5%, 占比由 2010 年的 1% 跃升至 14.5%。之后, 其他运输贸易规模虽然有所波动, 但占比一直维持在 10% 以上（图 3-13）。

图 3-13　2002—2020 年中国对俄罗斯主要运输方式进出口值统计图

（五）东部地区为进出口主力

东部地区作为中国对外贸易的主要力量,在对俄贸易中占据绝对主导地位,占比超 60%。上合组织成立之初,北京、黑龙江、广东为中国对俄贸易主要省市,2002 年比重分别为 29.8%、19.6% 和 10.2%。黑龙江是中国与俄罗斯边境线最长的省,中国(黑龙江)自由贸易试验区是全国唯一以对俄合作为主题的国家级新区,在中俄经贸合作中起到"窗口"作用,黑龙江对俄贸易在全国长期处于领跑地位。北京、黑龙江长年保持对俄贸易第一、第二地位,2011 年北京被黑龙江超越,2015—2017 年北京重回第一地位,2018 年黑龙江再次超越北京。广东占比常年保持稳定在 8%~11%,山东和浙江的比重逐渐上升,到 2020 年占比分别为 12.7% 和 12%（图 3-14）。

图 3-14　2002—2020 年中国对俄罗斯主要省市进出口值统计图

（六）出口商品结构持续优化，机电产品所占比重大幅提高

1. 劳动密集型产品比重持续下降

上合组织成立初期，以纺织服装、鞋类为代表的劳动密集型产品为中国对俄罗斯出口主力，2002 年中国对俄罗斯出口纺织服装、鞋类、箱包等传统劳动密集型产品占同期对俄罗斯出口总值的 60.3%。机电产品、农产品也是中国对俄罗斯出口的主要产品，分别占 16.8% 和 13.3%。出口以低级产品为主，高新技术产品仅占出口总值的 4.2%，产品附加值较低。近 20 年来劳动密集型产品所占比重波动下降，于 2011 年降至 28.4% 的低点后略有回升，2016 年起再次持续下滑，到 2020 年占比仅为 23.9%。

2. 机电产品比重波动上扬，出口商品结构明显改善

"入世"后，随着中国经济结构和产业结构调整步伐加快以及近年来"中国制造 2025"规划的实施，国内制造业升级态势明显，国产机电产品的出口竞争力进一步增强，机电产品在出口规模不断扩大的同时，占比也快速提高。2020 年，中国对俄罗斯出口机电产品 292.5 亿元，所占比重为 57.9%，较 2003 年占比提升 36.9 个百分点。其中，手机、计算机及其零部件、家用电器、汽车零配件和电工器材分别出口 31.6 亿美元、30.6 亿美元、20.6 亿美元、17.6 亿美元和 16.7 亿美元，占机电产品出口总值的 40%。此外，中国对俄罗斯出口高新技术产品 112.1 亿美元，占 22.2%（图 3-15）。

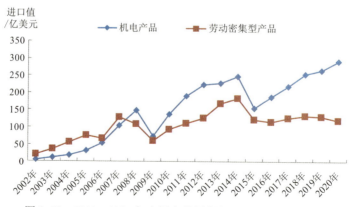

图 3-15　2002—2020 年中国自俄罗斯主要出口商品统计图

（七）原油等能源产品进口持续走高，农产品成为贸易新增长点

1．机电产品进口比重明显下降

改革开放初期，中国工业科技起步较低，亟须通过引进设备提升制造业水平，对机电产品的进口需求旺盛。上合组织成立初期，机电产品是中国自俄罗斯主要进口商品。2002年中国自俄罗斯进口机电产品16.9亿美元，占20.2％。随着国内制造业体系逐步完善，产业转型升级速度加快，机电产品进口需求趋于弱化，机电产品所占比重呈现震荡下降的趋势。至2020年，中国自俄罗斯进口机电产品5.4亿美元，所占比重仅为0.9％，较2002年最高点下降19.2个百分点。

2．资源型产品占比逐渐增长

作为全球最大的能源消费国，中国与主要能源出口国俄罗斯长期互补。俄罗斯能源资源丰富，石油产量长期高居世界之首，天然气探明储量位列世界第一，占据世界25％的份额，原油、天然气、煤炭、矿砂等为中国自俄罗斯进口主要产品。俄罗斯油气储量丰富，但自身需求有限，石油大多出口。上合组织成立初期，俄罗斯原油主要出口欧洲，对中国出口较少。2003年中国自俄罗斯进口原油11亿美元，仅占中国原油进口总值的5.6％。2008—2014年，国际油价大幅下跌，俄罗斯国内的经济形势出现变化，欧盟对俄罗斯需求减少。为了多元化发展市场，摆脱对欧美的依赖，俄罗斯能源出口开始转向中国、印度等新兴市场。中国自俄罗斯进口原油震荡攀升，2018年达到历史最高的381.2亿美元，占比达64.5％。2020年，自俄罗斯进口原油占中国原油进口总值的15.7％，俄罗斯为中国第一大原油供应国。在多个中俄天然气合作项目的助力下，俄罗斯对中国的天然气供应量也在不断上升。自2017年起，中国自俄罗斯进口天然气连续4年倍增，2020年自俄罗斯进口天然气占中国天然气进口总值的比重达7％。据中新网6月17日数据，自2019年12月中俄东线天然气管道"西伯利亚力量"正式投产通气到2021年5月，俄罗斯累计已向中国出口12.7亿立方米天然气。

3．农产品成为中俄贸易新的增长点

近年来,中国大力推动俄罗斯农产品市场准入,扩大水产品、食用油、肉类和大豆等俄罗斯资源优势突出且中国消费需求旺盛产品的进口。随着中俄双方不断加强沟通,打通贸易堵点,2019 年和 2020 年俄罗斯乳制品和牛肉分别获准输华。随着农产品市场不断扩大开放,俄罗斯对中国出口畜产品大幅增加,促进两国农产品贸易额持续稳定增长。2020 年中国自俄罗斯进口农产品达 40.7 亿美元,创历史新高,增长 13.6%（图 3-16）。

图 3-16　2002—2020 年中国自俄罗斯主要进口商品统计图

三、中国对俄罗斯贸易发展存在的挑战

（一）两国贸易规模偏小,经贸合作潜力巨大

中国对俄罗斯进出口贸易占中国贸易总值的比重较小,2020 年仅为 2.6%。俄罗斯为中国第十大贸易伙伴,虽然贸易规模超过了 1 000 亿美元,但距中国对东盟 6 846 亿美元、中国对欧盟 6 495.3 亿美元和中美 5 867.2 亿美元的贸易值还有较大差距。中俄贸易规模仍然偏小,与两国的经贸合作潜力和良好的政治关系相比反差较大。

（二）贸易结构有较大改善,但仍较单一

一是主要贸易主体结构单一。目前,中俄经贸合作的特点是政府主导、大

项目带动,国有企业长期为中国自俄罗斯进口主力,2020年有53%的进口都是由国有企业承担的。这种合作模式比较适宜推进大型基础设施建设、涉及国家安全的大型合作项目,如能源、航空航天项目等,但也存在一定局限性,尤其不适宜市场经济环境下发展的加工制造业、创新型产业、服务业等领域的合作。而出口则恰好相反,民营企业占对俄出口2/3以上的份额,其开拓精神以及灵活的经营机制决定了它们能够在对俄贸易中抢得先机,但其资金实力薄弱、深度开发能力差、生产经营基本处于单打独斗阶段的弱点也决定了现阶段的中俄双方贸易结构比较单一。二是商品结构较单一。2020年中国出口到俄罗斯的产品以机电产品为主,电机、电气设备、手机、电脑、家电、汽车零配件等机电产品合计占57.9%,较2003年增长41.2个百分点;而纺织品、服装、鞋类等劳动密集型产品出口占23.9%,较2003年占比减少36.4个百分点。2020年中国自俄罗斯进口的商品中,原油、天然气、煤炭等能源型产品占据了绝对主力地位,占比达56.2%。中俄贸易结构有所改善,但商品仍较为单一。

(三)中俄两国市场开发程度较低,诸多行业存在贸易壁垒

2008年国际金融危机爆发以来,贸易保护主义开始在全球抬头,各国通过设置高关税壁垒等来保护本国产业。俄罗斯政府为保护国内薄弱产业,增强本国产品的竞争力,设置了多种关税壁垒。2008年以来,俄罗斯政府先后对汽车、联合收割机、轧钢管材、电视机、船用发电机、蒸汽锅炉发电辅助设备、机械锅炉、桥式起重机、森工机械设备等机电产品进口征收临时性高关税。同时,俄罗斯对铁路装备领域、工程承包及建筑领域、电力及电网领域、大型机电成套设备和电子产品等设置了较高的技术壁垒。这些措施无形中增加了中俄双边贸易的难度。

四、中国对俄罗斯贸易发展前景展望

(一)在能源合作领域取得新发展

一直以来,能源合作都是中俄贸易发展的核心内容。自"一带一路"倡议

与欧亚经济联盟建设对接以来,中俄两国在各领域的合作有了长足的进步与发展。在这一良好基础下,两国应抓住机会、务实合作、拓展合作空间。中俄两国的能源合作应从原有的基础产品合作扩展到更高层次,应从上游油气田勘探开发、中游油气管道建设和下游油气产品精炼等三方面全面展开。中俄开展自上而下的全方位合作,有利于双方形成利益相连的共同体,促进双方共同发展。

(二)与欧业经济联盟对接开展更深层次合作

俄罗斯在"丝绸之路经济带"上处于极其重要的核心位置,是"丝绸之路经济带"与欧亚经济联盟对接的重要桥梁。欧亚经济联盟与跨欧亚"一带一路"倡议的对接合作,标志着中国与欧亚经济联盟成员国的经贸合作从项目带动上升到制度引领的新高度,为中俄贸易关系的深化发展提供了基础及平台,并且是欧亚经济一体化和欧亚经济共同发展、合作共赢的重要推手。2018 年,中国与欧亚经济联盟已经正式签署经贸合作协定,在未来对接过程中,中俄双方应充分利用合作对接这一便利,促进两国经贸关系的深入发展,为双方企业和人民带来实惠。"丝绸之路经济带"与欧亚经济联盟的成功对接,也将继续推动中俄经贸合作的深化发展。在"一带一路"倡议下,推进中国与俄罗斯的双边经贸合作是跨国区域经济群体化发展的重要措施。

(三)积极发展物流合作

经济全球化和区域经济一体化是当前世界经济发展的大势,随着"一带一路"倡议的深化和发展,中俄两国尤其是邻近地区的全方位合作已成为扩大和发展双方合作的前提和基础。从贸易便利化的角度看,随着"一带一路"倡议的推进与落实,中国与俄罗斯的通关流程,包括合同、物流、报关、审批、报告等各个方面不断简化,从而达到了加快速度的效果。物流合作存在的问题也是阻碍双方当前贸易扩大的重要因素,中俄应加速推进贸易基础设施的共同建设,为中俄贸易往来创造良好的软性条件。在贸易便利化提高和贸易环境改善的基础上,中国与俄罗斯的贸易往来将会进一步提升,双方的贸易潜能将会被更大化地开发。

（四）发掘农产品发展潜力

近年来,俄罗斯方面已获准向中国出口禽肉、牛肉、牛奶和奶制品。根据俄罗斯联邦农业部农产品出口发展中心的评估结果,俄罗斯生产的食用油、肉类、鱼类产品对中国出口具有进一步增长的潜力,此外,乳制品、糖类、糖果制品、谷物类、豆类和细磨产品等对中国出口前景广阔。2019年6月,两国元首见证了大豆合作规划的签署。此外,中俄还签署了冷冻禽肉双向出口议定书、俄产大麦油籽输华检疫议定书。

（五）加快自由贸易区建设,搭建更好的贸易平台

设置自由贸易区一直是世界各国促进本国与他国贸易的重要措施。在自由贸易区内,贸易和投资比世贸组织的规定更加优惠,外国商品可豁免关税自由进出。中国应充分利用已建成的自由贸易区,并且加快其他自由贸易区的建设步伐,完善自由贸易区内的各项制度和政策,吸引更多外商前往自由贸易区落户和投资。中俄两国可在充分利用自由贸易区的条件下,进一步深化合作,实现互利共赢。

第二章
中国对哈萨克斯坦进出口贸易发展情况

　　哈萨克斯坦是世界上最大的内陆国家,地处亚洲中部,与中国西部地区相邻,是中亚经济发展最快、政治局势比较稳定、社会秩序相对良好的国家。哈萨克斯坦自然资源丰富,有着"能源和原材料基地"之称,已探明矿物90多种,是油气生产和出口大国。近年来,在保持能源行业支柱地位的同时,依托丰富的自然资源和优越的地理位置,哈萨克斯坦加快发展农牧业、建筑业、交通物流、装备制造等重点产业,打造科技创新、数字经济、金融、出口导向型产业等新的经济增长点。

　　哈萨克斯坦为中国在中亚地区主要的贸易市场之一。上合组织成立20年来,虽然经历了国际金融危机的冲击和影响,但伴随着两国元首的战略引领和亲自推动,以"丝绸之路经济带"和"光明之路"新经济政策战略对接为主线,中哈经贸经历了从初期的规模小、增速快到5年规模壮大的黄金时期,再到震荡调整的新时期。2001年上合组织成立之初,中国与哈萨克斯坦贸易总值仅为12.9亿美元。经过20年的发展,中哈经贸合作关系总体势头良好,规模不断扩大,2020年两国的贸易总值达214.8亿美元,增长了15倍。哈萨克斯坦已成为中国在中亚地区的第一大贸易伙伴。

一、上合组织成立 20 年来中国对哈萨克斯坦贸易主要发展历程

中国对哈萨克斯坦进出口的发展历程大致可分为以下三个阶段（图 3-17）。

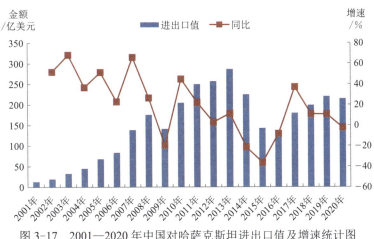

图 3-17　2001—2020 年中国对哈萨克斯坦进出口值及增速统计图

（一）2001—2008 年：快速发展阶段

中哈两国在产业结构、资源禀赋和贸易结构上存在较大的差异性和明显的互补性。2001 年上合组织成立以后，两国在各个领域，尤其是在能源、矿产、电力、铁路等大型基础设施领域开展了广泛的经贸合作，中哈双边贸易步入了快速发展阶段，双边贸易值呈不断上升态势，贸易伙伴关系日益密切。2001—2008 年，中国对哈萨克斯坦贸易值连续 7 年高速增长，同比增幅均超过 20%。其中，2003 年贸易值突破 30 亿美元，同比增长 68.4%；2007 年贸易值突破 130亿美元，同比增长 66%，创中国对哈萨克斯坦贸易最快增速。

（二）2009—2013 年：规模扩大阶段

2008 年，国际金融危机席卷全球。2009 年中国对哈萨克斯坦贸易值出现大幅下降，降幅达 19.5%，为 2001 年来首次负增长。在此期间，中国对哈萨克斯坦贸易发展步伐虽然放缓，但贸易规模仍不断扩大，在 2010 年突破了 200 亿

美元大关,成为哈萨克斯坦第二大贸易伙伴国,仅次于俄罗斯。2011年6月,双方宣布将两国关系提升为全面战略伙伴关系。2013年9月,习近平主席对哈萨克斯坦进行国事访问期间提出共同建设"丝绸之路经济带"倡议,推动了中哈加强在"一带一路"框架之下的合作交流。2013年中国与哈萨克斯坦的贸易值达到286亿美元,创历史最高水平,中国成为哈萨克斯坦第一大贸易伙伴国,贸易值较2009年的141.3亿美元增长102.4%,较2001年的12.9亿美元增长21倍,合作成效异常显著。

(三)2014—2020年:震荡调整阶段

2014年开始,受国际经济形势和大宗商品价格波动影响,中哈贸易值连续3年快速下滑,下降幅度分别为21.5%、36.4%和8.3%。2014年中国重回哈萨克斯坦第二大贸易伙伴的位置。2017—2019年中哈贸易值止跌反弹,连续3年实现两位数增幅的增长。中哈两国人均GDP较2001年分别增长8倍和6倍,均高于同期世界人均GDP 1.8倍的增幅,区域经济合作成就有目共睹,极大地提升了上合组织的国际影响力和吸引力。2019年,中哈双边贸易值为220亿美元,自2015年以来首次重回200亿美元大关。2020年,哈萨克斯坦对中国贸易值占哈贸易总值的18.1%,中国成为哈萨克斯坦的第一大出口目的国和第二大进口来源国。

二、对哈贸易进出口的基本特点

(一)贸易差值交替转换,近期连续7年保持顺差

上合组织成立初期,由于两国产业结构和贸易结构差异较大,中国对哈萨克斯坦一直处于贸易逆差。2005年开始,这一局面得到改善,中国对哈贸易由逆差转为顺差,至2009年连续5年保持顺差状态。2010—2013年,由于自哈萨克斯坦进口贸易值猛增至100亿美元以上,中国对哈贸易重新回归逆差状态,其中2011年贸易逆差更是达到创纪录的58.3亿美元,是2001年的近10倍。

2014年开始,中国自哈萨克斯坦进口值直降3年,后虽有回升,但均维持在100亿美元以下,中国对哈贸易连续7年保持顺差状态。2017年,中哈外贸顺差达到历史最高值51.9亿美元,此后,外贸顺差逐渐收窄,2020年降至19.3亿美元(图3-18)。

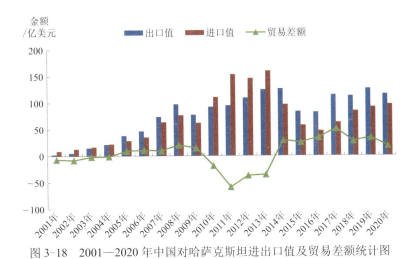

图3-18　2001—2020年中国对哈萨克斯坦进出口值及贸易差额统计图

(二) 一般贸易与边境小额贸易为主要贸易方式

上合组织成立初期,受进出口商品结构影响,边境小额贸易占据中国对哈萨克斯坦进出口贸易的主流,其中2003年占比达到71.6%,为比重最高的一年。之后一般贸易比重逐渐增加,2007年首次超越边境小额贸易,成为最主要的贸易方式。2008年,边境小额贸易再次超过一般贸易,重回主导地位。2008年11月起,边境贸易进口关税和环节税减半征收政策停止执行,自2009年起边境小额贸易退居次要地位,在2015年这一比重下滑至30.2%,较2003年下降41.3个百分点。与此同时,随着中国制造业竞争力持续增强,企业外贸进出口的自主性不断提升,推动一般贸易自2009年起稳居中国对哈萨克斯坦的主导地位,比重提升至50%上下,并维持至今(图3-19)。

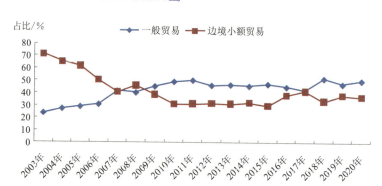

图 3-19 2003—2020 年中国对哈萨克斯坦主要贸易方式进出口值占比统计图

（三）民营企业后来居上,国有企业占比有所回落

2003—2013 年,除 2004、2005 年外,国有企业在对哈外贸中均占据主体地位,占比均维持在 50% 左右。2014 年起占比震荡降低至 2020 年的 39.2%。与此同时,随着民营企业参与外贸进出口的活力不断被激发和增强,2003—2009 年,民营企业占中国对哈进出口贸易总值的比重均保持在 40% 以上。2010—2013 年,民营企业对哈进出口占比震荡走低,但均保持在 30% 以上。到 2014 年,民营企业对哈进出口达到 114.4 亿美元,占当年中国对哈进出口贸易总值的 51%,比重首次超越国有企业,成为中国对哈贸易中最大经营主体,且继续维持增长态势,连续 7 年占比在 50% 以上。2020 年民营企业对哈进出口 120.1 亿美元,贸易值达到历史最高值,占比达到 55.9%,主力军的地位更加稳固(图 3-20)。

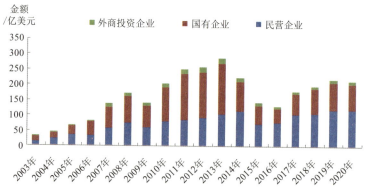

图 3-20 2003—2020 年中国对哈萨克斯坦主要贸易主体进出口值统计图

（四）铁路运输和公路运输占据主导地位

上合组织成立初期,中哈贸易往来主要靠铁路运输,2004年两国签署铁路运输合作协定,当年铁路运输进出口29.9亿美元,占66.4%,为占比最高的一年。2007年起,这一比重降至50%以下并稳定在40%左右。2020年,由于铁路运输的方式受新冠肺炎疫情影响较小,以铁路运输进出口达到历史最高133亿美元,占比提升至62%。

2003—2014年,除个别年份外,公路运输整体呈快速发展态式,2014年进出口85.2亿美元,比2003年增长664.4%,占37.9%。此后进出口值有所回落,但占比仍保持40%左右。2017年,中哈公路运输进出口反弹至81.2亿美元,超过铁路运输,占45.3%,达到最高。由于哈萨克斯坦在疫情暴发后关闭公路口岸,2020年,中哈通过公路运输进出口39.5亿美元,同比减少51.4%,比重降至18.4%。

此外,在中哈油气资源合作推动下,其他运输方式进出口从2006年的4.7亿美元到2013年的93.8亿美元,剧增19余倍,占比由5.6%提升至32.8%。受中哈原油管道主供油田产量普遍下降的影响,2014年起其他运输进出口呈断崖式下跌,直到2017年虽缓慢增长,但均维持在20亿美元以下。占比也保持较低水平,2020年占比下滑至7%,比2011年最高点降低27.6个百分点(图3-21)。

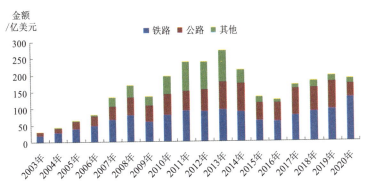

图3-21 2003—2020年中国对哈萨克斯坦主要运输方式进出口值统计图

（五）西部地区对哈贸易占比由近八成降至五成左右，新疆维吾尔自治区为对哈贸易主力军

2003 年，西部地区①对哈贸易值 26.1 亿美元，占比高达 79.4%，此后，贸易值震荡上升，占比则由近 80% 逐步下滑至 50% 左右。2010 年，西部地区对哈贸易值首次突破百亿美元，达到 109.8 亿美元，占中哈贸易总值的 53.7%。2013 年，西部地区对哈贸易值 134.2 亿美元，达到史上最高值，占比降为 46.9%。在各省、自治区、直辖市对哈贸易中，新疆维吾尔自治区始终稳居第一，对哈贸易比重由上合组织成立初期的 70% 以上逐步下滑至 50% 左右；北京、甘肃、江苏、浙江等省区市积极开展对哈合作，正逐步成为双边经贸合作新的参与力量（图 3-22）。

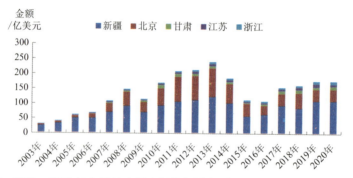

图 3-22 2003—2020 年中国对哈萨克斯坦主要省、自治区、直辖市进出口值统计图

（六）出口以劳动密集型产品和机电产品为主

上合组织成立初期，中国对哈萨克斯坦出口以纺织服装、鞋类等劳动密集型产品为主。2003 年中国对哈萨克斯坦出口劳动密集型产品达 9.8 亿美元，占当年中国对哈萨克斯坦出口总值的 64.9%，而机电产品出口仅为 3 亿美元，占 20.1%。2003—2010 年，中国对哈萨克斯坦出口值由 15.1 亿美元快速攀升

---

① 西部地区包括内蒙古自治区、广西壮族自治区、重庆市、四川省、贵州省、云南省、西藏自治区、陕西省、甘肃省、青海省、宁夏回族自治区和新疆维吾尔自治区。

至 93.2 亿美元,增长 5.2 倍。其中,劳动密集型产品由 9.8 亿美元增至 50.8 亿美元,增长 4.2 倍,所占比重稳定在 50% 以上;机电产品出口值由 3 亿美元增至 27.6 亿美元,增长 8.2 倍,占比维持在 20%～30%。2011—2020 年,中国对哈萨克斯坦出口呈现高位震荡走势,2019 年创下 127.3 亿美元的历史最高纪录。其中,劳动密集型产品在 2014 年达到 62.4 亿美元的峰值,此后震荡回升,占比降低至并维持在 50% 以下;机电产品自 2014 年连续 3 年回落,2017 年重回上升轨道,2019 年达到顶峰 48.5 亿美元,占比稳步提升并维持在 40% 左右(图 3-23)。

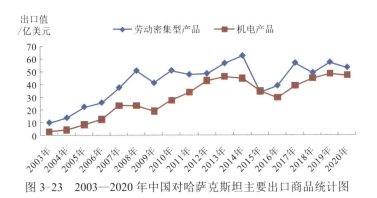

图 3-23 2003—2020 年中国对哈萨克斯坦主要出口商品统计图

(七) 进口商品以原油、未锻轧铜及铜材、金属矿及矿砂为主,天然气近年来加速增长

中哈原油管道 2004 年启动,阿塔苏－阿拉山口管道和肯基亚克－库姆科尔管道先后在 2006 年 7 月和 2009 年 10 月投入商业运营,具有 1 700 多千米的管道和 2 000 万吨的原油年输送能力。2006 年原油进口突破 10 亿美元,达到 12.7 亿美元。此后快速增长,在 2013 年达到 93.8 亿美元的峰值,占当年自哈萨克斯坦进口总值的 58.4%,占当年中国进口原油总值的 4.3%。2014—2015 年俄罗斯中止了供应哈萨克斯坦炼厂的免税原油,导致哈萨克斯坦可供出口的原油量紧张,加之国际原油价格持续走低及中哈原油管道主供油田产量普遍下降等不利因素,2014 年起自哈萨克斯坦进口原油断崖式下跌,直到 2017

年才出现恢复式增长,但占比震荡走低,2020 年占比仅为 11.8%,较 2013 年最高点降低 46.6 个百分点。

此外,未锻轧铜及铜材(以下简称"铜材")、金属矿及矿砂(以下简称"金属矿砂")也是中国自哈萨克斯坦进口的主要商品。上合组织成立初期,铜材和金属矿砂进口规模较小,分别在 2007 年和 2009 年突破 10 亿美元,此后进入稳步增长期,至 2020 年分别达到 18.3 亿美元和 20.3 亿美元的历史最高值,占比分别为 18.8% 和 20.8%。

随着 2013 年 9 月中哈天然气管道二期第一阶段竣工通气,天然气进口规模由 2013 年的 0.2 亿美元不断攀升,2017 年达到 1.8 亿美元,2018 年剧增突破 10 亿美元,2020 年为 13.7 亿美元,比 2013 年增长 68.6 倍(图 3-24)。

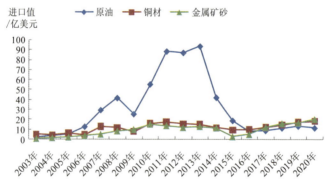

图 3-24 2003—2020 年中国自哈萨克斯坦主要进口商品统计图

三、中国与哈萨克斯坦贸易发展面临的挑战

(一) 中哈能源合作对中国能源保障具有重要意义,但尚面临多重挑战

1997 年,中石油成功中标阿克纠宾油田开发项目,拉开了中哈油气合作的大幕。中哈原油管道于 2004 年 9 月正式开工建设,并先后在 2006 年 7 月和 2009 年 10 月投入商业运营。除中哈原油管道外,中石油国际管道公司在哈运营的项目还包括中国 - 中亚天然气管道 A/B/C 线、哈南线天然气管道和哈西北原油管道。四个管道项目既立足自身特点,又注重统筹协调,将大幅提升中

哈能源通道运输能力,使中国西北能源战略通道的保障地位日益增强。根据英国石油公司(BP)数据显示,2020年,哈萨克斯坦石油和天然气开采量分别占全球开采量的2.1%和0.8%。哈萨克斯坦是中亚天然气管道和中哈原油管道双重重要之地,对中国能源保障具有特殊的意义。但近年来,中国在哈石油项目面临主力油田处于双高开发中后期产量快速递减、在哈油气项目运营成本持续上涨、新项目拓展空间不足等问题,使得中国与哈油气能源合作处于转折关键期。

(二) 中哈贸易互补性强,但商品结构仍有待优化

上合组织成立以来,中哈双边贸易值呈不断上升态势,贸易伙伴关系日益密切。中哈在产业结构、资源禀赋和贸易结构等方面存在较大的差异性和明显的互补性。一方面,中国是世界主要的能源消费国之一,而哈萨克斯坦是一个矿产资源储备巨大的国家,中国自哈萨克斯坦进口的主要产品是能源及矿产品。2018—2020年,中国自哈萨克斯坦进口金属矿砂、铜材、天然气和原油占进口总值的60%以上。另一方面,中国当前产能过剩,需要"走出去",扩大对外投资,而哈萨克斯坦面临严重的发展经济任务,需要引进外资,促进经济发展。哈萨克斯坦在实施了2010—2014年、2015—2019年两个工业化五年计划后,工业化未实现突破性增长,制造业在GDP中的占比亦未发生明显变化。哈萨克斯坦经济能否实现稳定增长最终仍要依靠工业发展。目前,中国对哈出口劳动密集型产品仍占据首位,商品结构有待进一步优化。中国在装备制造业、钢铁、化工等重工业领域具有一定优势,与哈萨克斯坦货物贸易的重点逐步转移向机电产品。

(三) 中欧班列助力中哈贸易发展,运力仍有较大提升空间

2011年3月,首趟中欧班列从重庆发出,开往德国杜伊斯堡,开启中欧班列创新发展的壮丽序章。其中,通过阿拉山口、霍尔果斯口岸出境,途经哈萨克斯坦的西线通道中欧班列,开行10年来,累计突破3.2万列,约占中欧班列开

行总量的 80%，成为中欧班列市场的绝对主力。新冠肺炎疫情期间，中欧班列凭借运时短、成本低、运能大、零接触等优势异军突起。为保障中欧班列繁重的过境需求，中哈两国各部门及时沟通、密切配合，共同提高边境口岸通关效率，大幅压缩了班列放行时间。2020 年，阿拉山口、霍尔果斯口岸进出境中欧班列近万列，创年开行数量历史新高。2020 年中哈铁路运输进出口首次突破 100 亿美元，达 133 亿美元，同比增长 37.3%。

四、中国对哈萨克斯坦贸易发展前景展望

为深化中哈经贸合作，在深化能源及矿产资源领域合作的同时，应向农业、服务贸易和制造业领域拓展，创新合作方式，提升合作水平。

(一) 扩大农业领域合作

在中国加快自由贸易区建设的大背景下，应当充分利用"一带一路"倡议为中哈两国开展农业领域合作提供的契机，释放中国与哈萨克斯坦间的农业贸易发展潜力，使农产品和农业机械贸易以及农业经济技术合作成为双边经贸合作新的增长点。据哈萨克斯坦农业部官网 2021 年 3 月 18 日消息，哈萨克斯坦新增 195 家经农业部担保获得对中国农产品出口资质的企业，主要从事大豆、苜蓿、大麦、玉米、饲料小麦粉和麦麸、亚麻籽、面粉生产加工等业务。目前哈萨克斯坦获准对中国出口农产品的企业总数已达 741 家。

(二) 大力发展服务贸易

在共建"一带一路"框架下，中哈两国将挖掘潜力，创新方式，提升合作空间。完善跨境运输协调机制，充分发挥现有基础设施的功能，实现跨境运输的便利化，提高运输质量和服务效率。通过新建和改造国际交通线路中的路段，扩大地区互联互通潜能，发展包括高铁在内的铁路交通，建设多式联运物流中心；深化金融领域合作，探讨多元化的金融服务，建立市场化融资机制与模式，探讨建立新型国际结算支付体系，力争达成合作协议；探索新型融资模式，为双

方合作项目提供更多资金支持渠道。

（三）提升制造业合作水平

中哈两国在制造业领域具有较强的互补性,除了轻纺、机电制造业以外,绿色交通工具,冶金、石化、天然气等装备设备,机械制造,电子以及农业机械方面合作前景广阔。目前中国机械出口(集团)有限公司联合安徽江淮汽车集团股份有限公司对哈萨克斯坦 Allur 集团 51％的股权完成收购,中国石油天然气集团公司与哈萨克斯坦国家油气公司成立合资公司对奇姆肯特炼厂实施对等管理,为中哈拓展制造业领域的合作树立了典范。未来,双方应继续加强技术与人员交流以带动两国的产业合作,在资金、技术、人才、市场等方面全面整合,促进中哈在高端制造业领域开展深度合作。

第三章
中国对塔吉克斯坦进出口贸易发展情况

  塔吉克斯坦是位于中亚东南部的内陆国家,西部和北部分别同乌兹别克斯坦、吉尔吉斯斯坦接壤,东邻中国新疆,南接阿富汗。截至 2021 年 3 月,塔吉克斯坦人口约为 960 万,国土面积为 14.31 万平方千米,人多地少。境内多山地,山区占总面积的 93%,适合种植棉花;有色金属资源较为丰富,但开采难度较大;交通条件较差,主要以公路交通运输为主。塔吉克斯坦经济结构较为单一,对外贸易以供应原材料为主,贸易依赖性较强。

  1992 年中塔建交以来,双边关系持续积极、健康、稳步发展,经贸合作水平不断提升。随着中国改革开放的推进与经济全球化的深入,中塔贸易不断迈上新高度,特别是上合组织成立以来,塔吉克斯坦与中国对外贸易发展成效显著。2001—2020 年,中国与塔吉克斯坦双边贸易值增长了 98 倍,中国已经成为塔吉克斯坦最主要的贸易伙伴之一。20 年间,中塔货物贸易进出口总值累计达 230.8 亿美元。中国出口到塔吉克斯坦的商品以机电产品和劳动密集型产品为主,自塔吉克斯坦进口的商品以金属矿砂和棉花为主。2020 年新冠肺炎疫情暴发对全球经济带来了巨大而持久的负面影响,中塔货物贸易也因此有所下滑,但中塔两国在上合组织框架内和"一带一路"倡议下的合作为双边关系的良性发展奠定了坚实基础,未来中塔经贸合作将焕发更多活力。

一、上合组织成立 20 年来中国对塔吉克斯坦贸易发展历程

中国对塔吉克斯坦进出口的发展历程大致可分为以下三个阶段（图3-25）。

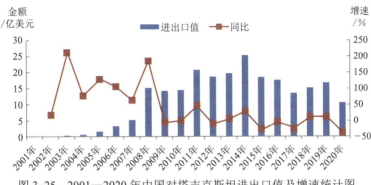

图 3-25　2001—2020 年中国对塔吉克斯坦进出口值及增速统计图

（一）2001—2006 年：快速发展阶段

2001 年 6 月，中、俄、哈、吉、塔、乌六国在上海签署《上海合作组织成立宣言》，上合组织正式成立。2003 年 9 月，成员国总理签署《上海合作组织成员国多边经贸合作纲要》，确定了该组织区域经济合作的基本目标和任务、合作的优先方向和领域。以此为标志，上合组织区域经济合作进入实质性实施阶段。在此期间，中塔贸易逐年快速发展，2003 年同比增长达 213.3%，是 2001 年以来进出口增速最快的一年。

（二）2007—2013 年：规模扩大阶段

2007 年 1 月，中塔签署《中塔睦邻友好合作条约》，中塔两国经贸发展水平逐步提高。2007 年中塔贸易值为 5.3 亿美元，2008 年首次突破 10 亿美元大关，达 15 亿美元，同比增长 185.4%。受国际金融危机的影响，2009 年中塔双边贸易值小幅下降。2011 年，中塔贸易值突破 20 亿美元，中国成为塔吉克斯坦第二大贸易伙伴和最大出口市场。2013 年 5 月，中塔建立战略伙伴关系，当年两

国贸易值为 19.6 亿美元,同比增长 5.5%。

(三) 2014—2020 年:全面发展阶段

2014 年,中塔签署《关于共同推进丝绸之路经济带建设的谅解备忘录》,塔吉克斯坦成为最早与中国签署"一带一路"合作备忘录的国家,同年中塔贸易值达到了 25.2 亿美元的历史最高值。2015 年 11 月,中国和塔吉克斯坦卡拉苏—阔勒买口岸农产品快速通关"绿色通道"开通,农产品通关时间缩短了 90%。2016 年,塔吉克斯坦确定国家发展的四大优先方向,两国在能源、基础设施、农业和产能合作四方面取得了历史性进展。2017 年 8 月,两国建立全面战略伙伴关系。得益于中塔两国领导人的战略引领和共建"一带一路",中塔双边经贸往来日益密切,两国合作逐渐规模化、系统化、制度化。

二、中国对塔吉克斯坦进出口贸易的主要特点

上合组织成立以来,中塔贸易进出口呈整体向好态势。纵观 20 年间的贸易发展历程,主要表现为以下几个特点。

(一) 贸易总体顺差, 规模阶段性波动

中国对塔贸易除 2001 年呈小规模逆差外,整体呈贸易顺差特征。上合组织成立 20 年来,中国对塔贸易顺差累计达 210.7 亿美元,占贸易总规模的 91.3%,大体可划分为四个阶段。

一是 2001—2004 年,贸易差值保持较低水平。自 2002 年起,中国对塔贸易由小规模逆差转为顺差,但在此期间,中国对塔贸易规模保持低位,贸易顺差也在 1 亿美元以下,至 2004 年,贸易顺差逐年增长至 3 819 万美元。

二是 2005—2008 年,顺差规模快速扩大。经过前期的积累,中国大量物美价廉的劳动密集型产品和机电产品出口到塔吉克斯坦;同期,中国自塔吉克斯坦进口未出现明显增长,顺差快速扩大。2005 年对塔贸易顺差为 1.3 亿美元,至 2008 年达到 14.6 亿美元,是 2005 年的 11.2 倍。

三是 2009—2014 年,顺差规模梯次扩大。2009 年中国自塔吉克斯坦进口铝 1.8 亿美元,同比增长 17.9 倍;同年,受全球金融危机影响,中国出口下降,对塔贸易顺差收窄至 10.4 亿美元。此后随着世界经济恢复和中塔经贸合作的加深,中国对塔贸易顺差梯次扩大。2014 年对塔贸易顺差达历史最高点 24.2 亿美元,是 2009 年的 2.3 倍。

四是 2015—2020 年,顺差规模总体收窄。塔吉克斯坦对俄罗斯经济依赖度很高,2015 年受美欧对俄罗斯延续经济制裁措施波及,塔吉克斯坦经济下行趋势明显,外贸形势不容乐观。从 2015 年起,中国对塔贸易顺差总体呈现收窄趋势,2020 年新冠肺炎疫情冲击下,对塔贸易顺差降至 9.7 亿美元,比 2014 年的最大值下降了 14.5 亿美元(图 3-26)。

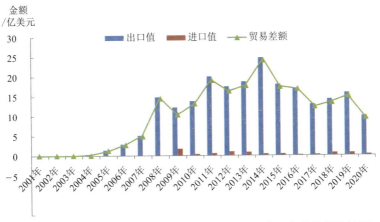

图 3-26　2001—2020 年中国对塔吉克斯坦进出口值及贸易差额统计图

(二) 初期以一般贸易为主,边境小额贸易赶超后占据主导地位,加工贸易快速下滑

上合组织成立以来,一般贸易与边境小额贸易为中国对塔吉克斯坦的最主要的贸易方式。上合组织成立初期,一般贸易为中国对塔贸易占比最大的贸易方式,加工贸易与小额边境贸易占比持平。2003—2007 年,一般贸易所占比重均超过中国对塔贸易总量的 40%,边境小额贸易占比波动较大,加工贸易所占

比重由 2003 年的 24％下降至 2004 年的不足 10％,随后低位保持稳定。

随着边境贸易便利化措施的施行,边境小额贸易规模不断扩大。除 2006 年外,2004—2008 年边境小额贸易同比均实现倍增,所占比重呈震荡上扬。到 2008 年,边境小额贸易占比超过一般贸易,达到历史高点的 72.9％,并自此占据中国对塔贸易的绝对主导地位,一般贸易所占比重转入次位(图 3-27)。

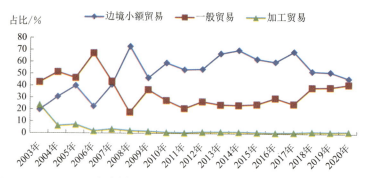

图 3-27　2003—2020 年中国对塔吉克斯坦主要贸易方式进出口值占比统计图

(三) 民营企业占据主导位置,国有企业影响趋弱

上合组织成立 20 年来,除在成立初期贸易基数较小的情况下各类企业无明显优势外,中国对塔贸易经营主体稳定为民营企业。2003—2004 年,各类企业对塔贸易值处于 1 亿美元以下。自 2005 年起,民营企业主导地位凸显,2008 年,民营企业占比超过 80％,并在 2010 年达到了 91％的最高值,此后一直维持在 80％以上。

随着中国与塔吉克斯坦能源、交通、水电等大型项目的合作深入,国有企业也有了一定程度的发展,但相较于民营企业对外贸易的增长,国有企业贸易值总体变化不大,影响呈变弱的趋势。此外,外商投资企业所占比重较小,对中塔贸易影响较小(图 3-28)。

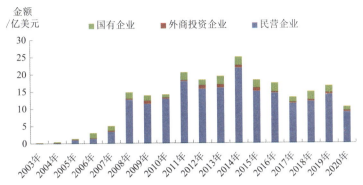

图 3-28　2003—2020 年中国对塔吉克斯坦主要贸易主体进出口值统计图

（四）中国西部地区占主导地位，东部地区先降后升，新疆远超其他地区

上合组织成立初期，中国东部地区因整体外贸较发达，为对塔贸易主力军。2003 年，中国东部地区对塔贸易占 62.8%，西部地区占 27.5%。自 2004 年起，西部地区与塔吉克斯坦地缘优势凸显，同年西部地区占比赶超东部地区，达到 48.4%。2008 年，西部地区对塔贸易首次突破 10 亿美元，占比达 83.8%。2014 年，西部地区对塔贸易首次突破 20 亿美元，为中塔贸易历史最高值，占比为 81.3%。东部地区对塔贸易占比由初期的超 60% 逐年下滑至 2008 年的 13%，此后虽偶有起伏，但整体不足 20%。近几年，由于中欧班列的开行和东部地区对塔贸易往来的不断加深，东部地区占比又呈现出上升趋势。2020 年，东部地区对塔贸易占比为 32.5%，是 2017 年东部地区占比的 2.1 倍。由于中国新疆维吾尔自治区与塔吉克斯坦接壤，具有天然的区位优势，加之具有陆路口岸的对外贸易便利条件，该地区对塔贸易占比始终远超其他省、自治区、直辖市，2004 年占比为 44.8%，2005—2020 年占比均保持在 50% 以上，其中，2008 年占比高达 83.6%（图 3-29）。

（五）初期以铁路运输为主，公路运输反超后占据主导地位至今

交通运输一直是制约塔吉克斯坦经济、贸易发展的主要因素之一。塔吉克斯坦公路、铁路基础设施建设均远落后于其他中亚国家。上合组织成立初期，

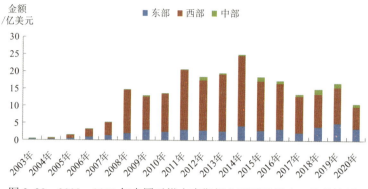

图 3-29　2003—2020 年中国对塔吉克斯坦主要区域进出口值统计图

中国和塔吉克斯坦的货物运输主要是通过铁路运输过境到乌兹别克斯坦再转运至塔吉克斯坦境内,少部分货物通过海运至伊朗再转运至塔吉克斯坦境内。2003-2006 年,中国对塔贸易中铁路运输占比保持在 60% 以上。在国际社会的帮助下,塔吉克斯坦境内交通运输基础设施逐步得到改善,特别是公路修复工程进展较快。2007 年,公路运输占比赶超铁路运输,达到 52.7%,并从此占据主导地位。2009 年 8 月,塔中公路杜尚别—丹拉加 100 千米路段修复工程开工,该路段竣工后塔中公路运输更加便利;2016 年,公路运输占比达到了历史最高点 92.4%。此外,近几年,随着中国"一带一路"倡议的实施和中欧班列的陆续开行,铁路运输占比又呈提升趋势。2020 年,铁路运输占比为 29.4%,是 2014 年的 3.7 倍(图 3-30)。

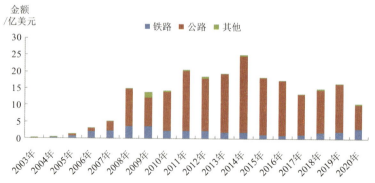

图 3-30　2003—2020 年中国对塔吉克斯坦主要运输方式进出口值统计图

(六) 出口商品以劳动密集型产品和机电产品为主

1. 劳动密集型产品出口先升后降

在上合组织经贸合作进入实际执行阶段后,2003—2011 年,中国对塔出口纺织服装、鞋类、箱包等传统劳动密集型产品占同期对塔出口总值的比重由 9.3% 快速提高到 69.7%。自 2012 年起,劳动密集型产品出口比重进入快速下降通道,到 2019 年仅占比 36.6%。2020 年受新冠肺炎疫情冲击,中国对塔劳动密集型产品出口同比减少 38.8%,占比下降至 35%。中国对塔劳动密集型产品出口比重下降,一方面是由于多年来塔吉克斯坦国内轻工业得到一定发展,部分国内需求可内部消化;另一方面是随着社会经济逐步发展,塔吉克斯坦国内商品需求更加多元化,对外贸易结构更加优化的原因所致。

2. 出口结构优化升级,机电产品占比提升

上合组织成立以来,中国加强了与塔吉克斯坦的农业合作和农业援助,塔吉克斯坦对于农机设备等机电产品需求量增加;随着中塔经贸合作的深入和塔吉克斯坦国内经济结构的改善,塔吉克斯坦工业在其国内产业占比提升,机电、高新技术等高端产品进口增加。2015 年,中国对塔出口机电产品占对塔出口贸易总值的比重提升至 43.1%。此后虽然出现小幅下滑,但总体看来机电产品占比处于稳步提升阶段(图 3-31)。

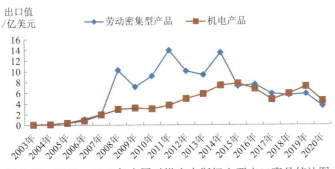

图 3-31　2003—2020 年中国对塔吉克斯坦主要出口商品统计图

（七）主要进口农产品为棉花，金属矿及矿砂需求波动增加

1. 金属矿及矿砂进口占绝对主导

塔吉克斯坦金属矿产资源丰富，种类全、储量大，开发潜力巨大。2003—2007 年，中国自塔进口金属矿及矿砂产品呈逐年增加趋势，2008—2009 年受全球金融危机影响进口量有所下降。2010 年塔吉克斯坦经济逐渐回暖，同年中国自塔进口金属矿及矿砂同比激增 363%；2011 年，中国自塔进口金属矿及矿砂占同期进口总量的比重超 90%；2012 年，进口值达 8 494.2 万美元，达历史最高点；2010—2012 年累计进口铜矿砂及其精矿 3 473.5 万美元。塔吉克斯坦政府批准的《塔吉克斯坦共和国 2015 年前经济发展规划》高度重视矿业，近几年，为吸引外资，塔吉克斯坦政府颁布了一系列优惠政策，相较于早年间，塔吉克斯坦的金属矿业也得到了一定的发展。2016—2020 年，去除 2020 年新冠肺炎疫情影响外，中国自塔进口金属矿及矿砂总体呈增长趋势，占同期进口总量的比例稳定维持在 70% 左右。

2. 棉花进口量冲高回落，合作模式优化升级

上合组织成立初期，中国自塔进口大量棉花，2003 年进口 1 218.7 万美元，占同期中国自塔进口总量的 67.7%。受产业政策调整、蝗灾和气候的影响，此后塔吉克斯坦棉花产量连续多年下滑，2007、2008 年，中国自塔进口棉花均远低于 100 万美元，2009 年未进口。2011 年，塔吉克斯坦引进高产种子并增加棉花种植面积，棉花产量连年上升。2012 年，中国自塔进口棉花达到了 1 559.7 万美元的历史最高值。2013 年起，塔吉克斯坦开始引进中国棉花种植科技，为其增产提供技术支持。2014 年，在"一带一路"倡议带动下，中国中泰集团、新疆生产建设兵团和塔方企业共同建设的中泰塔吉克斯坦农业纺织产业园项目正式启动，中塔开启了跨境农业产业链合作模式，塔吉克斯坦直接以初级农产品形式向中国出口棉花的局面开始扭转。2020 年，中国自塔进口棉花占同期中国自塔进口总量的比重由 2015 年的 26% 降到了 13.4%（图 3-32）。

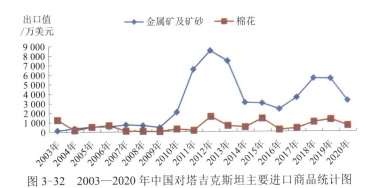

图 3-32 2003—2020 年中国对塔吉克斯坦主要进口商品统计图

三、中国与塔吉克斯坦贸易发展面临的挑战和前景展望

塔吉克斯坦作为地理位置上的中亚通道,其经贸发展、区域互联、运输网络和能源开发等领域均具有极大的发展潜力。中国秉承自由平等、互惠共赢的理念,在"一带一路"倡议下,不断深挖中塔经贸合作潜力,共同推动上合组织取得新发展,力争务实合作不断取得新成果,携手走出一条优势互补、共谋发展、共享繁荣的道路。但中塔贸易发展也面临挑战,主要表现为:两国交通相对不便,制约了两国贸易往来的深度和广度;中塔边境地区安全风险较高,增加了双边贸易的不确定性。未来应着力提出中塔贸易发展新思路,在上合地方经贸示范区引领作用下推动两国更深层次的合作。

(一)塔吉克斯坦工业化发展将催生中塔贸易新的增长点

《塔吉克斯坦 2020—2025 加快工业化纲要》提出工业生产增长 150%的目标。尽管受到新冠肺炎疫情影响,但 2020 年塔吉克斯坦经济仍逆势增长 4.5%,增速居中亚五国之首,工业品产量增长 9.7%,产值涨幅较大的有采矿业、加工业等部门。在《塔吉克斯坦 2025 年前黑色和有色冶金发展规划》框架下,塔吉克斯坦将加大铜、铝等金属矿产资源的开采加工。据塔吉克斯坦 2021—2023主要宏观经济指标预测,塔吉克斯坦计划今后 3 年继续增加棉纺织品出口,每年的出口增幅达 20%;继续增加水泥出口量,年均增长 20 万吨。随着中塔两国产业结构的调整和转型,双边贸易互补性将增强,塔吉克斯坦着力发展的这些产业将进一步推动中塔贸易发展,创造出新的贸易增长点。

(二)助力塔吉克斯坦加快基础设施建设

塔吉克斯坦地理条件复杂,基础建设难度大。与中亚其他国家相比,塔吉克斯坦基础设施建设水平较低,成为限制其经济发展的主要原因之一。应充分发挥中国基建领域领先优势,协助塔吉克斯坦建设更加便捷的交通运输网络,挖掘塔吉克斯坦过境运输潜力,推动其基础设施建设快速发展。推进"一带一路"建设同塔吉克斯坦 2030 年前国家发展战略深度对接,落实好中塔合作规划纲要,加强在交通、能源、口岸、网络基础设施建设等方面的合作,构建中塔全方位互联互通格局。加大对塔吉克斯坦的投资力度,大力发展数字经济基础设施,拓展新型基础设施建设,共享新基建红利。

(三)开创中塔棉纺织产业合作新局面

中国是全球最大的棉花消费国,国内棉花无法自给自足,每年需进口大量棉花,塔吉克斯坦是中国进口棉花的重要来源国之一。棉花是塔吉克斯坦最重要的作物之一,产值占农作物产值的 2/3。一直以来,受基础设施落后所限,塔吉克斯坦的棉花种植业和下游的纺织工业未能得到大发展。可通过开展双边农业技术合作、农业投资和农业技术援助,提高塔吉克斯坦棉花种植水平、纺织加工水平,助力塔吉克斯坦纺织产品跻身全球高端市场行列。加大对塔吉克斯坦农业的投资、合作力度,通过建立产业园、示范区等方式加强两国在农业领域的深度合作。

(四)发挥上合地方经贸示范区引领作用

2018 年,上合组织青岛峰会提出建设中国—上海合作组织地方经贸合作示范区,按照"物流先导、跨境发展、贸易引领、产能合作"的发展模式,积极探索与上合组织国家经贸合作模式创新。2018—2020 年,青岛上合示范区聚焦国际物流、现代贸易、双向投资、商旅文化以及海洋合作"五大中心"建设,先行先试各项改革举措,取得重要经贸成果。未来,随着中欧班列(齐鲁号)"上合快线"开行,中塔双方将在打造"一带一路"国际合作新平台、扩大经贸合作方面取得更大进展,推动中塔新丝路更深层次的合作。

第四章
中国对吉尔吉斯斯坦进出口贸易发展情况

　　中国与吉尔吉斯斯坦同为发展中国家,都处在快速发展的关键时期,对于周边环境稳定的渴望以及合作伙伴的需求为两国的政治经济合作提供了坚实的基础。中吉建交以来,两国在国际事务上没有障碍、没有分歧,在国际舞台上相互支持,在重大核心领域上彼此支撑,建立了长期友好的睦邻关系。经济层面,中吉经济优势互补,有巨大合作潜力。中方提出"一带一路"倡议后,吉方积极回应并高度评价,用实际行动响应此倡议,进一步深化了两国的贸易关系。

　　中吉两国 1992 年建立外交关系,1992—1995 年,两国签署多项贸易协定,同时开展经济合作,扩大投资规模,丰富合作模式。在良好的政策环境下,双边贸易快速稳定发展。2003 年,签署《上海合作组织成员国多边经贸合作纲要》,双方贸易往来更添便利。2003—2019 年,中国对吉尔吉斯斯坦进出口总值由3.1 亿美元上升至 63.5 亿美元,增长 19.2 倍,年均增长率达 20.7%,远超同期中国整体外贸增速。2020 年受新冠肺炎疫情影响,中吉贸易规模大幅收缩,进出口 29 亿美元,不到 2019 年的 1/2,但两国贸易增长潜力和发展空间依然巨大。

一、上合组织成立 20 年来中国对吉尔吉斯斯坦贸易主要发展历程

中国对吉尔吉斯斯坦进出口的发展历程大致可分为以下四个阶段(图 3-33)。

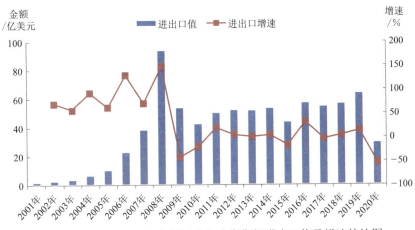

图 3-33 2001—2020 年中国对吉尔吉斯斯坦进出口值及增速统计图

(一) 2001—2008 年:高速增长阶段

2001 年上合组织成立后,中国与吉尔吉斯斯坦贸易步入快车道。在前期积累及国家外贸经营权逐步放开的共同作用下,中国对吉贸易规模快速扩大。2003 年对吉尔吉斯斯坦进出口 3.1 亿美元,随后 5 年呈现高速增长状态,至 2008 年达到历史最高的 93.3 亿美元,是 2003 年的 29.7 倍。2008 年,中国成为吉尔吉斯斯坦的第二大贸易伙伴,吉尔吉斯斯坦也成为中国在独联体地区的第三大贸易伙伴。

(二) 2009—2010 年:快速回落阶段

2009 年,主要发达国家实体经济衰退拉低全球经济的增长速度。受此冲击,吉尔吉斯斯坦经济增长下滑,通胀率也迅速上升,导致 2009 年中吉贸易总值大幅回落到 53.3 亿美元,2010 年继续下降至 42 亿美元,较 2008 年降幅达 55%。

(三) 2011—2019 年:震荡增长阶段

2011 年,以库姆托尔金矿为主的矿产加工业以及贸易、建筑和交通通信的发展带动了吉尔吉斯斯坦整体经济的提升。当年,中吉贸易总值增长至 49.8 亿美元,2012—2014 年在 50 亿美元水平波动增长。2015 年,吉尔吉斯斯坦及其周边国家经济增长放缓,导致吉尔吉斯斯坦转口贸易减少。同时,吉尔吉斯斯坦货币大幅贬值,导致进口价格上涨,消费者消费意愿下降。受此影响,中吉贸易总值下降 18.1%,为 43.4 亿美元。2016 年,李克强总理访问吉尔吉斯斯坦为中吉两国经贸合作增添新动力,中吉贸易总值增长 30.8%,至 56.8 亿美元;2017 年小幅回调后,2018 年和 2019 年继续保持增长势头;2019 年进出口 63.5 亿美元,达历史次高。

(四) 2020 年:受疫情影响暴跌阶段

2020 年,新冠肺炎疫情在全球各国接连暴发。在疫情引发的停产停工、物流受阻等不利因素影响下,中吉贸易总值急剧下降到 29 亿美元,较 2019 年下降 54.3%。

二、中国对吉尔吉斯斯坦进出口的主要特点

(一) 边境小额贸易与一般贸易此消彼长,一般贸易震荡上升

2003 年以来,边境小额贸易和一般贸易是中吉最主要的贸易方式,呈现此消彼长的波动状态。中国与吉尔吉斯斯坦陆路相通,拥有 1 000 多千米的边境线。2003—2017 年,边境小额贸易占据了中国对吉尔吉斯斯坦贸易的主流,占比超过 50%。2008 年,在国家促进边境贸易发展的财税优惠政策利好下,边境小额贸易发展迅速,达到峰值 80.1 亿美元,所占比重达到 85.8%。此外,吉尔吉斯斯坦一直是中国边贸的主要伙伴国之一,2019 年,中国对吉边贸进出口值占全国边贸总值的 7.9%。

自 2018 年起,一般贸易在中吉贸易中所占比重明显提升,2020 年占比

47.6%,超越边境小额贸易成为最大的贸易方式,较占比最低的 2008 年提高 34.6 个百分点;边境小额贸易占比下降至 47%,较 2008 年的最高点下降 38.8 个百分点(图 3-34)。

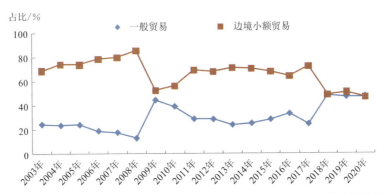

图 3-34　2003—2020 年中国对吉尔吉斯斯坦主要贸易方式进出口值占比统计图

(二) 民营企业独领风骚,国有企业影响趋弱

2003 年民营企业和国有企业平分秋色,分别占 48.8% 和 46.7%。随着民营企业外贸经营门槛的降低,自 2004 年以后,民营企业进出口总值持续上涨,一路攀升,独领风骚,在中国对吉贸易中处于支配地位。2008—2020 年,民营企业在中吉贸易中的平均占比超过 80%,其中 2019 年占比达到 94% 的历史峰值,较 2003 年上升 45.2 个百分点。国有企业自 2004 年以来占比逐渐下降,2009 年以来占比一直在 10% 以下,2018 年创下占比 4% 的历史最低值(图 3-35)。

图 3-35　2003—2020 年中国对吉尔吉斯斯坦主要贸易主体进出口值统计图

（三）出口商品结构持续优化，机电产品所占比重连续提升

中国出口到吉尔吉斯斯坦的商品以纺织服装、鞋靴等传统劳动密集型产品为主。近几年吉尔吉斯斯坦对中国的机电产品需求逐渐增多，机电产品贸易占比持续上升（图 3-36）。

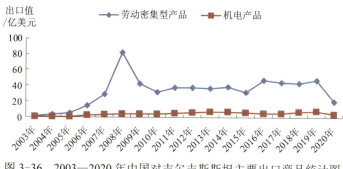

图 3-36　2003—2020 年中国对吉尔吉斯斯坦主要出口商品统计图

1. 传统劳动密集型产品出口比重稳定，贸易规模持续扩大

吉尔吉斯斯坦还未形成完整的工业体系，当地的纺织服装企业无法满足国内需求，而中国拥有完整的工业体系，物美价廉的纺织产品可以满足吉尔吉斯斯坦的需求。因此，自 2003 年以来，以纺织服装、鞋靴为代表的劳动密集型产品成为中国对吉出口主力。2006—2020 年中国对吉出口传统劳动密集型产品均占同期对吉出口值的 70% 以上，2008 年甚至接近 90%。从进出口值来看，2003—2008 年出口劳动密集型产品进出口值持续上升，2008 年达到 82.5 亿美元的历史记录；2009—2019 年，出口劳动密集型产品进出口值为 30 亿～50 亿美元；2020 年受新冠肺炎疫情影响，出口劳动密集型产品进出口值下降至 20.7 亿美元。

2. 出口结构优化升级，机电产品占比持续提升

随着中国经济结构、产业结构调整步伐加快，以及近年来"中国制造 2025"规划的实施，国内制造业升级态势明显，配套能力进一步完善，国产机电产品的出口竞争力进一步增强。自 2016 年起，传统劳动密集型产品出口比重开始下

降,占比自 2016 年的 84.5% 持续下降至 2020 年的 72.1%;而机电产品占比持续提升,自 2016 年的 9.1% 持续提高至 2020 年的 17.1%。

机电产品中,家用电器与汽车零配件占比持续提升。2020 年家用电器占对吉出口机电产品的 14.8%,与 2003 年相比提升 28.7 倍;2020 年汽车零配件占对吉出口机电产品的 14.1%,与 2003 年相比提升 167.6 倍。

(四) 进口与出口贸易差值较大, 金属矿砂进口占比持续提升

1. 中国自吉进口整体水平较低, 进口值下降明显

2004—2008 年进口值均保持在 1 亿美元以上,自 2009 年至今进口值一直低于 1 亿美元。2020 年进口进出口值只有 3480 万美元,创历史新低,与出口值 28.7 亿美元差距较大(图 3-37)。

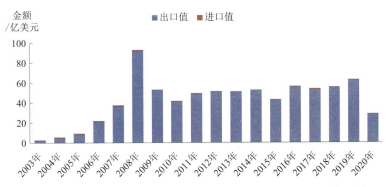

图 3-37   2003—2020 年中国对吉尔吉斯斯坦出口值、进口值统计图

2. 吉尔吉斯斯坦拥有丰富的矿产资源,金属矿砂近年来成为中国自吉进口的主要商品

2003—2005 年中国自吉主要进口钢材。2006—2015 年农产品为主要进口商品,但自 2015 年以来中国自吉进口农产品值一直低于 2 000 万美元,2017—2020 年进口值持续下降,2020 年仅有 275.9 万美元,创历史新低。2013 年以来,金属矿砂在进口总值的占比开始波动上升,2016 年后占比均在 41% 以上,2020 年占比达到 76.7%,创历史新高(图 3-38)。

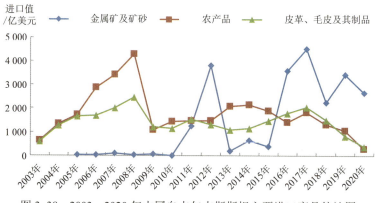

图 3-38　2003—2020 年中国自吉尔吉斯斯坦主要进口商品统计图

（五）新疆维吾尔自治区占比超五成

吉尔吉斯斯坦与中国新疆紧密相连，唇齿相依。吉媒体认为，中国新疆是吉尔吉斯斯坦重要的合作方和潜在的投资力量，也是吉尔吉斯斯坦矿产和电力资源的战略市场。2003—2020 年，新疆维吾尔自治区占中国对吉进出口总值的比重一直在 50% 以上，且 2/3 的年份占比在 70% 以上。其他省、自治区、直辖市中，浙江省与湖北省对吉进出口值最高。浙江省对吉进出口值由 2017 年的 3.1% 持续提升至 2020 年的 10.4%；湖北省对吉进出口值在 2016 年首次超过 4%，随后年份均保持在 4% 以上（图 3-39）。

图 3-39　中国对吉尔吉斯斯坦贸易主要省、自治区、直辖市进出口值统计图

三、中国对吉尔吉斯斯坦贸易发展面临的挑战

（一）两国贸易发展水平亟待提高

目前中国与吉尔吉斯斯坦的经贸合作处于"三低一小"（起点低、效益低、水平低、规模小）的松散型模式向半紧密型过渡的初级阶段，双方的合作仅停留于低水平的边贸层次上，未形成规模效益和开拓市场的合力，无法准确反映中吉两国的资源互补、产业结构错位的合作潜力。

（二）中国中东部地区参与度有待提升

中吉双边经贸合作中，新疆维吾尔自治区贡献最大，2003—2020 年新疆维吾尔自治区对塔吉克斯坦进出口值占比一直在全国的 50% 以上，且有三分之二的年份占比超过 70%。虽然 2018 年起，湖北、浙江等占比有所增长，但参与程度有待加强。中东部地区的资源优势与吉尔吉斯斯坦有更好的互补性，如能积极有效参与中吉贸易，双边合作潜力将进一步发挥。

四、中国对吉尔吉斯斯坦贸易发展前景展望

上合组织成立 20 年以来，中国已经成为吉尔吉斯斯坦重要的贸易伙伴国和投资来源国，但中吉双边贸易仍面临一些挑战。未来中吉双方可进一步寻求贸易发展突破点，通过优化内部基础设施建设、推动产业结构升级、实现资源优势互补等方式，进一步深化中吉贸易关系，推动两国经济共同发展。

（一）基础设施难题逐步解决

长期以来，交通不便一直是制约中国与吉尔吉斯斯坦经贸合作的瓶颈。2018 年 2 月 25 日，中国—吉尔吉斯斯坦—乌兹别克斯坦国际货运道路正式通车，将三国间货物陆路运输时间由 10 天缩短到 2 天，随着配套的全球性货物运输海关通关系统在边境开通，中吉两国陆路通关的便利性得到显著提升。由中

国路桥公司承建的吉尔吉斯斯坦第二条南北公路项目正稳步推进,建成后将成为吉尔吉斯斯坦最现代化的公路,极大地改善吉尔吉斯斯坦公路网联通不足状况,对便利南北往来、带动沿线经济发展具有重要作用。此外,中吉两国还在合力推动比什凯克市政路网改造、农业灌溉系统改造等一系列项目,进一步促进吉尔吉斯斯坦改善民生,夯实合作基础,提升发展潜力。

(二)吉尔吉斯斯坦产业结构升级推动中吉经贸再上新台阶

吉尔吉斯斯坦产业以农牧业为主,对中国家电、服装等商品需求量非常大。随着吉尔吉斯斯坦经济结构升级,其对产能需求稳步增长。在 2017 年首届"一带一路"国际合作高峰论坛期间,中国和吉尔吉斯斯坦签署了《关于共同推动产能与投资合作重点项目的谅解备忘录》,目前已有 400 余家中国企业在吉尔吉斯斯坦投资兴业,两国在钢铁、水泥、铁路、建材等领域产能合作亮点频现,有力地带动了吉尔吉斯斯坦基础设施建设和人才流动,拉动就业和税收,并延伸到各个产业链。与此同时,在两国政府《关于毗邻地区合作规划纲要》的指引下,中吉地方合作势头强劲,双方在纳伦州阿特巴什区、奥什州阿莱区建立商贸物流中心等设施。多个地方合作项目也正在积极推动,楚河州与湖北、宁夏、陕西、四川等地建立了良好合作关系,奥什州积极与新疆、甘肃、广东等地"结对子"。

(三)中吉两国可发挥资源禀赋优势,共同开拓经济合作领域

吉尔吉斯斯坦拥有丰富的矿产资源,而中国正处于工业化发展中期,对矿产资源需求越来越大,需消耗大量矿产资源支持经济和产业发展,双方在采矿领域具有宽广的合作空间,两国贸易互补性也将得到进一步加强。同时,吉尔吉斯斯坦的绿色农副产品广受赞誉。以往这些优质产品大多销往独联体地区,路途远、成本高。中国在地理位置上与吉尔吉斯斯坦相邻,又有广阔的市场空间,因此农业合作有望成为极具潜力的新兴领域。未来,中国可在农业技术、农业加工等方面给予吉尔吉斯斯坦有力支持,从而实现农业合作的双赢局面。此

外,吉尔吉斯斯坦也拥有非常丰富的旅游资源,中吉两国可共同开发旅游资源,促进旅游业发展以及旅游产品的消费,带动双边经济发展。

第五章
中国对乌兹别克斯坦进出口贸易发展情况

　　乌兹别克斯坦地处中亚腹地,是著名的"丝绸之路"古国,与中国有着悠久的贸易交往历史。其自然资源丰富,是全球第六大棉花生产国、第二大棉花出口国、第七大黄金生产国,同时也是重要的能源、矿产生产国。

　　中乌两国自1992年建立外交关系,双边关系稳定友好,多年来持续深入发展。1992年1月,两国签订《中乌政府经贸协定》,相互确认给予对方贸易关税最惠国待遇。2001年上合组织成立,中乌两国在政治、经济、反恐等领域的合作成果显著:2004年签订《扩大经济贸易、投资和金融合作的备忘录》,针对两国贸易、投资以及金融方面继续扩大往来做出了保护政策与承诺;2005年签署《中乌友好合作伙伴关系条约》,中乌关系连续迈上新的台阶;2010年签订《非资源和高科技领域合作规划》,揭开两国工业类项目合作的新篇章;2010年以来,双方领导人多次互访,高层交往密切,两国关系提升到战略伙伴、全面战略伙伴关系,进一步推动了中乌外交、经贸关系发展;2016年,乌兹别克斯坦签订加入《丝路经济带框架议定书》;2017年,两国协议推动双方企业在水电、公路、铁路、化工、物流、通信以及能源领域方面的深度合作;2018年《关于贸易便利化的联合声明》发布,推进了上合组织成员国在交通、关税、信息、标准等领域的便利化,同时《上合组织成员国政府间国际道路运输便利化协定》生效,为居于内陆的乌兹别克斯坦打开了通过国际陆路运输到达别国出海口的便利条件。20 年来,中国与乌兹别克斯坦贸易规模不断扩大,经贸关系更加稳定,中国已成为乌兹别克斯坦第一大贸易伙伴与第一大投资来源国 [1]（图 3-40）。

图 3-40　2001—2020 年中国对乌兹别克斯坦进出口值及增速统计图

一、上合组织成立 20 年来中国对乌兹别克斯坦进出口贸易发展历程

（一）2001—2007 年:稳步增长阶段

2001 年乌兹别克斯坦加入上合组织,区域经济合作进程正式启动,中乌两国经贸往来迅速升温,投资和经济技术合作出现突破性进展,双边贸易额快速增长。2002 年中乌进出口贸易总值首次突破 1 亿美元大关,达到了 1.3 亿美元。2007 年再上一个台阶,达到 11.3 亿美元,年均增长 55.4%。

（二）2008—2013 年:深化拓展阶段

在此期间,中乌两国关系提升至战略伙伴关系,经贸合作不断升级,涉及能源、化工、电信、农业、铁路、电站设备及工程承包等领域的经济技术合作

---

① 《乌兹别克斯坦 2018 年外贸形势浅析》,商务部官网,2018 年 5 月 19 日。

项目不断投建。除 2011 年外,两国年度贸易总值继续保持两位数快速增长,2010、2013 年分别突破 20 亿、40 亿美元大关,分别达到 24.8 亿和 45.5 亿美元,年均增长率达到 26.1%,中国逐渐成为乌兹别克斯坦最主要的贸易伙伴之一。

(三) 2014—2020 年:提质升级阶段

由于国际能源价格波动以及中国国内棉花市场改革,受限于能源资源类商品为主的贸易结构,两国进出口贸易总值在 2014、2015 年连续下降 6%、18.2%。但随着乌兹别克斯坦经济高速发展,对基础设施建设提升改造的需求迫切,中国基础建设产业链完整,供应能力溢出,双方在水电、公路、铁路、化工、物流、通信以及能源领域方面不断拓展、深化务实合作,进一步提升外贸质效,进出口迅速恢复高速增长态势,从 2016 年的 36.1 亿美元稳步提升至 2019 年 72.1 亿美元的历史峰值。2020 年,受新冠肺炎疫情影响,中乌进出口值下降 8.1%,但仍保持 66.3 亿美元,为历史次高。

二、中国对乌兹别克斯坦进出口贸易的基本特点

(一) 贸易整体顺差,规模总体走高

2001 年以来,中国对乌贸易整体表现为顺差,累计达 156.8 亿美元,占贸易总规模的 28.4%,以 2007 年为分水岭,可划分为两个阶段。

2001—2006 年,顺差逆差互现。这一阶段中乌双方贸易快速增长,但整体规模偏低,对乌贸易顺差、逆差互现。2001—2002 年,中国保持贸易顺差;从 2003 年开始,中国对乌兹别克斯坦贸易连续 4 年出现逆差,其中 2004 年逆差规模最大,为 2.3 亿美元。

2007—2020 年,顺差规模波折上升。自 2007 年起,中国对乌贸易顺差总额波折上升,除 2010 年因中国自乌大量进口棉花产品导致出现少量逆差外,其余年份均为顺差。其中,2007—2009 年贸易顺差逐年上升,2011—2016 年贸易顺差先扩后收,2017 年起贸易顺差整体规模快速扩张,2020 年达到 36.6 亿美

元,是 2007 年的 9.2 倍(图 3-41)。

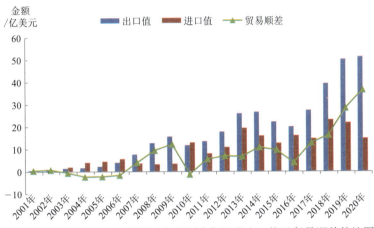

图 3-41　2001—2020 年中国对乌兹别克斯坦进出口值及贸易顺差统计图

(二) 一般贸易占比逐渐扩大,加工贸易比重下降,对外承包工程为重要出口方式

2003—2005 年,一般贸易与加工贸易作为中乌两国最主要的贸易方式,占比不相上下;自 2006 年起,一般贸易占比逐年平稳增长,2011 年达到最高值 87.1%,2014 年起占比均在 80% 以上;而加工贸易占比持续下滑,2009 年达到最低值 5.2%,2013 年起占比均不足 10%。在铁路、电站设备及工程承包等领域的经济技术合作项目的推动下,对外承包工程出口货物在中乌两国贸易中占据重要位置,2009 年占比达到峰值 11.1%,其余年份占比总体保持在 1%～6%(图 3-42)。

(三) 民营企业与国有企业"双擎驱动",外商投资企业占比较少

中乌贸易经营主体为民营企业与国有企业"双擎驱动"状态。民营企业作为中乌贸易"主力军",除了 2009、2011、2013 年占比低于国有企业外,其他年份均为最大经营主体,占比呈震荡 V 型走势,2013 年为最低值 36.7%,2020 占比达到 65.1%,创历史新高。由于中国对乌投资以及大宗能源产品进口经营

主体多为国有企业,国有企业在中乌贸易中占比较大。2003—2008 年,国有企业占比呈萎缩趋势,2009—2016 年占比又重新提升,期间国有企业占比均高于40%,2017 年以后国有企业占比又开始萎缩,2020 年达到 24.8%的历史低谷,较 2013 年历史高位下降 30.1 个百分点。此外,外商投资企业也在中乌贸易中扮演着重要角色,除 2003、2004 年占比较低外,2005 年之后占比总体保持在7%~12%(图 3-43)。

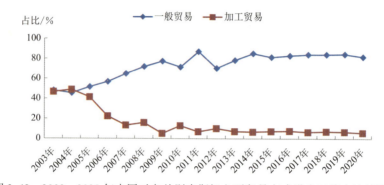

图 3-42 2003—2020 年中国对乌兹别克斯坦主要贸易方式进出口值占比统计图

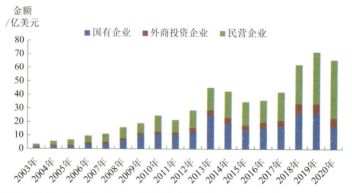

图 3-43 2003—2020 年中国对乌兹别克斯坦主要贸易主体进出口值统计图

(四)机电产品为主要出口商品,商品种类逐步多样化

1. 机电产品出口占半壁江山,主要商品结构持续优化

2003 年以来,随着中国产品技术含量提高、乌兹别克斯坦消费升级以及

中国对乌大型项目投资,机电产品成为中国对乌最主要出口产品,且出口震荡走高。2019 年出口达到最高值 32.3 亿美元,是 2003 年的 29.3 倍。除 2005、2009 年占比低于 50% 外,其余年份均占中国对乌出口贸易值的 1/2 以上,其中 2003 年占比达到最高值 75.2%。从具体商品看,2003—2007 年,机电产品出口以通用机械设备、自动数据处理设备及其零部件、计量检测分析自控仪器及器具、家用电器为主,其中 2007 年中国首次对乌出口手机;2008—2014 年机电产品出口以家用电器、电工器材、汽车及汽车轮胎、通用机械设备为主,其中电工器材、汽车及汽车轮胎出口增幅较大;2015 年,乌兹别克斯坦对来自中国和韩国载重 5 吨以下的货车发起反倾销调查,导致汽车及汽车轮胎出口出现下滑,机电产品其他出口主要品类变化不大。

2. 出口商品种类逐步多样化

2003 年以来,中国对乌出口商品种类进一步多样化,从最初的以机电产品、农产品为主,发展为机电产品引领,纺织品、塑料制品、钢材等多产品百花齐放。其中,出口纺织纱线、织物及其制品比重震荡走高,2020 年受新冠肺炎疫情因素影响,以口罩为主的纺织品出口 7 亿美元,大幅增长 58.7%。中国对乌农产品出口整体规模虽震荡走高,但增速较缓,占整体出口比例逐渐下降,2004 年农产品出口占比为 9%,2019 年降至 1.3%,茶叶为主要出口产品。此外,自 2008 年起,中国对乌出口钢材占比一直在 6%～30% 波动(图 3-44)。

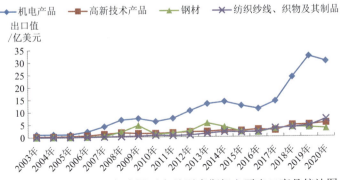

图 3-44　2003—2020 年中国对乌兹别克斯坦主要出口商品统计图

（五）棉花与棉纱进口此消彼长，天然气大幅增长

2003—2012 年，棉花占中国自乌进口贸易值的比重逾 50％，其中 2006 年达到 6.9 亿美元的历史峰值，占 87.3％，2013 年比重大幅下降至 23.1％，此后一路下滑至 2020 年的 1 634.7 万美元，仅占 1.1％。与之对应的是棉纱进口比重一路上扬，从 2009 年以前的不足 0.3％，逐年提升至 2012 年的 9％，随后波动上行至 2020 年的 25.6％。其中，2019 年棉纱进口 4.1 亿美元，达到历史最高值。

随着中国—中亚天然气管道 A、B、C 线的相继建成运营，2012 年起，中国自乌开始进口气态天然气，规模逐年扩大，当年进口值仅有 0.5 亿美元。2013年气态天然气超越棉花成为中国自乌进口第一大商品并一直保持至今，此后震荡走高，2018 年达到最高值 14.3 亿美元，占当年进口总值的 61.6％（图 3-45）。

此外，以航空煤油为主的成品油进口比重波折走低，2009 年达到最高值 13.1％，2013 年以后萎缩至 0.2 ％以下。2009 年起，中国自乌进口铀先扬后抑，2010 年进口值最高达 4.6 亿美元，占 35.2％，此后波动下行至 2020 年的 4 699.1 亿美元，占 3.2％。

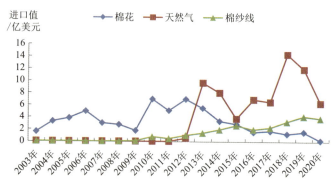

图 3-45　2003—2020 年中国自乌兹别克斯坦主要进口商品统计图

三、中国对乌兹别克斯坦贸易发展存在的问题

(一) 中乌贸易商品单一,产业结构十分相近

中国自乌进口商品以矿产品和工业原材料为主。一方面,矿产品贸易受国际大宗商品价格和国内产业政策的影响较大,如乌兹别克斯坦计划到 2025 年停止出口天然气将对中乌贸易产生较大不利影响[①]。另一方面,乌兹别克斯坦的自然条件气候和纬度与中国新疆基本一致,物产较为相似,产业结构相对重叠,在纺织品、皮革制品及贱金属等商品贸易中存在一定的竞争关系,随着乌兹别克斯坦国内经济不断发展,不可避免地在棉花加工、纺纱等产业与中国新疆出现竞争,中乌双边贸易合作面临挑战,这将影响中乌双边贸易的深入合作。

(二) 乌兹别克斯坦地理位置独特,贸易便利化有待提升

乌兹别克斯坦是世界上仅有的两个"双重内陆国"之一,且境内河流水量小,无法承载水运,因此铁路运输是其最重要的交通运输方式,承担了其全国 80％ 的进出口货运量,但所有的陆路通道都必须途径第三国,受外界不确定因素影响较大。虽然中国与中亚各国签订了《中、哈、吉、巴政府过境运输协定》《中、吉、乌政府汽车运输协定》等多边运输协定,上合组织成员国之间也签署了国际道路运输便利化协定,但在中国和乌兹别克斯坦的经贸合作过程中,仍然存在进出口时间成本和货物换装成本等问题,贸易便利化程度仍有待加强。

四、中国对乌兹别克斯坦贸易发展前景展望

李克强总理在 2019 年首次正式对乌兹别克斯坦进行访问时,在乌兹别克斯坦《人民言论报》和世界通讯社网站发表题为《开放合作共同发展》的署名文章,文中提道:"在中国人心目中,乌兹别克斯坦是友好的近邻、合作的伙伴。这种印象源自两国人民根植于历史长河的共同记忆。中国西汉时期的外交使

---

① 《乌兹别克斯坦计划停止出口天然气》,商务部官网,2020 年 1 月 21 日。

者张骞就曾到过这片土地。此后,中乌人民之间的友好交往沿着古老的丝绸之路绵延不绝。"乌兹别克斯坦对外运输存在掣肘,贸易壁垒有待消减,投资环境仍有提升空间。近年来,中国和乌兹别克斯坦的经贸合作不断深化,贸易总额持续增长。未来,中乌两国可借助地理毗邻、经济互补、人文联系密切等优势,积极开展务实合作,共同肩负起复兴丝绸之路的历史使命。

(一)外交持续友好发展

中乌两国沿着古丝绸之路往来 2000 多年,自 1992 年正式建交以来,双边经贸关系发展稳定,具有良好的合作基础,中国已连续多年成为乌兹别克斯坦第一大贸易伙伴和主要外资来源国。近年来两国高层互访力度加大,两国建立了全面战略伙伴关系。2021 年 4 月,习近平主席同米尔济约耶夫总统通话,对双边经贸合作提出明确要求;6 月,李克强总理同阿里波夫总理举行视频会晤,对双边经贸合作提出明确要求。中乌关系处于稳定与和谐的状态,对经贸合作的稳定发展起到了推动作用。2019 年,首届中国商品和服务展在乌兹别克斯坦首都塔什干开幕,近 90 家中方企业参展,展品涵盖汽车配件、厨房用品、家用电器、电子消费品、工程机械等方面,为中乌经贸合作搭建了良好平台。截至 2021 年 8 月,在乌中国企业达 1 915 家,仅次于俄罗斯,排名第二位。

(二)"一带一路"倡议给中乌贸易发展带来巨大发展空间

自 2013 年"一带一路"倡议提出以来,共建"一带一路"成为中乌合作的亮点和主线,助推双边务实合作取得新进展。在政策沟通方面,中乌于 2015 年 6 月 15 日签署《关于在落实建设"丝绸之路经济带"倡议框架下扩大互利贸易合作的议定书》。中乌在天然气领域具有深度合作,两国在天然气管道天然气长期稳定供应方面达成了共识,中国—中亚天然气管道 4 条管线全部过境乌兹别克斯坦。双方共建"一带一路"合作已经取得重要早期成果。中乌合作建成的安格连—帕普铁路隧道,成为连接中国和中亚交通走廊的新枢纽。民心相通是中乌共建"一带一路"的重要组成部分。近年来,双方在互派留学生、汉语教学、地方交往、联合考古、互译文学作品方面合作取得新进展,这些合作成为凝聚两国人民情感的纽带。在"一带一路"倡议下,中乌两国可进一步打造结构优化、内涵丰富的务实合作新格局,进一步创新产能合作模式,推进相关项目合作,将两国经济互补优势切实转化为合作成果。

(三) 金融领域合作前景广阔

中国与乌兹别克斯坦的经贸往来离不开金融的支持,经过多年发展,中国与乌兹别克斯坦的金融合作取得了丰硕的成果。2009 年,乌兹别克斯坦首次开通使用并发行中国银联卡。2011 年 4 月,双方签署了金额为 7 亿元人民币的双边本币互换协议,此次协议的签订使乌兹别克斯坦成为中亚国家中率先与中国开展货币互换的国家,也成为中国与中亚国家开展货币互换合作的起点,是中国推进跨境人民币贸易和投融资结算的重要措施,为人民币在中亚地区发挥国际储备货币职能奠定了良好的开端。同时,乌兹别克斯坦积极响应中国提出的亚洲基础设施投资银行(亚投行)筹建倡议,是该组织的创始成员国,而亚投行也通过贷款等多种形式,进一步促进乌兹别克斯坦基础设施建设,对继续深化中国同乌兹别克斯坦的经贸合作发挥积极作用。

(四) 乌兹别克斯坦"改革开放"释放新动能

在米尔济约耶夫总统 2016 年就任后,乌兹别克斯坦在政治、经济、社会等领域开展了全面改革,将国家战略优先发展方向调整为促进经济快速发展、改善宏观经济环境、推进货币自由化、改善投资环境等方面,同时,降低进口产品关税,调整汇率,加大对外开放。在"改革"和"开放"举措的有力推动下,乌兹别克斯坦经济形势尤其是外贸发展出现了明显变化,这对推动中乌两国经济共同发展、扩大双边经贸合作具有重要现实意义。未来中乌传统优势领域合作将持续深化,基础设施领域合作将不断加强,绿色新兴领域合作前景广阔。

第六章
中国对巴基斯坦进出口贸易发展情况

巴基斯坦伊斯兰共和国简称巴基斯坦,位于南亚次大陆西北部,南临阿拉伯海,东接印度,东北与中国毗邻,西北与阿富汗交界,西邻伊朗,人口约 2.08 亿,是世界第六人口大国。巴基斯坦经济以农业为主,农业产值占国内生产总值的 19%,工业基础相对薄弱。巴基斯坦对外贸易主要进口商品为石油及石油制品、机械和交通设备、钢铁产品、化肥和电器产品等,主要出口商品为大米、棉花、纺织品、皮革制品和地毯等。

中国和巴基斯坦是山水相依的友好邻邦,双方互为重要的合作伙伴。1951 年 5 月,中巴正式建立外交关系,巴基斯坦成为世界上同中国建交的第六个非社会主义国家。建立外交关系后,中巴两国之间的双边关系全面发展,经贸合作稳定推进,双方经济实现较好互补。上合组织成立以来,经过双方的共同努力,两国的经贸合作有了长足进展。据巴方统计,自 2015 财年 [1] 起,中国连续 6 年保持巴最大贸易伙伴,是巴第一大进口来源国和第二大出口目的地。

一、上合组织成立 20 年来中国对巴基斯坦进出口贸易发展历程

中国对巴基斯坦进出口的发展历程大致可分为以下三个阶段(图 3-46)。

---

[1]《2020 年中巴双边经贸合作简况》,中华人民共和国商务部,2021 年 1 月 28 日。

图 3-46 2001—2020 年中国与巴基斯坦年度进出口值及增速统计图

（一）2001—2007 年:高速增长阶段

2001 年,中巴签署《关于中巴双边合作发展方向的联合宣言》,两国建立更加紧密的战略合作伙伴关系。2002 年,巴基斯坦与印度、伊朗一同成为上合组织观察员国。2003 年 11 月,两国签订《中国与巴基斯坦优惠贸易安排》。2006 年 11 月,中巴两国签署《中国—巴基斯坦自由贸易协定》,中巴对全部货物产品分两个阶段实施降税协定生效。2001—2007 年,中巴双边贸易快速增长,中国对巴基斯坦进出口值从 2001 年的 14 亿美元增长到 2007 年的 70.2 亿美元,增长 402.3%。其中,出口总值从 8.2 亿美元增长到 59.1 亿美元,增长625.4%;进口总值从 5.8 亿美元增长到 11.1 亿美元,增长 89.8%。

（二）2008—2015 年:结构调整阶段

2008 年金融危机严重影响全球经济,中巴贸易结束自 2002 年起连续 6 年的两位数高速增长,由 2007 年的 33.7% 骤降至 2008 年的 5.5%。2009 年 2 月,中巴签署《中巴自贸区服务贸易协定》,当年,中国成为巴基斯坦第二大贸易伙伴。2010 年,金融危机影响逐渐消减,中巴双边贸易恢复快速增长,双边进出口贸易值首次突破 90 亿美元,进出口增速反弹至 25%。2011 年,中巴签署《中国—巴基斯坦经贸合作五年发展规划》,同年中国成为巴基斯坦第一大贸易伙伴。2013 年,中国提出"一带一路"倡议,将"中巴经济走廊"纳入其中,并将其作为"一带一路"样板工程。通过全方位、多领域的合作,中巴巩固经济关系,在能源、交通、基础设施和港口建设方面对推动巴基斯坦国家发展做出了实质性贡献,为巴基斯坦的经济发展提供新的动力和机遇。2008—2015年,中巴双边贸易值从 2008 的 74 亿美元增长到 2015 年的 189.2 亿美元,增长155.7%。其中,出口总值从 63.9 亿美元增长到 164.4 亿美元,增长 157.2%;进口总值从 10.1 亿美元增长到 24.8 亿美元,增长 145.8%。

(三) 2016—2020 年:震荡下行阶段

2016—2017 年,中巴进出口贸易呈现缓慢增长态势,分别增长 1.2%、4.9%。其中,出口分别增长 4.8%、5.9%,进口分别下降 22.8% 和 4%。2018—2019 年,受农业领域耕地面积减少、灌溉用水短缺和化肥价格上涨等因素影响,巴基斯坦重要粮食作物减产 6.6%;加之工业领域政府公共发展支出减少,私营领域建设活动低迷,巴基斯坦大型制造业产值同比下滑 2.9%[①]。叠加 2020 年新冠肺炎疫情影响,2018 年,中巴双边贸易值结束自 2002 年以来连续 16 年的正增长,并连续 3 年出现贸易值下降。整体来看,2016—2020 年,中巴进出口贸易进入震荡下行阶段,进出口总值从 2016 年的 191.4 亿美元下降到 2020 年的 174.8 亿美元,下降 8.7%。其中,出口值从 172.3 亿美元下降到153.6 亿美元,下降 10.9%;进口值从 19.1 亿美元增长到 21.2 亿美元,增长11.1%。

二、中国对巴基斯坦贸易的基本特点

(一) 贸易顺差严重,规模总体走高

上合组织成立 20 年来,中国对巴基斯坦一直保持贸易顺差。2001—2020年,中国对巴基斯坦贸易顺差累计 1 502 亿美元,占 2001—2020 年中巴进出口贸易总值的 69.6%,整体可划分为四个阶段。

---

① 《巴基斯坦 2018—2019 财年经济运行情况及 2019—2020 财年经济展望》,凤凰新闻,
　2019 年 11 月 21 日。

一是 2001—2012 年,顺差不断扩大。2001—2008 年,中巴贸易保持贸易顺差且差值逐年增加。2009 年,受国际金融危机持续影响,中巴进出口贸易增速明显放缓,中巴贸易顺差增速首次由正转负。2010 年,中巴经济复苏,呈现良好态势,中巴贸易顺差达到 61.3 亿美元,顺差增速再次由负转正。2012 年,中巴贸易顺差为 61.4 亿美元,是 2001 年的 26.3 倍。

二是 2013—2015 年,顺差快速增长。2013—2015 年,中国对巴出口连续 3 年保持两位数高速增长,中巴贸易差值快速扩大,增速分别为 27.5%、34.1% 和 33.2%。2014 年,中巴贸易顺差首次突破 100 亿美元,达 104.9 亿美元。

三是 2016—2017 年,顺差增速放缓。2016 年,中巴贸易顺差 153.2 亿美元,增速为 9.7%。2017 年,中巴贸易顺差 164.2 亿美元,增速为 7.2%。

四是 2018—2020 年,顺差规模总体下滑。2018—2020 年,中巴双边贸易持续下降,中巴贸易顺差分别为 147.6 亿美元、143.6 亿美元、132.4 亿美元,呈现逐年缩减趋势(图 3-47)。

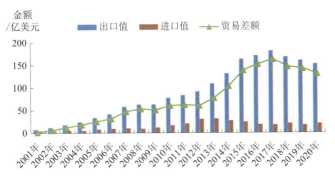

图 3-47 2001—2020 年中国对巴基斯坦进出口值及贸易差额统计图

(二)一般贸易为主要贸易方式,加工贸易方式占比持续降低,后期对外承包工程贸易方式占比持续增加

2002—2020 年,一般贸易为中国对巴基斯坦的最主要贸易方式,且占比超 50%。2002—2015 年,一般贸易方式占比波动攀升,从 2002 年的 50.4% 增长到 2015 年的 77.2%,达到高峰,之后虽有回落,但基本稳定在 70% 左右。

2002—2020 年,加工贸易方式占比波动下降,从 2002 年的 42.4% 下降至 2020 年的 5.4%。对外承包工程出口货物方式在 2014 年前占比始终在 5% 以下,随后两年比重连续提升,2016 年占比首次超过加工贸易,达到 10.7%,此后一直保持在 10% 以上(图 3-48)。

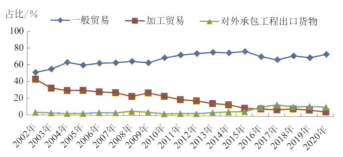

图 3-48　2002—2020 年中国对巴基斯坦主要贸易方式进出口值占比统计图

(三) 初期国有企业为主要贸易主体,民营企业赶超后占据主导地位

2002—2005 年,国有企业为主要贸易主体,但占比逐年下降,分别为 59.1%、55.1%、45.5% 和 37.8%。期间,民营企业占比快速提升,从 2002 年的 10% 上升至 2005 年的 34.6%。2006 年,民营企业占比 37.8%,超过国有企业成为中国对巴基斯坦贸易的主体。

2007—2011 年,民营企业占比逐年上升,从 40.6% 提升至 52.2%;国有企业占比逐年下降,2011 年占比首次跌至 30% 以下,为 23.6%;外商投资企业占比维持在 21.4%～26.5%。

2012—2018 年,民营企业占比稳定在 50% 以上,2015 年占比达 61.9%;国有企业稳居中国对巴基斯坦第二大贸易主体,占比维持在 22.9%～28.7%;外商投资企业占比逐渐下降至 2018 年的 14.2%。

2019—2020 年,民营企业占比回升至 60% 以上,分别为 63.9%、64.9%。国有企业占比分别为 23.1%、23.7%;外商投资企业占比持续下滑,分别为 12.5% 和 10.8%(图 3-49)。

图 3-49 2002—2020 年中国对巴基斯坦主要贸易主体进出口值统计图

(四) 浙江、广东和北京长期位居中国对巴基斯坦贸易前三位

2002—2020 年,除 2011 年江苏省曾短暂进入三强外,浙江、广东和北京长期位居对巴基斯坦贸易的前三位。其中,2002—2008 年,广东省保持中国对巴基斯坦贸易第一的地位;2009—2010 年,北京市反超广东省成为中国对巴基斯坦贸易第一;2011 年开始,浙江省稳居中国对巴基斯坦贸易第一的地位,广东省、北京市也逐渐稳固第二、第三的位置。2020 年,浙江省、广东省和北京市合计占中国对巴基斯坦贸易值比重的 47%。排名第四至第六位的江苏省、山东省和上海市合计占中国对巴基斯坦贸易值比重的 25.9%(图 3-50)。

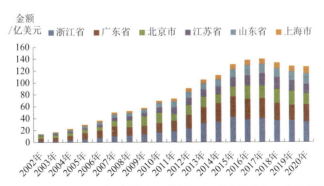

图 3-50 2002—2020 年中国对巴基斯坦主要地区进出口值统计图

（五）出口商品结构前后变化不大，以工业制成品为主

2002—2020 年，中国对巴基斯坦出口主要商品为机电产品、劳动密集型产品、钢材、基本有机化学品和农产品。

机电产品为主要出口商品且占主导地位。2002—2009 年，机电产品出口快速增长，出口值从 2002 年的 4.6 亿美元增长至 2008 年的 28.9 亿美元，所占比重由 2002 年的 42.3% 上升至 2008 年的 45.2%。2009 年，受金融危机影响，机电产品出口值下降至 24.2 亿美元。2010—2017 年，机电产品出口逐年稳定增长，2017 年出口值达 91.5 亿美元，为历史最高值。2018—2020 年，机电产品出口先由 2018 年的 79.6 亿美元下降至 2019 年的 73.8 亿美元，后在 2020 年增长到 77.6 亿美元，占 50.5%。机电产品出口以手机、电工器材、通用机械设备、电子元件和汽车零配件为主。以 2020 年为例，上述商品分别出口 10.3 亿美元、8.3 亿美元、5.1 亿美元、4.8 亿美元、3.9 亿美元，分别占当年机电产品出口总值的 13.3%、10.6%、6.6%、6.2%、5%。

传统劳动密集型产品出口整体保持增长趋势。2002—2020 年，除 2016、2019、2020 年外，劳动密集型产品出口保持增长，出口值从 2002 年的 1 亿美元增长至 2020 年的 30.1 亿美元，所占比重从 2002 年的 9.1% 上升至 2020 年的 19.6%。劳动密集型产品出口以纺织服装（包括服装、纺织纱线等）、塑料制品、鞋靴为主。以 2020 年为例，上述商品分别出口 24.1 亿美元、3 亿美元和 1.1 亿美元，分别占劳动密集型产品出口总值的 80%、10.1% 和 3.8%。

2002—2020 年，除 2004、2009、2019 年外，钢材出口均保持增长，出口值从 2002 年的 0.1 亿美元增长至 2020 年的 8.2 亿美元，占比从 0.9% 升至 5.3%。2002—2020 年，除 2019 年外，有机化学品出口均保持增长，从 2002 年的 0.4 亿美元增长到 2020 年的 6.1 亿美元，占比由 3.3% 升至 4%。2002—2020 年，农产品出口整体呈增长趋势，出口值从 2002 年的 0.5 亿美元增长至 2020 年的 3.6 亿美元，占比从 4.8% 降至 2.3%，主要出口农产品为蔬菜及食用菌、干鲜瓜果及坚果、茶叶和罐头。

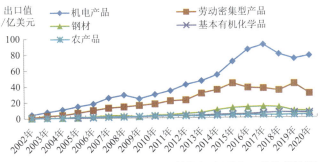

图 3-51　2002—2020 年中国对巴基斯坦主要出口商品统计图

（六）进口商品集中在劳动密集型产品、初级产品和工业原材料等领域

2002—2020 年，中国自巴基斯坦进口商品主要为纺织纱线、织物及其制品，未锻轧铜及铜材，农产品，金属矿及矿砂和服装及衣着附件。

纺织纱线、织物及其制品为主要进口商品，进口值先增后降。2002—2013年，纺织纱线、织物及其制品整体保持增长态势，从 2002 年的 4.7 亿美元增长至 2013 年的 21.6 亿美元，占比从 85％降至 67.5％。2014—2019 年，除 2018年外，进口逐年下降，从 2014 年的 17.2 亿美元下降至 2019 年的 3.8 亿美元，占比从 62.5％下降至 20.8％。2020 年，进口增长至 6.3 亿美元，占比升至29.8％。纺织纱线、织物及其制品进口以棉纱线为主，以 2020 年为例，棉纱线出口 5.4 亿美元，占纺织纱线、织物及其制品出口的 85.2％。

未锻轧铜及铜材进口前期占比较低，后期增长迅速。2002—2017 年，未锻轧铜及铜材进口涨跌互现，但幅度不大。2017 年进口 1.2 亿美元，占6.7％。2018—2019 年，进口猛增，分别进口 2.6 亿美元、5.5 亿美元，分别增长116.2％、107.8％。2020 年，未锻轧铜及铜材进口 6.3 亿美元，增长 13.8％，占29.5％。

农产品进口以水产品、粮食类为主，进口波动大，但整体呈增长趋势。2002—2012 年，农产品进口快速增长，从 2002 年的 0.1 亿美元增长至 2012 年的 5.3 亿美元，占比从 1.6％升至 16.9％。2013 年，农产品进口骤降 29.8％至 3.7 亿美元。2014—2015 年，农产品进口分别为 3.9 亿美元、4.2 亿，保持小幅增长。2016—2017 年,农产品进口分别为 3.9 亿美元、2.7 亿美元,分别下降 7.5% 和 31.7%。2018 年,农产品进口 4.8 亿美元,激增 77.8%。2019—2020 年,农产品进口连续下跌,2019 年进口 4.8 亿美元,2020 年进口 4.1 亿美元。

2002—2020 年,金属矿及矿砂从 2002 年的 368.5 万美元增长至 2020 年的 2 亿美元,占比从 0.7% 升至 9.2%。服装及衣着附件保持稳定增长,从 2002 年的 314.8 万美元增长至 2020 年的 0.9 亿美元。

图 3-52　2002—2020 年中国自巴基斯坦主要进口商品统计图

三、中国与巴基斯坦贸易发展面临的挑战

(一)中巴贸易规模与政治关系发展不一致

相对于中国与巴基斯坦之间紧密的政治关系而言,中巴贸易往来相对滞后。2001—2020 年的 20 年间,中国对巴基斯坦进出口贸易总值累计为 2 157.7 亿美元,仅占 2020 年中国对外贸易总值的 4.6% 左右。由此不难看出,中巴双方政治关系虽然比较紧密,但两国的贸易规模没有跟上双边关系发展的步伐。

(二)中巴贸易结构不平衡

巴基斯坦作为人口大国,内部需求巨大,但国内生产能力落后,很多产品都依赖进口,可出口商品种类少。中国对巴基斯坦出口的产品以工业制成品为主,集中在机电产品、纺织原材料、化工产品、贱金属、金属矿等,机电产品占比达50%以上。中国自巴基斯坦主要进口原材料产品,如纺织纱线、农产品、矿产品、皮革等初级产品和初级加工品。巴基斯坦能向中国出口的商品有限,对中方的商品进口依赖度大,双方贸易结构不平衡,由此造成在中巴商品贸易中,巴基斯坦逆差较大。

四、中国对巴基斯坦贸易发展前景展望

2021年3月,中巴建交迎来70周年。70年来,国际局势风云变幻,但中巴关系始终不渝地朝着稳定方向发展。在国际事务上,中巴两国始终都能达成一致,形成"全天候战略合作伙伴"关系。随着"一带一路"建设的深入推进,"中巴经济走廊"的建设和影响力不断扩大,中巴贸易往来更加紧密,双边经贸合作将再上新台阶。

(一)提升中巴双边贸易地位

受新冠肺炎疫情的影响,当前全球主要经济体遭受重创,全球经济陷入衰退。在此大背景之下,应充分发挥中巴地理位置优势,通过加强与巴基斯坦之间的贸易往来,提高中巴双方的贸易地位,推动与南亚各国及中东地区国家的经济交往,实现中国经济建设的合理多元发展。

(二)充分挖掘中巴贸易潜力

据巴基斯坦统计局数据显示,巴基斯坦对中国的出口贸易总额占巴基斯坦出口贸易总额的10%以下,表明巴基斯坦国内仍有一定的出口潜力。可加大对巴基斯坦农业加工品、水产品、水果等的进口力度,实现中巴双方之间贸易规模的不断扩大。巴基斯坦国内有大量的矿产资源,中国可以根据国内的发展现状,将原料进口与国内贸易进行有机结合,既满足巴基斯坦国内的经济需求,同时也满足中国的发展需要。此外,中巴自贸协定第二阶段已经于2020年1月1日生效实施,为巴基斯坦产品进入中国市场提供制度便利,尤其是纺织品、体育用品等巴基斯坦重点出口产品享受零关税对华出口的优惠政策。

（三）深入推进"中巴经济走廊"建设

作为"一带一路"倡议中南北丝绸之路重要连接点的"中巴经济走廊"，有助于进一步密切和强化中巴"全天候战略合作伙伴"关系，是共建"一带一路"的标志性工程和先行先试项目，为中巴贸易发展提供了重要机遇。中巴双方应齐心协力推动走廊的建设，落实以瓜达尔港、能源、基础设施建设、产业合作为重点的"1+4"合作布局，突出走廊健康、绿色、数字属性，加强产业、科技、农业、社会民生等领域合作，加快畅通走廊贸易，将走廊打造成"一带一路"高质量发展的示范工程。

第七章
中国对印度进出口贸易发展情况

印度地处南亚次大陆,是世界上第二人口大国,也是中国在西南方向的最大邻国。中印两国同为亚洲文明古国,贸易往来源远流长,中国古代"南方丝绸之路"和"海上丝绸之路"都经过印度,"北方丝绸之路"也曾经对印度产生了重要的影响。

20年来,中印两国贸易竞争与互补并存。印度铁矿、棉花等资源丰富,但基础设施和制造业相对落后,而中国在机电产品、劳动密集型产品领域具有一定比较优势,钢铁、纺织行业原料需求较大。同时,同为发展中国家的中国和印度,在经济和产业发展方面也不可避免存在竞争关系,双边经贸摩擦、贸易管控、贸易平衡等方面在一定程度上对双边贸易发展形成制约。

2004年6月,上合组织启动观察员国机制。次年,印度申请并成为上合组织观察员国。2017年6月9日,上合组织接纳印度和巴基斯坦两国成为正式成员国,实现上合组织历史上首次扩员。上合组织成为中印两国增强沟通互信、不断加强合作的重要平台,为未来双边经贸关系持续发展创造更加有利条件。

一、上合组织成立20年来中国对印度贸易进出口发展历程

中国对印度进出口的发展历程大致可分为以下三个阶段(图3-53)。

图 3-53　2001—2020 年中国对印度进出口值及增速统计图

(一) 2001—2008 年:快速发展阶段

2001 年年底中国正式加入世贸组织,改革开放进入新阶段,推动中国对印贸易快速发展。2001 年中国对印进出口总值 36 亿美元,仅 3 年时间便于 2004 年首次突破百亿大关,达到 136.1 亿美元。2005 年 4 月,中印两国签署《全面经贸合作五年规划》,制定双边贸易额到 2008 年达到 200 亿美元或更高的目标,此后仅 1 年时间便于 2006 年达到 248.6 亿美元,提前实现预期目标。"入世"后的 2002—2008 年,中国对印进出口年均增速高达 46.4%。2008 年,中国对印进出口总值 518.4 亿美元,首次突破 500 亿美元大关。

(二) 2009—2016 年:震荡调整阶段

2008 年,金融危机席卷全球。受此影响,2009 年中国对印度进出口 433.8 亿美元,下降 16.3%。2010、2011 年中国对印贸易短期回暖,并于 2011 年突破 700 亿美元,达到 739.1 亿美元。但 2012 年欧债危机引发的全球金融危机再次打击全球经济,叠加印度对铁矿砂、棉花等出口限制措施的影响,2012—2016 年,中国对印进出口增长乏力。整体看,此阶段中印双边贸易增速及结构处于震荡调整期。2009—2016 年,中国对印度进出口年均增速为 3.9%,较前一阶段减速明显。

(三) 2017—2020 年：成员国阶段

2017 年 6 月，印度和巴基斯坦正式成为上合组织成员国，为上合组织成立以来首次扩员，上合组织成为中印两个新兴经济体加强交流与合作的又一重要平台。2017、2018 年，中国对印度进出口同比分别增长 20.2％和 13.2％，双边年度贸易额于 2018 年达到 955.1 亿美元的历史最高值。受政治因素和新冠肺炎疫情影响，2020 年中印贸易额下降至 876.7 亿美元。但多数经济学家仍认为中印经济均具有持续发展潜力，双边贸易发展前景可期。

二、中国对印度贸易的基本特点

(一) 贸易持续顺差，规模总体走高

2001—2020 年，中国对印贸易总体保持贸易顺差，贸易顺差累计达 4 906.8 亿美元，占中国对印贸易总规模的 46.8％，且贸易顺差不断扩大。

2001—2005 年，中印双边贸易互有顺差。"入世"初期，中国对印贸易进出口规模均相对较小，双边贸易互有顺差。2003—2005 年，中印贸易快速增长，贸易值由 2003 年的 75.9 亿美元增至 2005 年的 187 亿美元，但同期中国对印贸易连续 3 年逆差。2005 年，中国对印出口值 89.3 亿美元，进口值 97.7 亿美元，对印贸易逆差 8.3 亿美元，占当年中印贸易总值的 4.4％。

2006—2011 年，中印贸易继续保持贸易顺差且规模迅速扩大。2006 年起，中国对印度出口增速普遍高于自印度进口增速，中国对印贸易顺差迅速增长，由 2006 年的 43 亿美元扩大至 2011 年的 271.7 亿美元，增长 5.3 倍。2008 年席卷全球的国际金融危机造成中国对印贸易顺差衰退式扩大。2009 年中国对印度进出口总值 433.8 亿美元，下降 16.3％。其中，对印度出口 296.6 亿美元，下降 6.1％；自印度进口 137.3 亿美元，下降 32.2％；对印度贸易顺差 159.3 亿美元，扩大 40.6％。

2012—2019 年，贸易顺差平稳增长。2012 年，中国对印度进出口总值攀升至 664.7 亿美元，贸易顺差达到 288.8 亿美元。此后，中国对印贸易顺差平稳

增长。2018 年,中印贸易额达到 955.1 亿美元,贸易顺差达 578.4 亿美元,为 20 年来最大规模。

2020 年,受新冠肺炎疫情影响,中印贸易额下降至 876.7 亿美元,贸易顺差规模缩减至 457.7 亿美元(图 3-54)。

图 3-54　2001—2020 年中国对印度进出口值及贸易差额统计图

(二)一般贸易方式占主导,不同贸易方式比重整体稳定,不同时期略有波动

2002—2020 年,中国以一般贸易、加工贸易和保税物流方式对印度进出口分别占同期中国对印度进出口总值的 71.4%、17.9% 和 5.9%。受各方面因素影响,各贸易方式年度占比虽略有波动,但总体保持稳定。

2002—2007 年,中国"入世"后对印度进出口贸易快速发展,不同贸易方式对印度进出口均保持良好增长态势,所占比重整体变化不大。2002 年,中国以一般贸易、加工贸易、保税物流方式分别对印度进出口 35.4 亿美元、12 亿美元和 1.9 亿美元,分别占 71.6%、24.2% 和 3.9%。2003—2007 年,中国以一般贸易、加工贸易、保税物流方式对印度进出口年均增速分别达 50.7%、48.3% 和 54.2%。2007 年,中国对印度进出口一般贸易、加工贸易、保税物流方式比重分别为 71.2%、22.2% 和 4.4%,与 2002 年相比变化不大。

2008—2012 年,受美国次贷危机和欧债危机影响,中国对印度进出口一般贸易、加工贸易方式受到更明显影响,所占比重有所波动。2008 年,全球经济危机对加工贸易影响率先显现,中国以加工贸易方式对印度进出口增速降至6.5%的个位增幅,占同期中国对印度进出口比重降至 17.7%,较上年下降 4.5个百分点。2012 年,在金融危机及中国自印度铁矿砂、棉花进口受抑影响下,中国以一般贸易方式对印度进出口下降 14.1%,占同期中国对印度进出口比重降至 66.8%,降至近 20 年最低。此外,此阶段中国以对外承包工程和保税物流方式对印度贸易快速发展。2009 年以对外承包工程方式对印度进出口 31亿美元,创历史新高;2012 年以保税物流方式对印度进出口 55.7 亿美元,占对印贸易比重提升至 8.4%。

2013—2020 年,受国内要素成本上涨因素影响,加工贸易发展优势有所减弱,一般贸易比重提升,加工贸易比重下滑。2013—2020 年,中国以一般贸易和加工贸易方式对印度进出口年均增速分别为 5.3%和 −2.1%。发展速度差异下,2020 年,中国一般贸易方式占对印贸易比重为 76.8%,较 2013 年提升 9个百分点;加工贸易占对印贸易比重为 12.8%,较 2013 年下降 8.3 个百分点(图 3-55)。

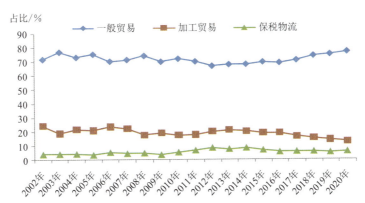

图 3-55 2002—2020 年中国对印度主要贸易方式进出口值占比统计图

（三）民营企业发展迅速，国有企业影响趋弱

2002 年，中国国有企业对印度进出口 27.6 亿美元，占同期中国对印进出口总值的 55.8%，居主导地位；同期，民营企业、外商投资企业占比分别为 15.2% 和 28.9%。随着"入世"后中国改革开放水平的不断提升，民营企业活力凸显，开始在对印贸易中扮演重要角色，对印进出口增速高于同期外商投资企业和国有企业对印进出口增速。2003—2020 年，中国民营企业、外商投资企业、国有企业进出口年均增速分别为 26.6%、16.8%、8.7%。进出口增速差异下，民营企业比重不断提升，国有企业比重持续回落，外商投资企业比重保持基本稳定。

2008 年，中国民营企业在对印贸易中比重提升至 31.2%，首次超过外商投资企业；2010 年，中国民营企业在对印贸易中比重提升至 34.9%，首次超过国有企业；2016 年，中国民营企业在对印贸易中比重提升至 52.3%，首次占比超过 50%；2019 年，中国民营企业占对印贸易比重提升至 59.7%，创历史新高。同期，国有企业占比持续回落。2016—2020 年，国有企业比重连续 5 年保持在 15% 以下，其中 2019 年达到 13.5% 的历史低谷，较 2002 年下降 42.3 个百分点。外商投资企业占比基本持平，总体保持在 30% 左右，呈相对稳定状态（图 3-56）。

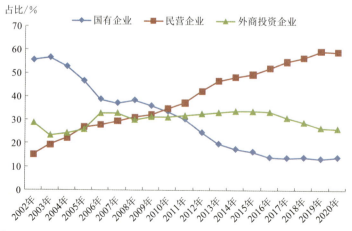

图 3-56 2002—2020 年中国对印度主要贸易主体进出口值占比统计图

（四）广东、浙江和江苏居中国对印贸易前三位

近 20 年来，广东、浙江、江苏、上海、山东、北京等六省市基本保持中国对印度进出口前六位，六者对印度进出口总值约占同期中国对印度进出口总值的 70％。

2003—2020 年，广东、浙江、江苏对印度进出口年均增速分别达 18％、19.8％和 19.5％，分别高于同期中国对印度进出口平均增速 0.7、2.5 和 2.2 个百分点，对印贸易地区活力较强。其中，广东除 2012 年曾被江苏反超退居第二外，均保持中国对印度贸易第一大省的地位；2018 年广东对印度进出口总值达到创历史新高的 233.8 亿美元，此后连续两年回落；2020 年广东对印度进出口总值 186.1 亿美元，占同期中国对印度进出口总值的 21.2％。浙江、江苏为中国对印度贸易第二、第三大省，近年来对印度进出口增速相对领先，在中国对印进出口总值中占比提升。2020 年，浙江、江苏对印度进出口总值分别为 150.4 亿美元和 125.7 亿美元，分别占同期中国对印度进出口总值的 17.2％和 14.3％，分别较 2002 年提升 5.4 和 4.1 个百分点。

近年来，上海、山东、北京居中国对印度贸易第四至六位。2020 年三者对印度进出口总值分别为 71.1 亿美元、59.6 亿美元和 42 亿美元，分别占同期中国对印度进出口总值的 8.1％、6.8％和 4.8％，分别较 2002 年下降 1.9、1.0 和 3.2 个百分点。尽管占比有所回落，但 2020 年在中国对印度进出口整体回落形势下，山东、北京对印度进出口总值分别增长 2.2％和 11.3％，展现较强发展韧性（图 3-57）。

（五）机电产品出口占比提升，劳动密集型产品占比相对回落

中国对印度出口主要商品为机电产品、劳动密集型产品、基础有机化学品、医药材及药品、钢材等。2003—2020 年，中国上述商品对印度出口年均增速分别为 24％、18.4％、18.7％、12.3％和 32.3％，其中，机电产品、钢材出口年均增速高于同期中国对印度出口平均增速，劳动密集型产品、基础有机化学品、医药材及药品出口年均增速略低于同期中国对印度出口平均增速。

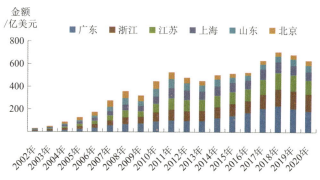

图 3-57　2002—2020 年中国对印度主要地区进出口值统计图

从机电产品出口所占比重看,"入世"后,中国经济结构、产业结构调整步伐加快,配套能力进一步完善,工业制造业水平不断提升,促进对印度出口的机电产品占比明显提升,商品结构优化。2002—2009 年,中国对印度出口中机电产品占比由 34.6% 提升至 63.7% 的历史高点,此后尽管有所回落,但机电产品在中国对印度出口占比基本保持在 50% 以上。2020 年,中国对印度出口机电产品 399.9 亿美元,占中国对印度出口总值的 59.9%。从机电产品出口走势看,中国对印度机电产品年度出口整体增势良好,但经贸政策变化等因素仍造成一定时期内出口波动。2012 年,印度对中国光伏产品发起反倾销调查,当年中国太阳能电池对印度出口大幅下降 60.6%[1];2019 年,为促进本国相关产业发展,印度提高对手机、家电等产品关税[2],当年中国家电、手机对印度出口分别下降29.7% 和 60%。

劳动密集型产品出口持续增长,年均增速低于机电产品,在对印出口中占比有所下降。"入世"初期,中国要素成本相对低廉,劳动密集型产品比较优势相对突出,对印度出口占比相对较高。2003 年,中国对印度出口劳动密集型产品 5.3 亿美元,占同期中国对印度出口总值的 16.9%,占比达近 20 年高点。此后,随着机电产品对印出口的较快发展,劳动密集型产品在对印出口中占比

① 《印度对我国光伏产品发起第三次反倾销调查》,新华丝路,2021 年 5 月 19 日。

② 《我国机电产品出口面临保增长压力》,中国服务贸易指南网,2020 年 6 月 16 日。

整体回落。2020年,中国对印度出口劳动密集型产品72.4亿美元,占同期中国对印度出口总值的10.8%,较2003年下降6.1个百分点(图3-58)。

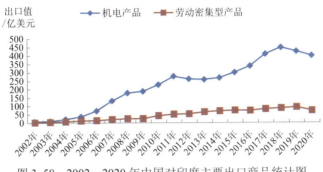

图3-58　2002—2020年中国对印度主要出口商品统计图

(六) 大宗资源型产品为主要进口品种

中国自印度进口主要商品为金属矿及矿砂、农产品、基础有机化学品、机电产品、钻石、初级形状的塑料、钢材等。2003—2020年,中国上述商品自印度进口年均增速分别为11.2%、21.8%、15%、16.6%、15%、8.5%和7.3%。其中,农产品、基础有机化学品、机电产品、钻石进口年均增速高于同期中国自印度进口平均增速,金属矿及矿砂、初级形状的塑料、钢材进口年均增速略低于同期中国自印度进口平均增速。

金属矿及矿砂进口主要品种为铁矿砂及其精矿,年度进口值先扬后抑。印度铁矿储量高达250亿吨以上,是全球铁矿砂主要生产国和出口国之一。"入世"后,中国钢铁产业快速发展促进原料需求提升,印度铁矿因物美价廉且距离中国海运距离较近而受到中国钢企青睐。2003—2008年,中国自印度进口铁矿砂快速增长,由2003年的12.2亿美元增长至2008年的133.9亿美元,首次突破百亿美元,年均增速高达69.9%。2009年起,为满足国内钢铁产业需求、加大铁矿领域改革,印度采取颁布开采禁令、提高出口关税等方式限制铁矿开采、出口[1]。受此影响,2009—2015年,中国自印度进口铁矿砂大幅震荡下行。

---

[1] 《进口铁矿石:印度矿的前世今生》,卓创钢铁,2019年12月30日。

2015 年中国自印度进口铁矿砂仅 1 亿美元,年度进口值不足 2008 年高峰时期进门值的 1%。2016 年后,中国自印度铁矿砂进口有所回升。2020 年中国自印度进口铁矿砂恢复增长至 40.8 亿美元。2016—2020 年自印度进口铁矿砂年均增速 109.5%。

农产品进口主要品种为棉花,年度进口值先扬后抑;水产品进口近年来快速增长。中国和印度均为全球棉花主要生产国。"入世"后,随着中国棉纺织行业的快速发展,国内棉花逐步难以完全满足行业生产需求,促进中国自印度等棉花生产国进口快速增加。2004—2012 年,中国自印度进口棉花由 2004 年的 7 087 万美元增长至 2012 年的 30.3 亿美元,年均增速高达 116.3%。2012 年后,为满足国内纺织行业棉花需求,印度对棉花出口限制增加,造成中国自印度棉花进口值快速回落。2016 年,中国自印度进口棉花 1.9 亿美元,年度进口值仅为 2012 年高峰时期进口值的 6.3%。此外,近年来中国自印度进口水产品快速增长。2019 年,中国自印度进口水产品 12.3 亿美元,大幅增加 213.5%;2020 年略有回落,但进口规模也达 8.4 亿美元(图 3-59)。

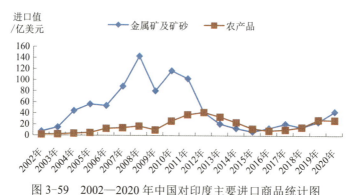

图 3-59　2002—2020 年中国对印度主要进口商品统计图

三、中国对印度贸易发展面临的挑战

(一) 中印双边贸易不平衡

尽管中印两国贸易额逐年增加,但两国间的贸易额在各自国家贸易总额中所占比例不大,与两国具备的市场规模相去甚远。同时,中印贸易关系还面临贸易差额不断扩大的挑战。受双边商品结构和贸易政策影响,中国对印度贸易顺差逐年拉大,容易进一步引发两国间贸易摩擦。此外,中国企业高度重视印度市场,但政治、经济等因素影响下,中国企业进入印度市场较为困难。2020年新冠肺炎疫情凸显了印度对中国产业链的依赖,但是印度疫情防控难度大,外贸企业遭受冲击,经济活动难以恢复,对经贸影响很大。中印两国政治、经济互信有待进一步加强,双边贸易环境有待优化。

(二) 中印经贸摩擦频繁

随着中印两国贸易关系发展步伐的加快,印度对中国贸易壁垒也逐渐增多,贸易摩擦对两国经贸往来的影响日益凸显。贸易救济措施频繁实施、货物通关环节壁垒严重、关税制度不透明等因素已成为困扰中国对印出口的重要原因。据统计,1998—2010年,印方对中国共发起186起反倾销调查,2016—2020年,印度对中国发起贸易救济措施89起,已成为对中国立案最多的发展中国家。同时,印度为保护国内资源安全、满足国内行业需求,对铁矿砂、棉花等大宗资源型产品实施出口限制性措施,也对中国自印度进口产生影响。

四、中国对印度贸易发展前景展望

作为世界上两个最大的发展中国家,中国和印度不仅是亚洲地区的重要国家,在全球经济发展中也起着举足轻重的作用。经济全球化为中印两国的贸易发展提供了一个良好的大背景,同时,两国日趋改善的政治经济制度和互补性,也为扩大贸易关系创造了良好的条件。借此机会,中印两国可充分挖掘两国的互补性,发挥自身的比较优势,扩大彼此间的经贸合作,共同迎接经济全球化带来的挑战。

(一) 增加彼此了解,减少贸易摩擦

国家间的经济与政治呈正相关关系,近几年以来,每次两国领导的访问都

极大地推动了两国贸易关系的发展。在短短的 10 年时间里,中印两国就实现了从建设性合作伙伴关系到战略合作伙伴关系的跨越。但在中印贸易活动中仍然面临一些挑战,两国政府仍需要做出更多的努力。中印两国应加强双方政府之间的交流,增进彼此间的信任和理解,这也是两国合作和发展的必然前提和大势所趋。

(二) 加强两国的互补性贸易, 淡化竞争性

中国和印度虽然都属于劳动力丰裕的国家,但中国出口的产品是以劳动及资本密集型为主的制成品,以制造业为核心,而印度出口的产品是以资源密集型为主的制成品,靠服务业带动,两个国家分别被冠以"世界工厂"和"世界办公室"的名字。两国贸易互补性较强,可充分利用互补性加强合作,努力寻求投资机会,淡化竞争意识,扩大合作潜力和空间。首先,可充分发挥各自特色产业优势,推动双边贸易与投资合作,促进双边产业强强联合,推动制造业和服务业的附加价值增加。其次,中国可加大对印度农产品和矿产品的进口,扩大对印度工业品的出口,通过签订政府间协议等形式,形成对印度农、矿产品长期稳定的进口渠道。再次,加强两国竞争性强的相同行业的互补,如化学药品、纺织业及机械设备,不断提高各自的比较优势,扩大同业产业内的互补性。

第四篇

中国对上合组织观察员国
贸易发展

截至 2020 年 8 月,上合组织共有蒙古、伊朗、阿富汗、白俄罗斯等 4 个观察员国,四国分别于 2004、2005、2012、2015 年被上合组织正式接纳为观察员国。中国与上合组织观察员国(以下简称观察员国)之间政治互信度高,经济互补性强,合作潜力巨大,在双边贸易、工程承包、相互投资及国际贸易通道等领域的合作成效显著。

一、近 5 年中国对观察员国贸易发展历程

2016 年以来,中国与观察员国贸易规模呈现先升后降态势。据中国海关统计,2016—2020 年,中国对观察员国累计进出口 1 885.4 亿美元,比 2011—2015 年下降(下同)24%。其中,对观察员国累计出口 841.6 亿美元,下降 16.1%;自观察员国累计进口 1 043.8 亿美元,下降 29.4%。2016—2020 年,中国对观察员国贸易年均增速为 -7.8%。其中,2017 年进出口同比增长 20.4%,是唯一正增长的年份。2019 年以来,受国际局势及新冠肺炎疫情等影响,进出口连续大幅下降,2020 年进出口规模缩减至 252.1 亿美元,同比下降 27%(图 4-1)。

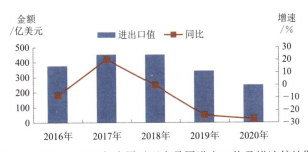

图 4-1　2016—2020 年中国对观察员国进出口值及增速统计图

二、近 5 年中国对观察员国进出口主要特点

（一）一般贸易占据主体地位，保税物流、边境小额贸易发展较快

2016—2020 年，中国以一般贸易方式对观察员国进出口 1 383.5 亿美元，占同期中国对观察员国外贸比重（下同）的 73.4%；以保税物流方式进出口 187.5 亿美元，所占比重为 9.9%，年均增长 9%；以边境小额贸易方式进出口 104.5 亿美元，占 5.5%，年均增长 9.4%；以加工贸易方式进出口 88.7 亿美元，占 4.7%；以对外承包工程出口货物方式进出口 39.1 亿美元，所占比重为 2.1%（图 4-2）。

图 4-2　2016—2020 年中国对观察员国主要贸易方式进出口值统计图

（二）伊朗是中国在观察员国中最大贸易伙伴，中国对白俄罗斯、蒙古贸易保持较高增速

2016—2020 年，在观察员国中，中国与伊朗进出口规模为 1 413.9 亿美元，比重达 75%，年均增速为 −15.1%。对蒙古、白俄罗斯、阿富汗贸易比重分别为 18%、5.5%、1.5%，年均增速分别为 4.6%、11.3%、8.2%，明显高于对观察员国整体水平（图 4-3）。

（三）民营企业快速增长且比重提升，国有企业比重下滑，外商投资企业比重较小

2016—2020 年，中国民营企业、国有企业、外商投资企业对观察员国分

别进出口 969.6 亿美元、769.6 亿美元和 142.8 亿美元,占比分别为 51.4%、40.8%和 7.6%。其中 2020 年,民营企业比重上升至 71.6%,较 2016 年提升 24.2 个百分点,国有企业比重下滑至 19.5%,较 2016 年下降 23.3 个百分点(图 4-4)。

图 4-3 2016—2020 年中国对观察员国主要国别进出口值统计图

图 4-4 2016—2020 年中国对观察员国主要贸易主体进出口值统计图

(四)水路运输为主要运输方式,铁路运输、公路运输实现较快发展

2016—2020 年,中国以水路运输方式对观察员国进出口 1 432.1 亿美元,贸易规模比重为 76%。以公路运输、铁路运输方式进出口分别为 261.7 亿美元、123.5 亿美元,贸易规模比重分别为 13.9%、6.6%,年均增速分别为 1.2%、19.3%。其中,铁路运输贸易规模 2017 年增长 37.7%。另外,以航空运输方式进出口 52 亿美元,占 2.8%,年均增长 16.3%(图 4-5)。

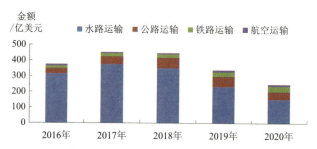

图 4-5　2016—2020 年中国对观察员国进出口主要运输方式进出口值统计图

（五）出口商品以机电产品为主，劳动密集型产品和高新技术产品占比保持稳定

2016—2020 年，中国对观察员国出口机电产品 504 亿美元，占出口规模比重为 59.9%；出口劳动密集型产品 114.5 亿美元，占 13.9%；出口高新技术产品 102.2 亿美元，占 12.1%。从具体品种看，纺织服装占 8.8%，汽车、汽车零配件分别占 7.9%、6.2%，计算机与通信技术占 6.8%。此外，出口钢材 40.5 亿美元，占 4.8%；出口农产品 22.7 亿美元，占 2.7%（图 4-6）。

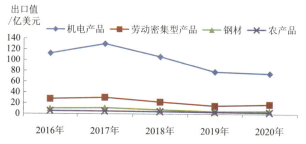

图 4-6　2016—2020 年中国对观察员国主要出口商品统计图

（六）进口商品主要为大宗资源型商品，塑料和有机化学品占比逐步提升

2016—2020 年，中国自观察员国进口原油、金属矿砂、煤及褐煤分别为 462.1 亿美元、186.9 亿美元、111.4 亿美元，占比分别为 43.2%、17.5%、10.4%。进口初级形状的塑料、基本有机化学品分别为 116 亿美元、62.9 亿美元，分别占 10.8%、5.9%。进口农产品 31 亿美元，占 3%，年均增长 29.3%，

其中肉类 3.9 亿美元,年均增长 113.9％。此外,进口肥料 19.4 亿美元,占
1.9％;进口纺织原料 9.1 亿美元,占 0.9％(图 4-7)。

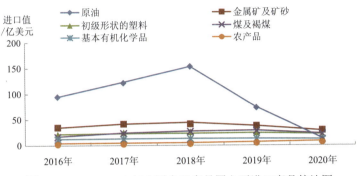

图 4-7　2016—2020 年中国自观察员国主要进口商品统计图

三、中国对各观察员国贸易概述

(一) 伊朗是中国在观察员国中的第一大贸易伙伴,进出口占比超七成

伊朗是中国在西亚地区的重要经贸合作伙伴,中国"一带一路"倡议与
伊朗"向东看"战略在空间上存在交叉,两国长期保持友好合作的经贸关系。
2005 年,伊朗成为上合组织观察员国。2016 年,习近平主席访问伊朗,两国建
立"全面战略伙伴关系",达成在"一带一路"框架下发展战略合作的意向性共
识。经济合作是中伊推进"全面战略伙伴关系"的重点领域之一,两国明确提
出加强双方经济联系,扩大双边贸易额至 6 000 亿美元的合作展望。中伊两国
经贸合作领域广泛,市场潜力大,产业互补性强。中国是伊朗最大的贸易伙伴
国和海外出口目的地。伊朗拥有丰富的自然资源和绝佳的地理位置,对伊拉克、
土耳其、阿富汗、巴基斯坦及其他波斯湾沿岸国家、高加索国家、中亚独联体国
家市场均有辐射作用。

2016—2020 年,受国际政治和经济局势发展变化影响,中国与伊朗进出口
波动较大。前 3 年双边贸易规模保持在每年 300 亿美元以上,2019、2020 年分
别萎缩至 230.4 亿美元、149.3 亿美元。一般贸易为中国对伊朗最主要的贸易
方式,占比保持在 70％以上。保税物流方式快速发展,2019 年比重大幅提升至

16.4％。国有企业、民营企业是主要贸易主体，所占比重不断提升，2019 年二者合计占比达 95％。中国自伊朗进口商品主要为原油、金属矿砂、化学品等，其中原油占比长期超 60％，但 2019 年下降至 52.7％，2020 年断崖式下降至 20.3％。中国对伊朗出口商品主要为机电产品、计算机与通信技术、纺织服装、钢材等，其中机电产品占比达 60％。

（二）蒙古是中国在观察员国中的第二大贸易伙伴，贸易逆差特征显著

蒙古位于中国和俄罗斯之间，是世界第二大内陆国家，也是"一带一路"北线重要节点国家。在 2004 年上合组织塔什干峰会上，蒙古被正式接纳为上合组织观察员国。蒙古在 2014 年提出了"草原之路"倡议，并于 2017 年将该倡议升级为"发展之路"。2018 年以来，中蒙关系发展进入快车道，"一带一路"与"发展之路"持续深化对接，中蒙经贸合作向更广领域、更深层次发展。中蒙两国经济具有较强互补性。近年来两国经济在相互尊重、平等互利的基础上取得了长足发展。

2019 年，中国与蒙古双边贸易额达到 81.6 亿美元，较 2004 年增长 10.8 倍，占蒙古对外贸易总额的 59.6％[①]。2016—2020 年，中国与蒙古双边贸易规模年均增长 4.6％。中国对蒙古一直保持贸易逆差态势，5 年内贸易逆差占贸易总规模比例为 56.8％，自 2018 年起贸易逆差逐渐缩小。中国对蒙古进出口一般贸易、边境小额贸易分别占 43.8％、30％；民营企业为主要贸易主体，所占比重超 70％；中国自蒙古进口的商品 90％以上为金属矿砂、煤炭、原油等大宗资源类商品，以牛羊肉为代表的农产品和以羊绒、羊毛为代表的纺织原料占比约 9％；中国对蒙古出口商品以机电产品、钢材等工业品为主，占比达 60％。

（三）白俄罗斯是中国对观察员国贸易规模年均增速最快的国家

白俄罗斯地处东欧平原，是欧亚大陆至欧盟及大西洋港口的重要通道，也是"丝绸之路经济带"向西延伸的重要节点。2012 年白俄罗斯成为上合组织

---

① 据蒙古国统计局数据，2019 年蒙古国外贸总额为 137 亿美元。

观察员国。2013年中白两国建立全面战略伙伴关系。白俄罗斯是中国在独联体地区重要的经贸合作伙伴,近年来,在两国领导人的直接关怀和推动下,两国相互信任、合作共赢的全面战略伙伴关系保持高水平运行,双边经贸合作不断深化并取得丰硕成果,在双边贸易、工程承包、金融合作、相互投资、园区建设及国际贸易通道等领域的合作成效显著。2020年中国已成为白俄罗斯第二大贸易伙伴及在亚洲最大贸易伙伴。

2016—2020年,中国与白俄罗斯双边贸易保持良好发展态势,年均增长11.3%。一般贸易是主要进出口方式,占比近80%;民营企业为主要贸易主体,所占比重不断提升,2020年达近70%;中国自白俄罗斯进口的主要商品为肥料及肉类等农产品,其中肥料占比近60%;对白俄罗斯出口商品以机电产品、高新技术产品为主,二者合计占比超90%。新冠肺炎疫情发生以来,中欧班列成为可靠的国际交通运输手段,在中欧供应链中的地位得到显著提升。在疫情和全球危机的大背景下,中白两国双边贸易规模不降反增,2019年中国对白俄罗斯进出口27.1亿美元,同比增长58.5%。2020年双边贸易额增长至30亿美元,较2011年增长130%。

(四) 中国与阿富汗双边贸易发展态势良好,持续保持贸易顺差

阿富汗是世界最不发达的国家之一,东接中国,西接伊朗,南接南亚和印度洋,北接中亚和俄罗斯,矿藏资源丰富,战略地位重要。1955年,中国与阿富汗正式建立外交关系。自1957年7月中阿签订易货贸易和支付协定以来,中阿关系发展总体呈健康、稳定态势。2012年6月,中国与阿富汗建立战略合作伙伴关系。2014年10月,阿富汗总统加尼对中国进行国事访问,习近平主席与其会谈、会见,双方发表了《中阿关于深化战略合作伙伴关系的联合声明》,并签署其他经贸合作文件。2015年阿富汗成为上合组织观察员国,中阿在北京举行了经济贸易联合委员会第二次会议,全面回顾近年来两国经贸合作的进展,对其中存在的问题进行了磋商,并就两国自贸区建设、扩大中国企业在阿投资等方面,以及进一步扩大和深化双边经贸合作做了探讨。

2016—2020 年,中国与阿富汗双边贸易规模呈稳步扩大态势。前 3 年贸易额由 4.4 亿美元扩大到 6.9 亿美元,3 年内增长 58.7%。受国际局势及新冠肺炎疫情影响,2020 年双边贸易规模缩小至 5.6 亿美元。中国对阿富汗贸易持续保持顺差,5 年内累计顺差 26.2 亿美元,占贸易总规模 91.9%,其中 2017 年顺差规模占比达到 98.7%;一般贸易占双边贸易额长期保持在 60% 以上,仅有 2018 年比重为 58.6%,边境小额贸易 2018 年比重达 22.7%;民营企业为主要贸易主体,所占比重超 80%;以干鲜瓜果及坚果为代表的农产品是中国自阿富汗进口的主要商品,2020 年中国自阿富汗进口农产品 5 204.9 万美元,较 2016 年增长 41.1 倍;出口以机电产品、纺织服装为主,二者合计占比近 80%,高新技术产品出口保持稳定,占比超 10%。

四、中国对观察员国贸易发展前景展望

(一)在"一带一路"和上合组织框架下,中国与观察员国之间国家发展战略对接不断深化

在与蒙古的合作方面,近年来中国与蒙古都尝试在传统陆地交通联系的天然基础上,进一步扩展区域性战略合作的广度和深度,并由此推动中蒙乃至整个东北亚地区的合作态势。自 2013 年中国提出共建"一带一路"倡议,强调"草原丝绸之路"的继发性发展战略以来,蒙古也于 2014 年提出"草原之路"的契合政策,并在 2017 年将该政策升级为"发展之路"。2014 年 8 月,习近平主席访问蒙古期间,中蒙两国首脑共同签署并发布《中华人民共和国和蒙古国关于建立和发展全面战略伙伴关系的联合宣言》,标志着中蒙两国由战略伙伴关系提升为全面战略伙伴关系,中蒙合作迈上了新台阶。

在与伊朗的合作方面,中国与伊朗长期保持友好合作的经济关系。近年来,中伊高层互访频繁。2016 年 1 月,习近平主席访问伊朗,两国首脑在此次会晤期间于德黑兰共同宣布建立全面战略伙伴关系,并签署中伊两国《关于共同推进"丝绸之路经济带"和"21 世纪海上丝绸之路"建设》《关于加强两国

投资领域合作》等一系列谅解备忘录,涵盖政治、经济、人文、安全多个领域。2021年3月,中国和伊朗正式签署一项为期25年的全面合作计划协议,其中包括政治、战略和经济等全方位合作,为推进中伊全面战略伙伴关系做出整体规划。

在与白俄罗斯的合作方面,2013年7月中白两国宣布建立全面战略伙伴关系,标志着两国关系发展到了新的水平。2014年1月白俄罗斯总理米亚斯尼科维奇访华,两国领导人一致同意推进中白全面战略伙伴关系发展,宣布实施《中白全面战略伙伴关系发展规划(2014—2018)》,并建立中白副总理级政府间合作委员会,统筹推进中白工业园区、经贸、投资、高技术、金融、交通运输等领域的合作。随着两国相互信任、合作共赢的全面战略伙伴关系持续深入推进,双边经贸合作有望保持较快发展势头。

在与阿富汗的合作方面,2012年6月,中国与阿富汗建立了战略合作伙伴关系。2014年10月,阿富汗总统加尼访华,中阿战略合作伙伴关系不断深化。阿富汗积极响应中国"一带一路"倡议,2016年5月,中阿两国签署共建"一带一路"谅解备忘录。在2019年4月第二届"一带一路"国际合作高峰论坛期间,中阿建立了"一带一路"能源合作伙伴关系。目前,中国已成为阿富汗重要的直接投资来源国和贸易伙伴国。

(二)中国与观察员国之间产业结构互补性强,双边贸易发展潜力巨大

中国正处于高质量发展的战略机遇期,对资源性商品、工业原材料和农产品的需求快速增加,观察员国凭借其丰富的资源禀赋成为中国进口资源性产品和其他优质产品的重要来源地。同时,中国在生产要素成本、资源加工能力和制造业实力方面优势明显,汽车、纺织服装、计算机通信产品、钢材、轻工业品等出口商品在观察员国市场广阔。伊朗、蒙古、阿富汗等国自然资源丰富,其石油、矿石、煤炭等资源一定程度上满足了中国市场的需求,但受到技术、资金等方面的限制,工业产业开发相对薄弱,工业产品多以矿产资源及原材料为主,与中国经济发展对矿产资源及大宗商品的需求高度契合。中国在资金、技术和经

验上的优势能够给予观察员国支持和帮助,通过经济合作将中国技术与资本注入其国内经济,推动双边经济发展和产业升级。此外,蒙古以牛羊肉为代表的农产品、以羊绒羊毛为代表的纺织原料以及白俄罗斯以肥料为代表的工业品也在中国进口商品结构中占有一定比重。

(三)中欧班列等陆路国际运输大通道蓬勃发展,中国与观察员国间物流链畅通提速

作为中国推进"一带一路"建设的重要平台,2016 年 6 月 8 日,中欧班列统一品牌正式发布启用,拉开了这一国际运输大通道整合发展、突飞猛进的序幕。2016—2019 年中欧班列分别开行 1 702 列、3 673 列、6 363 列和 8 225 列[①],2020 年开行数量首次突破 1 万列,单月开行量均稳定在 1 000 列以上,全年开行 1.24 万列、发送 113.5 万标箱,同比分别增加 50%、56%,综合重箱率达 98.4%[②]。截至 2021 年 6 月,中国已铺画中欧班列专用运行线 73 条,通达 23 个国家的 168 个城市。随着中欧班列的蓬勃发展,越来越多的中国制造商品沿着国际铁路大通道走出去。尤其是 2020 年新冠肺炎疫情发生以来,中欧班列凭借其时效快、全天候、分段运输的独特优势,全力承接空运、海运、公路运输转移货源,成为可靠的国际交通运输手段,极大提升了中国在观察员国供应链、产业链中的地位和作用。以白俄罗斯为例,随着"一带一路"建设的深入推进以及中欧铁路班列的快速发展,中白两国贸易额显著增长。2020 年,中白双边贸易额创历史新高,两国货物和服务贸易总额达到 54 亿美元,中国首次成为白俄罗斯第二大贸易伙伴。在新冠肺炎疫情和全球危机的大背景下,两国双边贸易额不降反增,增幅达 950 万美元。2020 年白俄罗斯过境集装箱数量达 55 万个,较 2014 年增长了 14.5 倍。

20 年来,上合组织从一个年轻、充满活力的组织发展为世界人口最多的综

---

① 《中欧班列大事记 2011—2020》,中国一带一路网,2020 年 12 月 8 日。

② 《2020 年铁路走出去迈出坚实步伐　中欧班列开行 1.24 万列,境外铁路建设项目有序推进》,人民铁道网,2021 年 1 月 21 日。

合性区域合作组织,在国际事务中发挥着举足轻重的作用,为维护地区和全球安全稳定做出巨大贡献。当今世界正面临百年未有之大变局,国际形势的不稳定性、不确定性明显增加,国际力量对比发生巨变,国际秩序面临深刻重塑,后疫情时代,全球治理将面临更多的挑战,全球化、区域化进程受阻。上合组织很多合作超出了地区的范围,具有示范意义,将在后疫情时代为完善全球治理做出更大贡献。中国大力推动"一带一路"高质量共建和发展,将进一步加深中国与观察员国之间的发展战略和政策对接,推进基础设施互联互通,深化经贸投资广泛合作。未来中国与观察员国外贸进出口有望摆脱疫情影响,逐步恢复到较高增长水平。

第五篇

中国对上合组织对话
伙伴国贸易发展

截至目前,阿塞拜疆、亚美尼亚、柬埔寨、尼泊尔、土耳其、斯里兰卡分别于2016 年、2016 年、2015 年、2016 年、2012 年、2009 年成为上合组织对话伙伴国(以下简称对话伙伴国)。近 5 年,中国与上述 6 个对话伙伴国总体贸易额逐年攀升,贸易顺差也随之增长。2020 年,在新冠肺炎疫情等不利因素的冲击下,中国对对话伙伴国贸易额逆势增长,首次突破 400 亿美元,达 412.8 亿美元,创历史新高,比 2016 年增长 33.9%,年均增长 5%。其中,出口 342.5 亿美元,比 2016 年增长 30.6%,年均增长 4.1%;进口 70.3 亿美元,比 2016 年增长52.7%,年均增长 10.2%。2020 年,中国与对话伙伴国贸易顺差 272.2 亿美元,比 2016 年扩大了 25.9%,受进口增长快于出口的影响,年均增长为 2.8%(图5-1)。

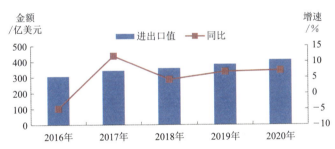

图 5-1　2016—2020 年中国对对话伙伴国进出口值及增速统计图

一、中国对对话伙伴国贸易特点

(一)以一般贸易进出口为主导,加工贸易逐渐萎缩

2016—2020 年,产业链更长、产品附加值更高、更能体现贸易自主性的一般贸易进出口持续占据中国与对话伙伴国贸易的主导地位,所占比重稳定在70%左右。2016 年,中国对对话伙伴国以一般贸易方式进出口 215.6 亿美元,占同期中国对对话伙伴国进出口总值(下同)的 69.9%。2020 年,中国对对话

伙伴国以一般贸易方式进出口 315.8 亿美元，占 76.5%，较 2016 年提高 6.6 个百分点。此期间，一般贸易进出口年均增长 6.5%，比重逐年提升。同期，中国对对话伙伴国以加工贸易方式进出口由 2016 年的 57.6 亿美元下降到 2020 年的 47.3 亿美元，占比由 18.7% 下降到 11.5%，加工贸易所占比重不断下降（图 5-2）。

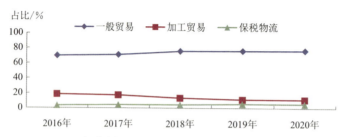

图 5-2　2016—2020 年中国对对话伙伴国主要贸易方式进出口值占比统计图

出口方面，2016—2020 年，一般贸易和加工贸易出口年均增长分别为 5.8% 和 −5.3%。2020 年，中国对对话伙伴国一般贸易出口 260.3 亿美元，占同期中国对对话伙伴国出口总值的 76%，比 2016 年提高 7.5 个百分点；加工贸易出口 42.2 亿美元，占 12.3%，比 2016 年减少 7.3 个百分点。

进口方面，2016—2020 年，一般贸易处于主导地位，所占比重保持在 70% 以上。2020 年，中国自对话伙伴国一般贸易进口 55.4 亿美元，占 78.8%，5 年来实现年均增长 10.2%；加工贸易进口 5.1 亿美元，占 7.2%。

（二）民营企业活力不断增强，外资企业、国有企业占比逐年下降

2016—2020 年，中国民营企业延续进出口贸易活力，所占比重呈上升态势。2016 年，中国民营企业对对话伙伴国进出口 160.2 亿美元，占 52%；2020 年进出口值增长为 254.5 亿美元，占比 61.6%，所占比重较 2016 年提高 9.6 个百分点。

在此期间，中国外商投资企业对对话伙伴国贸易所占比重逐年下滑。2016 年，中国外商投资企业对对话伙伴国进出口 95.6 亿美元，占 31%；2020 年，中

国外商投资企业进出口100.3亿元,占24.3%,所占比重较2016年减少6.7个百分点。

国有企业对对话伙伴国贸易占比也略有下降,2020年进出口57.1亿美元,占13.8%,较2016年减少3.2个百分点(图5-3)。

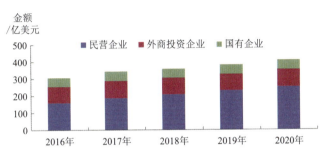

图5-3　2016—2020年中国对对话伙伴国主要贸易主体进出口值统计图

(三) 广东、浙江和江苏居中国对对话伙伴国贸易前三位,进出口占比五成以上

2016—2020年,广东保持中国对对话伙伴国贸易第一大省的地位,浙江和江苏紧随其后。上述三省进出口年均增速分别为5.5%、5%和6.3%,略高于整体,合计占比由2016年的50.8%提升至2020年的52%。在此期间,上海稳居第四位,2017年山东超越福建居第五位,2020年上海、山东、北京、福建分列第四至七位。其中,北京增长最快,5年来年均增长11.6%,高于整体增速6.7个百分点(图5-4)。

图5-4　2016—2020年中国对对话伙伴国进出口主要省市进出口值统计图

(四)出口商品结构优化,机电产品占比提高,劳动密集型产品出口增速放缓

2016—2020 年,中国对对话伙伴国的出口商品结构不断优化,机电产品出口所占比重由 2016 年的 50% 提升至 2020 年的 53.4%,年均增长 6.2%,2020 年出口机电产品比 2016 年增长 39.5%。与此同时,劳动密集型产品出口占比先增加后下降。2016—2019 年,中国对对话伙伴国出口劳动密集型产品平稳增长,占比由 24.9% 提升至 27.1%;2020 年,劳动密集型产品出口比重下降至 21.7%,但出口值比 2016 年增长 13.8%,年均增速仅为 1.1%(图 5-5)。

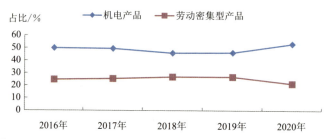

图 5-5 2016—2020 年中国对对话伙伴国主要出口商品占比统计图

(五)进口以金属矿及矿砂、大理石 ① 及机电产品为主

2016—2020 年,金属矿及矿砂是中国自对话伙伴国主要进口商品,所占比重在前 3 年小幅下降后不断增长。2020 年,进口金属矿及矿砂占 20.2%,比 2016 年提升 2.1 个百分点,年均增长 10.8%。大理石所占比重从 2017 年开始下降,至 2020 年,大理石进口值占 9.2%,比 2016 年下降了 5.5 个百分点。进口机电产品所占比重从 2016 年的 14.1% 下降至 2020 年的 10.7%,呈逐年下降趋势。同期,原油在前五大进口商品中增速最快,2016—2020 年年均增长 35.2%(图 5-6)。

---

① HS 编码 2515,具体品名为"大理石、石灰华及其他石灰质碑用或建筑用石,表观密度 ≥ 2.5 g/cm³,蜡石,不论是否粗加修整或仅用锯或其他方法切割成矩形(包括正方形)的板、块"。

图 5-6　2016—2020 年中国对对话伙伴国主要进口商品占比统计图

二、中国对上合组织各对话伙伴国贸易概述

(一) 土耳其是中国在对话伙伴国中的第一大贸易伙伴,进出口占比约六成

土耳其地理位置独特,横跨亚洲、欧洲两大洲,是两大洲商品集散地和海陆空交通枢纽,与非洲、独联体国家经济联系密切。土耳其统计局数据显示,2020 年土耳其国内生产总值增长 1.8%,中国和土耳其是仅有的在 2020 年实现经济正增长的国家。2020 年,中国对土耳其进出口值创历史新高,同比增长 15.6%。中国对土耳其一直保持贸易顺差态势,但贸易顺差自 2017 年开始逐渐缩小。2016—2020 年,中国对土耳其以一般贸易进出口占 70% 左右;民营企业为主要贸易主体,所占比重不断提升,于 2017 年超过 50%。中国自土耳其的主要进口商品为大理石、铜矿砂,对土耳其出口商品以机电产品、纺织服装为主,合计约占中国对土耳其出口总值的 65% 以上。

中国和土耳其位于亚洲大陆东西两端,是亚洲古代丝绸之路和海上丝绸之路的起点和终点,也是共建"一带一路"的天然合作伙伴。"一带一路"倡议提出以来,土耳其积极参与合作,中土两国政府于 2015 年 G20 安塔利亚峰会期间签署相关合作备忘录。中土经贸合作的规模迅速增长,领域不断扩大,方式日益丰富,合作成果显著。土耳其贸易部长佩克詹出席对外贸易评估会议时表示,在手机、平板及电子产品进口增加的推动下,中国成为土耳其最大进口来源国。

（二）中国对柬埔寨进出口值连续 6 年保持正增长

自柬埔寨 2015 年成为对话伙伴国以来，中国对柬埔寨进出口平稳增长，一般贸易方式为进出口主导，占比稳定在 80％左右。同时，民营企业继续保持中国对柬埔寨进出口最大主体地位，占比稳定在 50％以上，并在近两年超过 60％。纺织服装和机电产品构成了中国对柬埔寨出口的主要商品，合计占比 70％以上。2016—2020 年，机电产品出口年均增长 20.9％。2015—2016 年，中国自柬埔寨进口商品以服装及衣着附件、机电产品为主，合计占比 50％以上；2017—2019 年，进口商品以服装及衣着附件和皮革、毛皮及其制品为主，机电产品所占比重不断下降。农产品进口除 2018 年有所下降外，一直保持两位数增速，到 2020 年，进口农产品占 25％，比 2015 年提升 8.1 个百分点。

世界银行发布的《柬埔寨国家经济更新报告》指出，2020 年签署的《柬埔寨—中国自由贸易协定》在一定程度上刺激需求，利于柬埔寨农业快速恢复，制造业也在逐渐复苏。2021 年 4 月 26 日，海关总署正式批准柬埔寨 37 个杧果种植园和 5 个包装工厂向中国出口新鲜杧果。中国自柬埔寨采购农产品的力度持续加大，同时也向杧果、木薯、玉米等优质农产品敞开大门。2020 年，中国自柬埔寨进口农产品增长 42.2％，其中，干鲜瓜果及坚果进口增长 443.6％。

（三）中国与斯里兰卡贸易关系不断深化

斯里兰卡是以种植园经济为主的农业国家，茶叶、香料、海产品和椰子制品等是其农业经济收入的主要来源，也是出口创汇的重要组成部分。斯里兰卡工业基础薄弱，大部分工业原材料和半成品需从国外进口。中国已成为斯里兰卡最大的投资来源国和发展援助国，是其第二大贸易伙伴和游客来源国。2016—2020 年，中国对斯里兰卡以一般贸易进出口所占比约 70％，加工贸易不断萎缩；民营企业是中斯进出口主力，占比在 65％左右。中国对斯里兰卡出口商品以机电产品和纺织服装为主，合计占 60％以上。中国自斯里兰卡进口商品以服装及衣着附件、农产品为主，合计占 45％以上，同时，进口机电产品稳定在 14.3％～16.3％。

斯里兰卡具备一定的中长期经济增长潜力,凭借其优越地理位置条件、在南亚范围内领先的基础设施条件及人力资源优势,有望发展成为连接中东、南亚、东南亚多地的区域航运、贸易、物流、金融中心。近年来,斯里兰卡积极响应"一带一路"倡议,采取各种措施促进对外贸易的发展,尤其是出口贸易的发展。政府不断出台新政策,鼓励发展出口型产业,增强出口产品竞争力,努力打造具有本国特色的出口导向型经济。

(四) 参与共建"一带一路"为尼泊尔带来新的发展机遇

　　尼泊尔经济以农业和旅游业为主要支柱,国内 80% 的人口从事农业生产,是世界上最不发达的贫困国家之一。中尼贸易在中国与对话伙伴国贸易中所占比重保持在约 3%,以出口为主。在尼泊尔 2016 年成为对话伙伴国之后,一般贸易进出口占中尼贸易的比重明显提升,于 2017 年超越边境小额贸易成为中国对尼泊尔进出口最主要的贸易方式,年均增长 21.5%;与此同时,边境小额贸易进出口占比持续下滑,到 2020 年所占比重比 2016 年低 38.9 个百分点。民营企业延续参与对尼泊尔进出口贸易的活力,占中尼贸易的比重稳定在 70% 以上,并呈上升态势。2020 年,外商投资企业的贸易额首次超过国有企业,成为第二大贸易主体,占同期中尼进出口总值的 10.9%。出口商品结构持续优化,2020 年,机电产品出口首次超过 50%,与此同时,纺织服装出口所占比重不断下降,2017 年开始退居为第二大出口商品。中国自尼泊尔进口以机电产品和纺织纱线、织物及其制品为主,合计占比 50% 以上。

　　参与共建"一带一路"为尼泊尔带来了新的发展机遇。2019 年 4 月,中国正式宣布把尼泊尔—中国穿越喜马拉雅山铁路网纳入在北京举行的第二个"一带一路"论坛议题中。中尼铁路的修建能进一步促进双边经贸发展,同时强化中国与南亚的经济联通,中国与印度两大经济体通过尼泊尔的铁路相连,能够为双方和整个南亚地区释放更多的发展空间。

（五）中国与阿塞拜疆双边贸易年均增长两位数

阿塞拜疆石油和天然气资源丰富，油气产业是国民经济的支柱产业，对外出口商品中，石油、石油产品和天然气占比达 90％以上。据阿塞拜疆海关数据，2016—2020 年，中国与阿塞拜疆双边贸易保持良好发展态势，年均增长 14.7％，2020 年中国跃居阿塞拜疆第四大贸易伙伴。2018 年，中国对阿塞拜疆以一般贸易方式进出口比重超过 70％，同时，保税物流超过加工贸易成为第二大进出口方式，此后加工贸易进出口急速萎缩。2017 年，民营企业进出口超过外商投资企业成为第一大贸易主体，除 2019 年被国有企业短暂赶超外，其余年份继续保持第一大贸易主体地位，外商投资企业退居第三，所占比重不断下降。进口以原油为主，约占 90％。出口机电产品为主导，所占比重在 2017 年超过 60％。

（六）亚美尼亚是中国与对话伙伴国贸易值年均增长速度最快的国家

2009 年以来，中国一直是亚美尼亚第二大贸易伙伴，双边贸易额连续 8 年保持两位数快速增长，近 5 年年均增长率达 25.4％，在对话伙伴国中为最高。2016 年，一般贸易还在中国与亚美尼亚进出口中占据 94％的绝对主导地位，之后加工贸易与保税物流进出口占比不断提升，2020 年一般贸易进出口占比下降至 67.6％。国有企业与民营企业为进出口主力，合计占 70％以上。亚美尼亚金属及非金属矿产资源丰富，是主要出口产品，但能源匮乏及工业基础薄弱导致其对能源及工业品进口需求较大。中国自亚美尼亚进口商品主要是金属矿及矿砂，占 90％以上，其中主要是铜矿砂及其精矿；中国对亚美尼亚出口以机电产品为主，所占比重约 70％。

2018 年，中国与欧亚经济联盟签署经贸合作协定，旨在进一步提高贸易便利化水平，促进与联盟成员国经济贸易关系深化发展。扩大出口是亚美尼亚未来经济发展的重点，亚美尼亚政府计划 2024 年出口总额达到其 GDP 的 43％～45％。中国—欧亚经济联盟深化合作将有助于降低中国与高加索地区贸易往来的制度性交易成本，中国与亚美尼亚双边经贸合作前景广阔。

第六篇

中国—上海合作组织
地方经贸合作示范区建设

2018年6月,上合组织成员国元首理事会第十八次会议在青岛举办,习近平主席在会议上宣布"中国政府支持在青岛建设中国—上海合作组织地方经贸合作示范区"。

2019年7月24日,中央深改委会议审议通过《中国—上海合作组织地方经贸合作示范区建设总体方案》(以下简称《总体方案》),会议指出在青岛建设中国—上海合作组织地方经贸合作示范区(以下简称上合示范区),旨在打造"一带一路"国际合作新平台,拓展国际物流、现代贸易、双向投资合作、商旅文化交流等领域合作,更好发挥青岛在"一带一路"新亚欧大陆桥经济走廊建设和海上合作中的作用,加强中国同其他上合组织国家互联互通,着力推动东西双向互济、陆海内外联动的开放格局。

上合示范区覆盖青岛全域,按照1个核心区+N个联动区进行布局建设。核心区位于胶州,占地61.1平方千米,包括36.7平方千米的胶州经济技术开发区和24.4平方千米的概念性规划新区。上合示范区核心区地处胶州沿海区域、胶州湾湾底,位于青岛市"海陆空铁"交通枢纽15分钟经济圈内,"海陆空铁"交通发达,拥有"一桥两站三港三高四铁"的立体化交通枢纽优势。"一桥"即胶州湾大桥;"两站"即中铁联集青岛集装箱中心站和胶济客运专线胶州站;"三港"即青岛前湾港、传化公路港和4F级胶东国际空港;"三高"即北部青银、南部青兰及西部沈海高速;"四铁"即胶济、胶黄、胶新及胶济客运专线。上合示范区依托完备的海运、空运、陆运能力,形成强大的多式联运体系,向东对接日韩,向西联通中亚、直达欧洲,向南连接南亚、东盟,向北挺近中蒙俄经济走廊,全力打造上合组织国家面向亚太市场的重要"出海口"。

一、建设上合示范区的重要意义

(一)建设上合示范区是构建中国全面开放新格局的积极举措

2020 年 11 月,习近平主席在上合组织元首第二十次峰会上强调,中国将坚定不移奉行互利共赢的开放战略,从世界汲取发展动力。中国正积极推动建设开放型经济新体系和全面对外开放新格局,全面落实开放发展理念,将中国经济深度融入世界经济新体系。在开放发展环境中,国家积极推动"一带一路"倡议,通过加强政策沟通、道路联通、贸易畅通、货币流通和民心相通的"五通"模式,将中国与周边国家团结联系在一起,加快实现新形势下的开放包容发展,逐渐提高发展中国家在世界经济新体系中的地位和话语权。

自 2001 年成立以来,上合组织一直是中国在欧亚地区推行区域经济一体化战略的重要平台,有效提高了中国同欧亚国家的经贸合作水平。在中国的积极推动和引领下,成员国致力于推进区域经济合作与一体化进程,实行一系列贸易与投资便利化举措,提高地区经济的整体竞争力,提升共同应对域外经济威胁的能力。可以说,中国扩大和深化在欧亚地区的影响力需要上合组织作为实施平台,上合组织的发展壮大也离不开中国持续发挥核心建设性作用。推动中国与其他上合组织国家外贸高质量发展,有助于中国"一带一路"倡议与各成员国相应国家战略的深入对接,有助于深化多边合作、捍卫国际秩序,有助于在大变局下维护产业链供应链稳定,践行上合组织命运共同体这一理念,促进各成员国国内稳定和安全,促进彼此共同发展,为构筑人类命运共同体起到示范引领作用。

为强化外向型发展格局、深化上合组织国家间区域经济合作,中国建立了多个不同行业、不同类型的地方合作示范基地,其中"中国—上海合作组织地方经贸合作示范区"是唯一一个以地方经贸合作为发展方向的示范基地。上合示范区的建立将为上合组织经贸发展创造国际化经贸环境、构筑智能化运行设施、搭建包容性合作平台提供有力支撑,为国际多双边框架下地方经贸合作样板积累经验。上合示范区将努力发挥东接日韩、面向亚太、北接蒙俄、南连东盟、西接上合组织和"一带一路"沿线国家的优势，打造新时代对外开放新高地，加速成为国内国际双循环的战略链接点，为中国构建改革开放新格局做出贡献。

（二）建设上合示范区是强化上合组织区域经济合作的有效手段

2001年上合组织成立以来，上合组织以"互信、互利、平等、协商，尊重多样文明、谋求共同发展"的"上海精神"为核心理念，推动建立新型国际合作关系，成为欧亚大陆深化区域合作的典范。上合组织成员国从安全合作到经济合作取得了瞩目的成就，而经济合作作为上合组织的重要基础和发展方向，在《上海合作组织成员国多边经贸合作纲要》的指导下取得了明显的成效，大大提升了区域整体经济水平，并惠及各国人民。据联合国贸易和发展会议公布的数据，2019年，上合组织成员国GDP总量占全球GDP总量的22.2%；2020年，上合组织成员国外贸进出口规模达到6.1万亿美元，占全球贸易总量的17.1%。上合组织相关国家经济规模不断扩大，贸易投资日趋活跃，已成为全球经济重要的增长极。

上合组织成立之初，2003年9月，上合组织成员国签署了《上海合作组织成员国多边经贸合作纲要》，这是区域经济合作的第一个纲领性文件，明确了2020年前区域经济合作"三步走"的发展目标，即"短期内将积极推动贸易投资便利化进程；中期内（2010年前）共同努力制定稳定的、可预见和透明的规则和程序，开展大规模多边经贸合作；长期内（2020年前）将致力于在互利基础上最大效益地利用区域资源，为贸易投资创造有利条件，以逐步实现货物、资本、服务和技术的自由流动"。2013年，中方提出共建"一带一路"国际合作倡议后，上合组织国家积极回应并主动对接发展规划，相继商签了一系列对接合作文件，各方大力推进基础设施互联互通和产能合作，开展经贸合作园区建设，推动了中哈原油管道、中俄原油管道和中国—中亚天然气管道等大型跨国能源项目建设，极大地带动了区域整体和各成员国经济发展。2018年，在中国青岛举办了上合组织扩员后首次峰会，并发布了《上海合作组织成员国元首关于贸易便利化的联合声明》,翻开上合组织区域经济合作新篇章,标志着区域经济合作驶入了快车道。

伴随上合组织经贸合作的不断深化,中国提出了加强区域发展战略和政策对接、提高贸易便利化水平、优化营商环境、推进经济技术合作的上合成员国地方合作发展方向,并相继在新疆霍尔果斯口岸、陕西省杨凌区、山东省青岛市、广西壮族自治区防城港市和上海市等地建立了不同行业、不同类型的地方合作示范基地,重点推动贸易、投资、工业、农业、交通基础设施、科技创新和教育文化等领域的合作,上合组织各成员国之间的地方合作正成为上合组织经贸合作新的增长点。

中国—上合组织地方经贸合作示范区(青岛)正是在这一背景下建设发展而来。上合示范区不仅是中国深化对外开放大局、服务"一带一路"建设的具体措施,也是促进上合组织区域经济合作的重要载体和平台。上合示范区将努力围绕国际物流中心、现代贸易中心、双向投资合作中心、商旅文交流发展中心和海洋合作中心等"五大中心"建设,探索采用市场化运行模式,积极拓展地方经贸合作的新路径。

二、上合示范区建设以来发展状况

上合示范区认真贯彻落实习近平总书记"打造'一带一路'国际合作新平台"重要指示精神,在省委省政府、青岛市委市政府的正确领导下,围绕落实《总体方案》、省支持上合示范区建设若干措施部署要求,全力建设国际物流、现代贸易、双向投资合作、商旅文交流发展"四个中心",国际班列线路从 2019 年的 2 条增至 15 条,与上合组织国家贸易额从 2019 年的 8.5 亿元增至 40 亿元,与上合组织国家双向投资额从 2020 年的 40 万美元增至 1 802 万美元,上合元素项目增至 20 个,核心区域 10 个功能载体项目开工建设,示范区建设呈现出全面展开、加快推进的态势。

（一）聚焦主责主业，"四个中心"建设扎实推进

主动服务和融入国家开放战略，打造面向上合开放合作新高地。国际物流中心方面，常态化开行 24 条国际、国内班列，通达上合组织和"一带一路"沿线 20 个国家、48 个城市。2020 年以来，新开通至塔吉克斯坦杜尚别、吉尔吉斯斯坦比什凯克等 13 条国际班列线路，向莫斯科开行全国首班冷鲜蔬菜专列，向明斯克开行全省首班跨境电商专列，开行全省首班"铁路快通"专列、齐鲁号"中老国际班列"，签发全省首笔多式联运"一单制"提单。1—11 月，开行班列 524 列、同比（下同）增长 45.6%，预计全年开行 600 列、增长 50%。9 月以来班列回程率大幅增长，11 月当月回程率达 53.6%。完善配套服务功能，启用上合示范区海关监管作业场所，新增中创天驰、阿法拉伐、烟嘉物流 3 家保税仓库。1—10 月，现代物流营收 39.7 亿元、增长 40.3%。现代贸易中心方面，累计集聚贸易主体 1 700 余家，引进培育上合跨境贸易服务中心等 10 个贸易平台、传化（上合）合贸通等 4 个跨境电商平台。推动油气全产业链开放发展，引进市场主体 10 家，青岛益佳海业等 3 家企业保税船供油经营资格申请上报至国务院。完成全省首单跨境易货贸易通关测试，首创上合银关通关税保函业务、编制发布上合贸易指数获评省深化"放管服"改革优化口岸营商环境十佳实践案例。启用国内首个服务上合组织国家经贸合作原产地证书审签中心，落地中科大脑"数字一带一路"业务总部、明略科技上合区域总部等服务贸易项目。2021 年预计完成进出口总额 265 亿元、增长 61.8%。双向投资合作中心方面，面对疫情带来的不利影响，立足"打基础、利长远"，将项目招引重点转向与上合组织和"一带一路"沿线国家有经贸往来的企业、项目。2020 年以来，共引进吉利卫星互联网等总投资 1 715 亿元的 50 个项目，其中世界 500 强 8 个、中国 500 强（含民营 500 强）7 个，新增俄罗斯中心、印度璐印辣椒除柄机等 20 个上合元素项目。1—11 月，引进中集全球冷链高新产业平台等总投资 377 亿元的 20 个项目，核心区实现外资到账 2.3 亿美元、增长 131%。商旅文交流发展中心方面，上合国家客厅、央企国际客厅建成投用，上合组织国家 18 家商协会、220 名中外员工入驻，客厅"磁石"效应逐步显现。巴基斯坦中国中心、澳门葡语系

国家商品馆、阿塞拜疆国家馆、青免国际跨境商品体验中心纳客运营,同步推进俄罗斯、斯里兰卡、伊朗、亚美尼亚等 8 国商品馆签约落地。举办首届上合全球人才创新创业大赛总决赛、外国使节共植友谊林、"2021 上合之夏"、"相约上合杯"俄语大赛、中巴建交 70 周年庆祝活动、中国—上合组织国家地方法院大法官论坛上合行等系列活动 20 多场,1 000 多人次上合组织国家客人到访,示范区在上合组织"朋友圈"的知名度、吸引力不断提升。

(二) 转变思路打法,高水平开放平台功能日益完善

进一步优化建设方向、路径、定位、打法,着力将示范区建设成综合性区域开放合作平台,集聚资源能力显著提升。一是坚持规划领航,搭建功能承载平台。高水平规划《总体方案》落地功能载体,2020 年 3 月,委托清华大学建筑设计院、上海市政设计院开展 10 平方公里核心区域城市设计和地下空间规划,规划总建筑面积 1 750 万平方米,其中地下 550 万平方米,通过了吴志强等 4 名中国工程院院士的评审。2021 年,上合组织国家青年创业中心、中国巴基斯坦中心、上合商务中心、上合会议中心、交大大道地铁结建等总投资 264 亿元的 10 个载体项目开工建设。二是坚持互利共赢,搭建资源集聚平台。高标准搭建国际经贸合作平台,举办 2021 上合博览会,上合组织秘书处、中国—东盟中心、中葡论坛秘书处 3 个国际组织,30 个国家的 76 位驻华使节参会,来自 34 个国家的近 2 000 家企业参展,意向采购额 20 亿元,是青岛史上参会国家最多、参会驻华使节最多的专业性博览会。承办第二届"一带一路"能源部长会议,来自 28 个国家的能源部长和代表、18 个国家的驻华使节、9 个国际组织负责人出席会议,推动设立"一带一路"能源合作伙伴关系秘书处青岛办公室,上合国际能源中心项目加快推进。举办 2021 中国—上合组织国家金融合作与资本市场发展论坛,青岛市首只 QDLP 基金落户上合示范区。举办第二届空中丝路国际航空合作峰会,发出《绿色可持续空中丝路之青岛倡议》,6 个航空合作项目集中签约。三是坚持开放融通,搭建商事服务平台。高层级搭建法律服务体系,建设上合"法智谷",线上运行法律咨询服务平台,线下引进 7 家国际法律服务机构和 4 家知名律所。最高人民法院指定胶州市人民法院管辖一审涉港

澳台、涉外的民商事案件,受理涉及 10 个国家和地区相关案件 154 件次。司法部授予上合示范区全国首批上合组织法律服务委员会交流合作基地。启用上合示范区金融服务中心,进出口银行等 11 家金融机构入驻,中俄能源基金等总规模 200 多亿元的 54 只基金落地。港信期货公司落户上合示范区,填补了青岛法人期货业态空白。四是坚持广拓渠道,搭建对外交往平台。高定位拓宽对外交往渠道,服务国家总体外交大局,扩大国际"朋友圈",通过"云聚上合•共谋发展""友城合作•共创未来"等系列活动,拜会了 200 多位使节、200 多家企业、线上线下举办 200 余场经贸对话活动,遍访 20 个上合组织相关国家驻华使馆。上合组织秘书长诺罗夫以及 121 位上合组织及"一带一路"沿线国家驻华大使、使节到访上合示范区。与上合组织国家建有友好城市 3 个、友好合作关系城市 7 个。讲好上合故事,去年以来央视央媒宣传报道上合示范区 150 篇次,其中央视《新闻联播》《朝闻天下》等报道 16 次,俄通社－塔斯社等上合组织国家主流媒体、500 余家海外网站多次报道上合风采。五是坚持先行先试,搭建创新发展平台。高起点建设制度创新试验区,立足上合经贸需求和应用场景,成立专家咨询委员会,邀请复旦大学自贸研究院等专业机构参与,推出"智创上合"制度创新品牌,首创"信用上合"、跨境易货贸易等 35 项上合特色改革创新举措,相关做法获中央改革办《改革工作简报》刊发。全力争取政策支持,研究梳理出需国家层面支持的 8 项事项、政策,待部省联席会议研究通过后报中央深改委;梳理提报需省级层面支持的 11 项政策诉求并得到省直相关部门积极回应;研究制定青岛市《关于支持上合示范区高质量发展的若干措施》(讨论稿)。全面启动国际科技合作,搭建常态化国际科技合作平台,上合组织青年国际创业孵化器孵化企业 62 家,其中规模以上企业 12 家,上合技术转移中心孵化企业 26 家。建设上合海洋科学与技术国际创新转化中心,中白、中俄、中乌、中德 4 个国际合作中心挂牌入驻,孵化 4 家高科技企业,突破了我国海洋监测设备领域"卡脖子"技术。

(三)狠抓工作落实,推动示范区建设加快起势

抓牢重点任务,明确建设目标,细化工作举措,筑牢高质量发展之基。一

是聚焦重点任务抓落实。力争到 2023 年,示范区与上合组织国家贸易占青岛市比重(下同)提高到 50% 以上;与上合组织国家双向投资比重提高到 50% 以上;与上合组织国家外贸新业态比重提高到 60% 以上;欧亚班列开行量占全省 30% 以上,回程率不低于全省平均水平。二是聚焦峰会成果抓落实。习近平总书记在上合组织杜尚别峰会上再次赋予"设立中国—上海合作组织经贸学院,助力本组织多边经贸合作发展"的重任。上合示范区按照边培训、边筹建、边争取、边申报的思路,高标准推进上合组织经贸学院建设。依托现有办学资源,联合青岛大学、对外贸易大学、山东大学、复旦大学青岛研究院、山东外贸职业学院等高校,联合开展援外培训和经贸培训,目前已开设 23 个班次,来自 42 个国家的 2 012 人次参加培训。峰会后,向上合组织 20 个相关国家驻华使馆、我国驻相关国家使馆发函征求教育培训需求。目前,已收到 12 个驻华使馆和驻外使馆设置跨境电商发展、跨境供应链管理等课程的反馈意见。预计全年将培训 28 个班次、3 000 人次。三是聚焦项目落地抓落实。坚持以高质量发展项目论业绩,2020 年以来,上海电气风电装备产业园等总投资 486 亿元的 29 个项目开工建设,大牧人智慧牧场等总投资 50 亿元的 10 个项目竣工投产。启用上合示范区市民服务中心,实行"互联网 + 政务服务",用好用活 54 项省级行政权力事项、19 项青岛市级行政权力事项,推动实现"区内事区内办"。创优"'上'心服务·'合'您心意"政务服务品牌,创新设置企业服务队,坚持定期遍访企业,全力为企业解难题、化纾困。

三、上合示范区下一步发展规划

(一)加强互联互通,畅通国际物流大通道

发挥物流枢纽乘数效应,实现"落一子而全局活"。全力建设中欧班列集结中心。争取增加班列发行计划,推动"班列 + 胶东经济圈"融合发展,加强与西安、郑州等沿黄流域城市及成都、乌鲁木齐等集结中心合作,推动半岛城市群共建中欧班列运输联盟,持续提升班列回运比例,开行齐鲁号"RCEP 快线"

特色班列(日韩—上合示范区—磨憨—东盟),建设上合组织国家面向日韩、东盟国际物流枢纽。全年力争开行 1 000 列国际班列,拓展 10 条班列新线路,增加乌克兰、匈牙利等 5 个通达国家。大力发展多式联运,持续提升海铁联运规模,新增 3 条航空货邮全货运包机航线,拓展中俄、中欧、中哈国际道路运输新通道。深化商贸服务型物流枢纽建设。推动上合经贸产业园、中林集团木材集散交易中心、白俄罗斯白卡门商贸等重点项目签约落地。力争中国外运智慧物流、中创天驰等 6 个总投资 70.3 亿元的重点项目年内竣工投产。力争获批综合保税区,申建胶州湾保税物流中心(B 型),创建多式联运综合服务平台和班列金融平台,提升通关便利化水平。务实推进国际物流合作。开展与瓜达尔港等上合组织内陆国家港口的海铁联运合作。依托中远海运、中外运、山东高速等,在重要班列节点城市建设境外班列集结点、边境中转仓,布局阿拉木图、明斯克等 20 处境外集结中心、海外仓,新增塔什干、莫斯科等 20 处海外办事处。

(二) 坚持贸易引领,大力发展外贸新模式

加强国际经贸合作,提升贸易便利化水平。实施贸易倍增计划,货物贸易、服务贸易、跨境电商、与上合组织国家贸易额实现倍增(突破 80 亿元)。出台大宗商品贸易奖励办法,瞄准我国对上合组织国家贸易"千强企业"开展定向招引,集聚各类贸易主体 100 家。创新"产业带 + 跨境电商"模式,新引进跨境电商企业 50 家,开设"上合示范区天猫官方旗舰店""抖音上合海外商品馆"。以入选国家级服务业标准化试点为契机,联合中关村智科服务外包联盟建设"国际服务贸易港",引进服务贸易、服务外包企业 20 家以上。大力推进油气产业发展。编制油气全产业链开放发展规划,按照"五中心、两基地"框架建设青岛国际能源交易中心。探索发展贸易新业态。开展新型易货贸易试点,优化海关、外汇、退税等监管流程,争取易货贸易授权额度,推动意向企业按照"0130"报关方式开展易货贸易,探索建立新型易货贸易新机制。稳妥推进离岸贸易,探索本外币一体化账户体系,出台基于社会信用体系的白名单制度。搭建上合示范区数字贸易公共服务平台。提升贸易便利化水平。扩大"上合·银关通"

应用场景,定期发布上合贸易指数,创设面向上合组织国家的国际贸易单一窗口,建设中国—上海合作组织公共检测交流服务平台,建立国际贸易综合服务体系。

(三) 强化项目引领,打造产业升级新引擎

锚定"制造强区"新方略,增强高质量发展驱动力。促进优势项目集聚发展。瞄准世界 500 强、中国 500 强、行业领军企业,签约引进中俄生物医药产业园等 20 个以上产业项目。坚持建链、强链、补链、延链,依托中集冷链、上海电气风电装备产业园、吉利卫星互联网等核心项目,加快形成冷链、风电和数字经济产业链。拓展双向投资产能合作。精准国别产业对接,聚焦上合组织国家头部企业、目标企业开展定向招商,建立新材料、生物医药、数字经济等领域产能合作项目库,推动赛轮柬埔寨轮胎、东君巴基斯坦卡拉奇工程、康原药业印度生物医药、璐璐巴基斯坦辣椒产业园等境外投资项目"走出去",与上合组织国家双向投资突破 3 000 万美元。狠抓项目落地。全力推进续建项目快开工、签约项目快落地,推动吉利卫星互联网、道恩高分子新材料等 17 个在建项目竣工运营,上合复星时光里、拓邦智能控制运营中心、日本电产电机产业园等 15 个签约项目开工建设。

(四) 集聚上合资源,发挥平台载体新效应

推动上合资源加速耦合巨变。全力推进中国—上海合作组织经贸学院筹建工作。争取省市区校共建,推动上合组织经贸学院和青岛大学上合校区一体推进。借鉴中国—上海合作组织国际司法交流合作培训基地和深圳北理莫斯科大学办学模式,争取省市财政对学院筹建期培训教学和后勤保障工作经费支持。创新办学模式和管理体制,推动机构设立和编制报批。加强与对外经贸大学、中国外交学院的合作,提升培训层次、扩大培训规模,开展高层次人才培训、援外培训和扶贫培训。根据办学规模和培训开展情况,逐步按照教育部程序申办独立法人的高校。充分发挥客厅"磁石"效应。加快中国巴基斯坦中心

项目、俄罗斯中心项目、法国客厅项目建设进度,推动 10 个以上上合组织国家馆常态化运营。组织开展 15 场以上"走进上合"系列活动、旅游文化交流活动,确保上合组织国家到示范区来访人员超过 500 人次。提升法律金融服务水平。建设中国—上海合作组织法律服务委员会交流合作基地、上合组织区域仲裁中心,涉外法律服务大数据平台新增用户 600 家以上,引进律所、司法鉴定机构等法律服务机构 50 家以上。与上合组织银联体等机构开展务实合作,大力引进融资性担保公司、融资租赁公司,新增创投风投基金 10 只以上。与国家开发银行、中国进出口银行、中国出口信用保险公司合作,发布《国家风险分析报告》(上合篇),编制开发"上合黄海指数",推动国家间信用保险产品互认互通。

(五) 创新合作机制,激发发展内生新动力

以"上"心服务催生上合新动能。持续强化制度创新。做优"智创上合"制度创新品牌,做好 2021 年度 35 项制度创新成果应用推广。对标 RCEP、DEPA 等国际领先经贸规则,发布《2022 年度上合示范区制度创新压力测试清单》,形成更多可复制、可推广的示范经验。深化友城交流合作。积极融入全球城市伙伴关系网络,全面拓展对外友好交往,积极争取承办中国—上海合作组织友城合作论坛,争取实现在上合组织成员国均有友好城市或友好合作关系城市。搭建科技合作新生态。设立上合科技成果转化基金,加快中国—上海合作组织成员国技术转移中心成果落地。上合海洋科学与技术国际创新中心申报"一带一路"国际联合实验室,组建中日、中以国际合作中心,常驻外国专家 10 人以上,转移转化国际科技合作成果 10 项以上。推动中关村信息谷、青俄汇-中俄科技创新合作中心落地见效。举办第三届上合组织成员国青年创新创业大赛。制定出台引进海内外人才创新创业发展暂行办法,推动人才创业新发展。

附　表

附表 1　上合各成员国对全球进出口值

单位：亿美元

年份	合计			中国			俄罗斯		
	进出口	出口	进口	进出口	出口	进口	进出口	出口	进口
2001	7 616.4	4 188.1	3 428.4	5 096.5	2 661.0	2 435.5	1 417.3	998.7	418.7
2002	8 984.5	4 924.9	4 059.6	6 207.7	3 256.0	2 951.7	1 528.7	1 066.9	461.8
2003	12 213.8	6 566.7	5 647.0	8 509.9	4 382.3	4 127.6	1 910.0	1 336.6	573.5
2004	16 491.3	8 842.1	7 649.1	11 545.5	5 933.3	5 612.3	2 571.7	1 816.0	755.7
2005	20 913.9	11 483.3	9 430.6	14 219.1	7 619.5	6 599.5	3 401.6	2 414.5	987.1
2006	26 103.9	14 477.0	11 626.9	17 604.4	9 689.8	7 914.6	4 393.6	3 015.5	1 378.1
2007	32 271.3	17 849.4	14 421.8	21 761.8	12 200.6	9 561.2	5 519.9	3 522.7	1 997.3
2008	39 731.6	21 736.2	17 995.4	25 632.6	14 306.9	11 325.6	7 350.5	4 679.9	2 670.5
2009	32 482.2	17 421.0	15 061.2	22 075.4	12 016.1	10 059.2	4 726.2	3 018.0	1 708.3
2010	43 153.5	22 753.8	20 399.7	29 740.0	15 777.5	13 962.5	6 259.8	3 970.7	2 289.1
2011	54 301.1	28 322.9	25 978.3	36 418.6	18 983.8	17 434.8	8 230.8	5 169.9	3 060.9
2012	56 989.2	29 816.2	27 173.0	38 671.2	20 487.1	18 184.1	8 409.6	5 247.7	3 161.9
2013	60 140.2	31 844.7	28 295.4	41 589.9	22 090.0	19 499.9	8 422.1	5 272.7	3 149.5
2014	60 686.1	32 645.5	28 040.6	43 015.3	23 422.9	19 592.3	7 844.8	4 978.3	2 866.5
2015	52 710.2	29 414.5	23 295.7	39 530.3	22 734.7	16 795.6	5 107.9	3 335.0	1 772.9
2016	49 098.4	27 038.4	22 060.0	36 855.6	20 976.3	15 879.3	4 677.5	2 854.9	1 822.6
2017	56 201.2	29 994.0	26 207.3	41 071.4	22 633.4	18 437.9	5 840.5	3 570.8	2 269.7
2018	63 600.0	33 585.3	30 014.6	46 224.4	24 867.0	21 357.5	6 875.0	4 493.5	2 381.5
2019	62 641.3	33 444.8	29 196.5	45 778.9	24 994.8	20 784.1	6 665.6	4 227.8	2 437.8
2020	60 618.6	32 883.5	27 735.1	46 533.9	25 901.7	20 632.3	5 687.7	3 371.1	2 316.7

续表

年份	哈萨克斯坦			塔吉克斯坦			吉尔吉斯斯坦		
	进出口	出口	进口	进出口	出口	进口	进出口	出口	进口
2001	147.7	84.9	62.8	—	—	—	9.4	4.8	4.7
2002	162.2	96.4	65.8	—	—	—	10.4	4.6	5.8
2003	213.2	129.2	84.0	—	—	—	13.0	5.8	7.2
2004	328.5	200.8	127.7	—	—	—	16.6	7.2	9.4
2005	451.8	278.5	173.3	—	—	—	17.8	6.7	11.1
2006	619.1	382.4	236.6	—	—	—	25.1	7.9	17.2
2007	804.3	477.5	326.9	—	—	—	35.5	11.3	24.2
2008	1 089.9	711.7	378.2	—	—	—	56.9	16.2	40.7
2009	716.0	432.0	284.1	—	—	—	41.5	11.8	29.7
2010	812.7	572.4	240.2	—	—	—	47.1	14.9	32.2
2011	1 261.2	881.1	380.1	—	—	—	62.4	19.8	42.6
2012	1 368.2	922.8	445.4	—	—	—	70.6	16.8	53.7
2013	1 335.0	847.0	488.0	—	—	—	77.6	17.7	59.8
2014	1 207.5	794.6	413.0	50.5	8.1	42.4	76.2	18.8	57.3
2015	765.2	459.6	305.7	43.2	9.0	34.2	55.8	16.5	39.4
2016	619.5	367.8	251.7	39.3	9.0	30.3	54.6	15.4	39.2
2017	776.5	483.4	293.0	37.6	9.8	27.7	62.7	17.9	44.8
2018	934.9	609.6	325.3	42.2	10.7	31.4	66.7	17.6	49.1
2019	960.8	577.2	383.6	44.4	11.2	33.3	68.7	19.7	49.0
2020	850.3	469.5	380.8	44.5	13.1	31.4	56.5	19.6	36.8

年份	乌兹别克斯坦			巴基斯坦			印度		
	进出口	出口	进口	进出口	出口	进口	进出口	出口	进口
2001	—	—	—	—	—	—	945.5	438.8	506.7
2002	—	—	—	—	—	—	1 075.5	501.0	574.5
2003	—	—	—	249.8	119.3	130.5	1 317.9	593.6	724.3
2004	—	—	—	280.1	125.9	154.2	1 748.9	759.0	989.8
2005	—	—	—	411.5	160.5	251.0	2 412.1	1 003.5	1 408.6
2006	—	—	—	467.6	169.3	298.3	2 994.1	1 212.0	1 782.1
2007	—	—	—	504.3	178.4	325.9	3 645.4	1 459.0	2 186.5
2008	—	—	—	626.1	202.8	423.3	4 975.7	1 818.6	3 157.1
2009	—	—	—	491.4	175.5	315.8	4 431.7	1 767.7	2 664.0
2010	—	—	—	589.5	214.1	375.4	5 704.4	2 204.1	3 500.3
2011	—	—	—	689.2	253.4	435.8	7 638.9	3 014.8	4 624.0
2012	—	—	—	684.3	246.1	438.1	7 785.4	2 895.6	4 889.8
2013	—	—	—	689.0	251.2	437.8	8 026.6	3 366.1	4 660.5
2014	—	—	—	722.7	247.2	475.4	7 769.1	3 175.4	4 593.7
2015	—	—	—	660.8	220.9	439.9	6 546.9	2 638.9	3 908.0
2016	—	—	—	675.3	205.3	470.0	6 176.5	2 609.6	3 566.9
2017	221.1	100.8	120.4	794.3	219.1	575.2	7 397.1	2 958.6	4 438.5
2018	282.3	109.2	173.1	841.7	237.8	603.9	8 332.7	3 240.0	5 092.7
2019	362.0	143.4	218.6	739.5	238.2	501.3	8 021.3	3 232.5	4 788.8
2020	330.8	131.3	199.6	680.1	222.4	457.8	6 434.7	2 754.9	3 679.8

注：合计值为表中全部国家的历年数据加总，与文章中当年包含的成员国合计值有出入；数据来源于 Trade Map 网站，部分数据有缺失；中国进出口数据来源于 2021 年 6 月 18 日对外发布的海关总署月报。

附表 2　上合各观察员国对全球进出口值

单位：亿美元

年份	合计			白俄罗斯			伊朗		
	进出口	出口	进口	进出口	出口	进口	进出口	出口	进口
2001	569.7	318.8	250.9	157.4	74.5	82.9	400.8	239.0	161.7
2002	656.4	362.1	294.3	171.1	80.2	90.9	485.2	281.9	203.4
2003	823.5	443.5	380.0	215.0	99.5	115.6	594.3	337.9	256.4
2004	1 096.0	592.4	503.6	301.0	137.5	163.5	776.3	446.3	330.0
2005	1 336.1	770.5	565.6	326.8	159.8	167.0	986.9	600.1	386.7
2006	1 490.2	845.3	644.9	420.6	197.4	223.2	1039.3	632.5	406.9
2007	1 889.0	1 097.0	792.0	529.7	242.8	286.9	1 319.2	835.4	483.9
2008	2 385.8	1 403.5	982.3	719.5	325.7	393.8	1 630.7	1 072.4	558.3
2009	1 860.8	992.8	867.9	498.7	213.0	285.7	1 324.6	775.8	548.9
2010	2 360.9	1 371.2	989.7	601.7	252.8	348.8	1 643.1	1 085.8	557.3
2011	2 999.7	1 840.0	1 159.8	871.8	414.2	457.6	1 949.1	1 374.2	574.9
2012	2 959.5	1 835.6	1 124.0	924.6	460.6	464.0	1 841.7	1 327.1	514.6
2013	2 394.3	1 340.6	1 053.7	802.3	372.0	430.2	1 405.5	921.2	484.3
2014	2 383.7	1 327.5	1 056.1	765.8	360.8	405.0	1 425.8	903.3	522.5
2015	1 738.0	919.4	818.6	569.5	266.6	302.9	1 000.8	600.4	400.4
2016	1 875.0	1 073.2	801.9	511.5	235.4	276.1	1 209.7	782.7	427.0
2017	2 259.9	1 280.1	979.8	634.7	292.4	342.3	1 433.5	917.4	516.1
2018	2 311.6	1 382.3	929.3	721.4	337.3	384.1	1 378.5	966.2	412.4
2019	1 597.5	722.1	875.4	724.3	329.6	394.8	659.3	307.7	351.6
2020	1 052.0	437.1	614.9	543.1	248.6	294.5	336.5	115.0	221.5

续表

年份	蒙古国			阿富汗					
	进出口	出口	进口	进出口	出口	进口			
2001	11.5	5.2	6.3	—	—	—			
2002	—	—	—						
2003	14.2	6.2	8.0	—					
2004	18.8	8.6	10.2	—	—	—			
2005	22.5	10.6	11.8	—	—	—			
2006	30.3	15.4	14.9	—	—	—			
2007	40.0	18.9	21.2	—	—	—			
2008	—	—	—	35.6	5.4	30.2			
2009	—	—	—	37.4	4.0	33.4			
2010	60.7	28.7	32.0	55.4	3.9	51.5			
2011	114.2	48.2	66.0	64.7	3.4	61.3			
2012	111.2	43.8	67.4	82.0	4.0	77.9			
2013	106.3	42.7	63.6	80.2	4.6	75.6			
2014	109.1	57.7	51.3	83.0	5.7	77.3			
2015	84.7	46.7	38.0	82.9	5.7	77.2			
2016	82.6	49.2	33.4	71.3	6.0	65.3			
2017	105.4	62.0	43.4	86.2	8.3	77.9			
2018	128.9	70.1	58.7	82.8	8.8	74.1			
2019	137.5	76.2	61.3	76.4	8.6	67.8			
2020	107.2	61.2	46.0	65.1	12.2	52.9			

注：合计值为表中全部国家的历年数据加总；数据来源于 Trade Map 网站，部分数据有缺失。

附表 3　上合各对话伙伴国对全球进出口值

单位:亿美元

年份	合计			土耳其			柬埔寨		
	进出口	出口	进口	进出口	出口	进口	进出口	出口	进口
2001	908.0	402.1	505.9	727.3	313.3	414.0	30.1	15.0	15.1
2002	1 067.1	451.0	616.0	870.3	357.6	512.7	35.9	19.2	16.7
2003	1 414.5	581.5	832.9	1 165.9	472.5	693.4	38.9	21.2	17.7
2004	1 880.4	757.2	1 123.2	1 606.6	631.2	975.4	48.6	28.0	20.6
2005	2 214.7	879.4	1 335.4	1 902.5	734.8	1 167.7	55.7	30.2	25.5
2006	2 630.4	1 032.4	1 598.0	2 251.1	855.3	1 395.8	65.6	35.7	29.9
2007	3 194.1	1 256.4	1 937.7	2 773.3	1 072.7	1 700.6	70.9	35.3	35.5
2008	4 246.5	1 933.7	2 312.7	3 339.9	1 320.3	2 019.6	87.7	43.6	44.2
2009	2 978.3	1 305.1	1 673.1	2 430.7	1 021.4	1 409.3	89.0	49.9	39.1
2010	3 692.4	1 509.4	2 183.0	2 994.3	1 138.8	1 855.4	104.9	55.9	49.0
2011	4 667.7	1 803.3	2 864.4	3 757.5	1 349.1	2 408.4	128.5	67.0	61.4
2012	4 755.8	1 937.5	2 818.2	3 890.1	1 524.6	2 365.5	132.6	58.0	74.7
2013	4 940.0	1 947.1	2 992.9	4 034.6	1 518.0	2 516.6	149.0	66.7	82.3
2014	4 919.5	1 998.9	2 920.5	3 997.9	1 576.1	2 421.8	165.5	68.5	97.0
2015	4 335.7	1 776.2	2 559.6	3 510.8	1 438.4	2 072.4	192.1	85.4	106.7
2016	4 300.4	1 790.5	2 509.9	3 412.1	1 426.1	1 986.0	223.0	99.8	123.1
2017	4 905.1	1 981.9	2 923.2	3 907.9	15 69.9	2 338.0	255.6	112.7	142.9
2018	5 054.4	2 156.0	2 898.4	3 909.7	1 679.2	2 230.5	301.0	127.1	173.9
2019	5 106.2	2 309.3	2 796.9	3 912.2	1 808.7	2 103.5	351.0	148.2	202.8
2020	4 905.6	2 146.2	2 759.4	3 891.7	1 696.6	2 195.1	370.1	177.2	193.0

年份	阿塞拜疆			斯里兰卡					
	进出口	出口	进口	进出口	出口	进口			
2001	37.5	23.1	14.3	101.4	47.2	54.2			
2002	38.3	21.7	16.7	107.6	47.2	60.4			
2003	52.2	25.9	26.3	113.8	48.7	65.1			
2004	71.3	36.2	35.2	133.2	54.7	78.5			
2005	85.6	43.5	42.1	144.7	61.6	83.1			
2006	116.4	63.7	52.7	165.3	67.6	97.7			
2007	117.7	60.6	57.1	190.5	76.6	113.9			
2008	549.2	477.6	71.6	218.1	81.8	136.3			
2009	208.1	146.9	61.2	165.5	71.2	94.3			
2010	278.8	212.8	66.0	206.6	83.0	123.5			
2011	362.1	264.8	97.3	297.1	100.1	197.0			
2012	334.7	238.3	96.4	272.5	93.7	178.8			
2013	346.7	239.0	107.6	279.4	100.0	179.3			
2014	309.3	217.5	91.8	305.4	113.0	192.4			
2015	218.6	126.5	92.1	294.1	104.4	189.7			
2016	218.5	133.8	84.7	300.5	105.5	195.0			
2017	240.7	153.1	87.7	330.6	117.4	213.2			
2018	309.5	194.9	114.6	325.4	123.1	202.3			
2019	332.8	196.4	136.5	300.3	120.2	180.1			
2020	244.7	137.4	107.3	239.3	101.0	138.3			

续表

年份	尼泊尔			亚美尼亚					
	进出口	出口	进口	进出口	出口	进口			
2001	—	—	—	11.7	3.4	8.4			
2002	—	—	—	14.9	5.3	9.6			
2003	24.5	6.5	18.0	19.1	6.7	12.4			
2004	—	—	—	20.7	7.2	13.5			
2005	—	—	—	26.3	9.4	16.9			
2006	—	—	—	32.0	10.0	21.9			
2007	—	—	—	41.7	11.2	30.5			
2008	—	—	—	51.6	10.6	41.0			
2009	46.4	8.9	37.5	38.6	6.8	31.7			
2010	59.9	8.7	51.2	47.9	10.1	37.8			
2011	68.2	9.1	59.2	54.3	13.2	41.1			
2012	68.9	8.7	60.2	57.0	14.3	42.7			
2013	73.1	8.6	64.5	57.2	14.7	42.6			
2014	84.9	9.0	75.9	56.5	14.9	41.6			
2015	72.7	6.6	66.1	47.4	14.8	32.6			
2016	96.1	7.3	88.8	50.3	18.1	32.2			
2017	109.9	7.4	102.5	60.4	21.4	38.9			
2018	136.4	7.8	128.6	72.3	23.8	48.5			
2019	132.8	9.6	123.3	76.9	26.2	50.7			
2020	89.1	8.9	80.3	70.6	25.2	45.4			

注:合计值为表中全部国家的历年数据加总;数据来源于 Trade Map 网站,部分数据有缺失。

附表 4　中国对上合成员国进出口总值

单位:亿美元

年份	进出口	出口	进口
2001	121.5	31.7	89.8
2002	142.3	43.8	98.5
2003	197.5	80.1	117.3
2004	269.7	120.3	149.4
2005	377.2	183.5	193.7
2006	452.7	234.1	218.6
2007	675.3	409.2	266.1
2008	869.0	548.7	320.3
2009	615.4	334.3	281.1
2010	841.1	456.3	384.8
2011	1 134.5	567.0	567.4
2012	1 237.9	636.6	601.3
2013	1 295.0	716.9	578.1
2014	1 298.1	767.8	530.4
2015	919.9	515.0	404.9
2016	937.6	549.9	387.7
2017	2 176.3	1 500.7	675.5
2018	2 549.9	1 638.6	911.3
2019	2 589.6	1 663.7	925.9
2020	2 453.2	1 533.1	920.1

注:表中数据自 2017 年起包含印度和巴基斯坦。

附表 5　中国对上合其他成员国进出口值

单位:亿美元

年份	合计			俄罗斯			哈萨克斯坦		
	进出口	出口	进口	进出口	出口	进口	进出口	出口	进口
2001	171.4	58.8	112.6	106.7	27.1	79.6	12.9	3.3	9.6
2002	209.7	82.9	126.8	119.3	35.2	84.1	19.5	6.0	13.5
2003	297.7	132.1	165.6	157.6	60.3	97.3	32.9	15.7	17.2
2004	436.4	204.3	232.1	212.3	91.0	121.3	45.0	22.1	22.9
2005	606.8	307.1	299.7	291.0	132.1	158.9	68.1	39.0	29.1
2006	753.7	422.3	331.4	333.9	158.3	175.6	83.6	47.5	36.1
2007	1 132.2	708.9	423.3	482.2	285.3	196.9	138.8	74.5	64.3
2008	1 461.5	928.5	533.0	569.1	330.8	238.3	175.5	98.2	77.3
2009	1 126.0	695.0	431.0	387.5	175.2	212.3	141.3	78.3	63.0
2010	1 554.6	944.0	610.6	555.4	296.2	259.2	204.5	93.2	111.3
2011	1 979.1	1 156.8	822.3	792.7	389.0	403.7	249.6	95.7	153.9
2012	2 026.7	1 206.1	820.6	882.1	440.6	441.6	256.8	110.0	146.8
2013	2 091.2	1 311.5	779.8	892.6	495.9	396.7	286.0	125.5	160.5
2014	2 163.9	1 442.4	721.5	952.7	536.8	415.9	224.5	127.1	97.4
2015	1 825.0	1 261.7	563.3	680.2	347.6	332.6	142.9	84.4	58.5
2016	1 830.8	1 306.3	524.5	696.1	373.6	322.6	131.0	82.9	48.1
2017	2 176.3	1 500.7	675.5	842.2	428.3	413.9	179.4	115.6	63.8
2018	2 549.9	1 638.6	911.3	1 071.1	479.7	591.4	198.8	113.5	85.3
2019	2 589.6	1 663.7	925.9	1 109.4	497.5	611.9	220.0	127.3	92.7
2020	2 453.2	1 533.1	920.1	1 081.0	505.0	576.0	214.8	117.0	97.7

续表

年份	塔吉克斯坦			吉尔吉斯斯坦			乌兹别克斯坦		
	进出口	出口	进口	进出口	出口	进口	进出口	出口	进口
2001	0.1	0.1	0.1	1.2	0.8	0.4	0.6	0.5	0.1
2002	0.1	0.1	0.1	2.0	1.5	0.6	1.3	1.0	0.3
2003	0.4	0.2	0.2	3.1	2.5	0.7	3.5	1.5	2.0
2004	0.7	0.5	0.2	6.0	4.9	1.1	5.8	1.7	4.0
2005	1.6	1.4	0.1	9.7	8.7	1.1	6.8	2.3	4.5
2006	3.2	3.1	0.2	22.3	21.1	1.1	9.7	4.1	5.7
2007	5.3	5.2	0.1	37.8	36.7	1.1	11.3	7.7	3.6
2008	15.0	14.8	0.2	93.3	92.1	1.2	16.1	12.8	3.3
2009	14.1	12.2	1.9	53.3	52.8	0.5	19.2	15.7	3.5
2010	14.4	13.8	0.6	42.0	41.3	0.7	24.8	11.8	13.0
2011	20.7	20.0	0.7	49.8	48.8	1.0	21.7	13.6	8.1
2012	18.6	17.5	1.1	51.6	50.7	0.9	28.8	17.8	10.9
2013	19.6	18.7	0.9	51.4	50.8	0.6	45.5	26.1	19.4
2014	25.2	24.7	0.5	53.0	52.4	0.6	42.8	26.8	16.0
2015	18.5	18.0	0.5	43.4	42.8	0.6	35.0	22.3	12.7
2016	17.6	17.3	0.3	56.8	56.1	0.7	36.1	20.1	16.1
2017	13.5	13.0	0.5	54.2	53.4	0.9	42.2	27.5	14.7
2018	15.1	14.3	0.8	56.1	55.6	0.5	62.7	39.4	23.2
2019	16.7	15.9	0.8	63.5	62.8	0.7	72.1	50.3	21.8
2020	10.6	10.2	0.5	29.0	28.7	0.3	66.3	51.5	14.8

续表

年份	巴基斯坦			印度					
	进出口	出口	进口	进出口	出口	进口			
2001	14.0	8.2	5.8	36.0	19.0	17.0			
2002	18.0	12.4	5.6	49.5	26.7	22.7			
2003	24.3	18.5	5.7	75.9	33.4	42.5			
2004	30.6	24.7	5.9	136.1	59.4	76.8			
2005	42.6	34.3	8.3	187.0	89.3	97.7			
2006	52.5	42.4	10.1	248.6	145.8	102.8			
2007	70.2	59.1	11.0	386.7	240.5	146.2			
2008	74.0	63.9	10.1	518.4	315.9	202.6			
2009	76.7	64.1	12.6	433.8	296.6	137.3			
2010	95.9	78.6	17.3	617.6	409.1	208.5			
2011	105.6	84.4	21.2	739.1	505.4	233.7			
2012	124.1	92.8	31.4	664.7	476.8	188.0			
2013	142.2	110.2	32.0	654.0	484.3	169.7			
2014	160.0	132.4	27.5	705.8	542.2	163.6			
2015	189.2	164.4	24.7	716.0	582.3	133.7			
2016	191.4	172.3	19.1	701.8	584.2	117.6			
2017	200.8	182.5	18.3	843.9	680.4	163.5			
2018	191.1	169.3	21.7	955.1	766.8	188.3			
2019	179.7	161.7	18.1	928.1	748.3	179.9			
2020	174.8	153.6	21.2	876.7	667.2	209.5			

注:合计值为表中全部国家的历年数据加总,与文章中中国对当年包含的成员国进出口值有出入。

附表 6　中国对上合其他成员国进出口分企业性质

单位:亿美元

年份	民营企业			国有企业			外商投资企业		
	进出口	出口	进口	进出口	出口	进口	进出口	出口	进口
2003	67.4	35.2	32.1	105.1	30.6	74.5	23.6	14.3	9.3
2004	118.8	68.4	50.4	118.9	32.3	86.5	31.5	19.6	12.0
2005	169.9	109.9	60.0	162.4	43.9	118.4	44.3	29.7	14.6
2006	200.6	139.0	61.6	193.9	52.1	141.8	57.3	42.7	14.6
2007	333.7	259.3	74.4	245.8	77.4	168.3	95.1	71.9	23.2
2008	443.7	354.8	88.9	295.7	92.8	202.8	126.6	101.0	25.6
2009	306.8	223.5	83.3	217.9	53.9	164.0	89.3	56.9	32.4
2010	404.8	299.7	105.1	303.3	57.8	245.5	132.8	98.7	34.0
2011	504.7	363.8	140.9	445.2	74.8	370.4	184.4	128.4	56.1
2012	562.7	409.3	153.5	483.4	86.2	397.2	191.6	141.1	50.5
2013	610.6	476.2	134.4	500.6	100.4	400.3	183.6	140.2	43.3
2014	661.0	549.9	111.1	453.6	77.6	376.0	182.6	140.0	42.6
2015	481.4	373.8	107.6	299.0	53.3	245.7	137.9	87.7	50.2
2016	515.4	389.8	125.6	285.2	64.5	220.8	135.0	95.5	39.5
2017	1 191.2	974.6	216.6	543.0	189.8	353.2	440.2	336.3	103.9
2018	1 362.4	1 071.3	291.1	703.7	196.4	507.3	478.1	367.5	110.6
2019	1 441.1	1 130.1	311.0	696.6	184.6	512.0	440.6	340.5	100.1
2020	1 397.0	1 055.8	341.1	614.0	150.9	463.1	434.2	321.1	113.2

注:表中数据自 2017 年起包含印度和巴基斯坦。

附表 7　中国对上合其他成员国进出口分贸易方式

单位:亿美元

年份	一般贸易			加工贸易			保税物流			边境小额贸易		
	进出口	出口	进口	进出口	出口	进口	进出口	出口	进口	进出口	出口	进口
2003	101.8	39.7	62.1	21.8	9.9	12.0	6.6	0.2	6.4	61.0	24.4	36.6
2004	144.8	64.5	80.3	31.8	13.4	18.4	9.1	0.5	8.6	76.1	34.1	42.0
2005	200.4	89.4	111.0	42.2	20.9	21.3	15.1	1.0	14.1	105.9	58.7	47.3
2006	227.9	106.7	121.2	58.5	31.6	26.9	23.2	1.5	21.7	130.5	81.7	48.8
2007	368.0	217.2	150.8	88.0	54.5	33.5	25.5	2.6	22.9	172.4	113.7	58.7
2008	458.3	263.5	194.8	102.0	73.8	28.2	32.2	3.1	29.0	256.0	187.9	68.2
2009	346.5	171.5	175.0	61.7	39.9	21.8	35.6	2.4	33.2	147.0	96.3	50.7
2010	482.9	238.1	244.8	96.3	70.1	26.2	52.4	4.4	48.0	172.6	106.9	65.7
2011	682.1	313.8	368.3	119.9	89.3	30.6	77.1	7.5	69.6	218.3	119.4	98.9
2012	734.5	354.4	380.1	131.9	102.6	29.3	97.7	10.2	87.5	230.7	126.8	103.9
2013	791.7	406.0	385.7	125.2	95.6	29.6	84.9	12.4	72.5	243.3	153.1	90.2
2014	809.5	435.3	374.2	132.0	98.2	33.9	74.5	13.7	60.8	234.9	173.4	61.4
2015	574.2	310.3	263.9	97.2	59.5	37.7	69.1	9.9	59.2	147.3	104.7	42.6
2016	560.7	312.7	248.0	124.8	80.1	44.7	63.6	10.2	53.4	156.8	117.0	39.7
2017	1 444.7	984.0	460.7	286.8	207.2	79.5	128.3	41.0	87.3	193.6	147.8	45.8
2018	1 823.5	1 153.6	669.9	292.1	214.0	78.1	161.7	46.2	115.5	171.7	126.4	45.3
2019	1 863.8	1 165.2	698.6	262.9	202.2	60.7	165.3	50.2	115.1	184.1	135.5	48.6
2020	1 787.5	1 091.3	696.3	236.3	186.8	49.4	182.9	56.1	126.8	141.7	97.2	44.5

注:表中数据自 2017 年起包含印度和巴基斯坦。

附表 8 中国各省区市对上合其他成员国进出口值

单位:亿美元

年份 省区市	2003 年			2004 年			2005 年		
	进出口	出口	进口	进出口	出口	进口	进出口	出口	进口
北京	43.0	3.7	39.4	53.4	3.6	49.9	84.3	10.0	74.3
天津	2.1	1.0	1.1	3.3	1.4	1.9	8.6	6.0	2.5
河北	8.3	7.9	0.4	17.9	17.6	0.3	18.0	17.1	0.9
山西	0.2	0.1	0.1	0.9	0.4	0.6	1.2	0.4	0.8
内蒙古自治区	12.5	1.1	11.4	16.0	0.8	15.2	17.7	0.7	17.0
辽宁	4.3	2.2	2.1	6.0	2.7	3.2	8.8	4.1	4.7
吉林	0.6	0.3	0.3	1.2	0.8	0.3	1.9	1.5	0.4
黑龙江	29.6	16.4	13.2	38.3	21.6	16.7	56.9	38.4	18.4
上海	8.2	1.9	6.3	9.0	3.1	5.8	10.9	5.0	6.0
江苏	7.4	4.7	2.7	10.0	6.3	3.7	15.2	10.3	5.0
浙江	12.0	8.7	3.3	16.2	12.2	4.1	20.2	15.1	5.1
安徽	1.6	0.6	1.0	1.5	0.7	0.8	1.9	1.1	0.7
福建	2.2	1.0	1.2	3.7	2.2	1.5	4.2	2.9	1.3
江西	0.1	0.1	0.0	0.1	0.1	0.1	0.2	0.2	0.0
山东	13.8	5.3	8.5	19.2	8.1	11.0	25.5	8.4	17.1
河南	0.6	0.5	0.1	1.0	0.9	0.1	1.8	1.4	0.5
湖北	0.3	0.2	0.1	0.4	0.3	0.1	0.6	0.5	0.1
湖南	0.7	0.6	0.1	1.2	1.0	0.3	1.0	0.8	0.2
广东	16.7	7.4	9.3	24.5	11.7	12.9	30.6	17.5	13.1
广西壮族自治区	0.1	0.1	0.0	0.5	0.1	0.4	0.3	0.2	0.2
海南	0.2	0.1	0.1	0.3	0.1	0.2	0.3	0.1	0.2
重庆	0.2	0.1	0.0	0.3	0.2	0.1	0.2	0.2	0.0
四川	0.8	0.7	0.0	1.5	1.1	0.4	2.1	1.5	0.6
贵州	0.0	0.0	0.0	0.2	0.1	0.2	0.1	0.0	0.1
云南	0.2	0.2	0.0	0.2	0.1	0.1	0.2	0.1	0.0
西藏自治区	0.0	0.0	0.0	0.0	0.0	0.0	0.0	0.0	0.0
陕西	0.4	0.3	0.1	0.7	0.6	0.1	1.1	0.9	0.3
甘肃	0.4	0.1	0.3	1.1	0.1	0.9	0.8	0.2	0.6
青海	0.0	0.0	0.0	0.0	0.0	0.0	0.1	0.0	0.0
宁夏回族自治区	0.0	0.0	0.0	0.0	0.0	0.0	0.1	0.1	0.0
新疆维吾尔自治区	31.0	15.0	16.0	40.9	22.3	18.6	62.3	38.8	23.6

续表

年份 省区市	2006 年			2007 年			2008 年		
	进出口	出口	进口	进出口	出口	进口	进出口	出口	进口
北京	100.3	9.1	91.2	122.7	17.2	105.6	163.4	27.1	136.3
天津	7.2	4.4	2.8	15.6	11.9	3.7	21.0	16.9	4.1
河北	7.2	7.0	0.2	7.7	7.4	0.3	10.5	9.6	0.8
山西	0.8	0.6	0.1	3.3	1.3	2.1	4.2	1.9	2.4
内蒙古自治区	23.0	0.9	22.1	30.0	2.1	27.9	31.8	2.8	29.0
辽宁	10.9	6.2	4.7	14.5	8.9	5.6	17.1	10.2	6.8
吉林	4.5	3.9	0.6	8.2	7.4	0.8	7.7	6.9	0.8
黑龙江	67.1	45.6	21.5	107.8	82.0	25.8	114.3	83.3	31.0
上海	18.7	7.9	10.8	22.0	13.2	8.8	29.3	19.5	9.8
江苏	19.4	15.0	4.4	29.8	24.4	5.4	38.6	32.8	5.7
浙江	27.3	22.8	4.5	40.0	34.2	5.8	55.7	47.9	7.8
安徽	2.8	2.6	0.2	5.6	5.3	0.3	5.7	5.4	0.3
福建	7.0	5.1	1.9	9.3	7.3	1.9	13.2	10.9	2.3
江西	0.4	0.3	0.1	6.4	0.9	5.6	3.2	1.4	1.8
山东	30.0	9.2	20.8	44.7	15.9	28.7	52.2	21.1	31.1
河南	3.0	1.9	1.1	5.2	2.4	2.8	8.2	4.1	4.1
湖北	1.6	1.5	0.1	2.2	2.1	0.1	4.8	4.6	0.3
湖南	1.4	1.2	0.1	2.1	2.0	0.1	2.9	2.6	0.3
广东	37.7	26.1	11.6	67.7	55.9	11.8	70.8	54.2	16.6
广西壮族自治区	0.7	0.2	0.5	1.7	0.7	1.0	1.2	1.1	0.0
海南	0.3	0.2	0.1	0.5	0.3	0.2	0.5	0.5	0.0
重庆	0.3	0.3	0.0	0.9	0.9	0.0	1.5	1.3	0.2
四川	2.0	1.5	0.4	5.0	4.3	0.7	8.3	7.2	1.0
贵州	0.1	0.1	0.0	0.5	0.1	0.3	0.4	0.1	0.2
云南	0.3	0.2	0.1	0.5	0.2	0.2	0.6	0.3	0.3
西藏自治区	0.0	0.0	0.0	0.1	0.1	0.0	1.0	1.0	0.0
陕西	1.1	1.0	0.1	1.8	1.7	0.0	1.9	1.8	0.1
甘肃	2.2	0.2	2.0	3.9	0.2	3.7	4.4	0.3	4.1
青海	0.0	0.0	0.0	0.2	0.2	0.0	0.0	0.0	0.0
宁夏回族自治区	0.1	0.1	0.0	0.1	0.1	0.0	0.1	0.1	0.0
新疆维吾尔自治区	75.3	59.0	16.2	115.4	98.6	16.8	194.5	171.6	22.9

年份 省区市	2009 年			2010 年			2011 年		
	进出口	出口	进口	进出口	出口	进口	进出口	出口	进口
北京	119.6	22.2	97.3	174.7	14.4	160.3	179.8	21.6	158.2
天津	11.4	7.4	4.0	10.2	7.9	2.3	14.8	10.2	4.7
河北	11.1	9.7	1.4	19.9	17.7	2.1	26.3	22.8	3.5
山西	4.4	0.6	3.7	5.0	1.0	4.0	5.3	1.2	4.2
内蒙古自治区	24.1	2.0	22.1	25.6	1.9	23.7	29.1	2.3	26.8
辽宁	12.3	6.2	6.1	17.1	8.4	8.7	23.7	11.2	12.5
吉林	4.8	3.9	0.9	6.3	5.4	0.8	7.1	6.5	0.7
黑龙江	62.3	39.1	23.2	80.6	48.4	32.3	190.6	44.2	146.4
上海	28.0	12.1	16.0	42.5	22.8	19.7	56.8	27.9	29.0
江苏	32.3	22.8	9.6	52.9	43.3	9.6	70.1	56.9	13.1
浙江	46.7	32.7	14.0	70.5	56.4	14.1	95.4	75.6	19.8
安徽	2.6	1.4	1.2	4.4	3.2	1.2	6.5	5.5	1.0
福建	9.8	7.7	2.1	14.9	11.2	3.7	20.3	16.5	3.9
江西	3.6	1.7	1.9	4.7	1.1	3.6	2.8	1.8	1.0
山东	37.3	13.0	24.3	52.3	24.0	28.3	77.4	35.6	41.8
河南	5.0	2.5	2.5	7.1	3.8	3.3	9.3	5.5	3.8
湖北	1.7	1.4	0.2	2.8	2.6	0.3	4.4	2.9	1.5
湖南	2.0	1.7	0.3	3.9	3.5	0.4	4.0	3.5	0.4
广东	52.1	29.0	23.1	72.0	51.8	20.1	94.7	70.1	24.6
广西壮族自治区	4.5	4.2	0.3	1.4	1.3	0.1	4.1	1.2	2.9
海南	0.4	0.4	0.0	0.5	0.4	0.1	3.4	0.6	2.8
重庆	1.1	0.7	0.4	1.9	1.7	0.2	4.2	3.9	0.4
四川	14.5	14.1	0.4	10.5	10.0	0.5	7.2	6.4	0.8
贵州	0.3	0.2	0.1	0.4	0.1	0.3	0.8	0.3	0.5
云南	1.0	0.7	0.3	2.3	1.2	1.1	1.9	0.7	1.2
西藏自治区	0.1	0.1	0.0	0.0	0.0	0.0	0.0	0.0	0.0
陕西	1.0	0.7	0.3	1.7	1.5	0.2	2.8	2.5	0.2
甘肃	5.8	0.2	5.6	12.6	0.2	12.4	12.8	0.5	12.3
青海	0.0	0.0	0.0	0.1	0.1	0.0	0.2	0.0	0.2
宁夏回族自治区	0.3	0.1	0.3	0.4	0.2	0.3	0.9	0.4	0.5
新疆维吾尔自治区	115.4	96.0	19.5	141.9	110.6	31.3	177.9	129.1	48.9

续表

年份 省区市	2012 年			2013 年			2014 年		
	进出口	出口	进口	进出口	出口	进口	进出口	出口	进口
北京	206.5	29.4	177.1	216.6	30.6	185.9	222.4	24.7	197.8
天津	15.5	12.2	3.3	18.1	14.5	3.6	16.6	13.8	2.8
河北	30.8	27.2	3.6	37.1	32.5	4.6	35.3	32.3	3.0
山西	6.3	0.9	5.4	7.5	1.9	5.5	5.7	2.4	3.3
内蒙古自治区	27.4	2.9	24.5	26.4	2.8	23.5	30.7	6.6	24.1
辽宁	25.6	12.1	13.6	25.6	12.7	12.9	25.4	12.8	12.6
吉林	8.4	6.9	1.5	7.2	6.3	0.9	6.1	4.6	1.5
黑龙江	212.0	52.0	160.0	224.6	69.9	154.8	233.7	90.8	142.9
上海	64.7	35.6	29.1	58.9	33.0	25.9	62.8	33.9	29.0
江苏	76.3	63.7	12.6	70.1	58.7	11.4	65.6	57.3	8.2
浙江	106.3	87.9	18.4	117.6	101.9	15.8	117.4	104.3	13.1
安徽	8.2	6.9	1.3	8.9	7.7	1.1	9.5	8.6	0.9
福建	23.0	18.2	4.8	27.2	22.5	4.7	28.5	22.3	6.2
江西	4.0	3.0	1.0	4.6	3.2	1.4	5.4	4.6	0.7
山东	95.2	38.4	56.7	90.7	42.8	47.9	71.2	45.1	26.2
河南	9.6	5.7	3.8	11.6	8.4	3.2	12.2	9.9	2.4
湖北	7.0	5.9	1.1	6.7	6.2	0.4	10.5	10.0	0.5
湖南	4.0	3.5	0.4	6.8	4.8	2.0	6.5	5.1	1.4
广东	90.2	72.3	17.9	92.3	78.8	13.6	93.4	84.3	9.0
广西壮族自治区	3.3	1.4	1.9	3.1	1.6	1.5	2.2	1.2	0.9
海南	1.5	0.3	1.2	2.1	0.3	1.8	2.3	0.3	2.0
重庆	5.0	4.7	0.3	8.6	8.4	0.2	12.1	11.9	0.2
四川	8.5	7.6	0.9	11.9	11.3	0.6	14.1	13.3	0.8
贵州	0.6	0.3	0.3	1.1	0.7	0.4	1.2	0.8	0.4
云南	1.1	0.5	0.7	1.4	0.9	0.4	2.4	2.0	0.5
西藏自治区	0.0	0.0	0.0	0.1	0.1	0.0	0.0	0.0	0.0
陕西	3.7	3.5	0.2	3.1	2.9	0.2	3.4	3.2	0.2
甘肃	11.4	0.6	10.8	10.2	0.9	9.2	8.3	1.0	7.3
青海	0.0	0.0	0.0	0.7	0.2	0.5	0.2	0.1	0.1
宁夏回族自治区	0.8	0.4	0.4	1.0	0.9	0.2	1.3	1.1	0.2
新疆维吾尔自治区	180.9	132.6	48.3	193.4	149.4	44.0	191.6	159.4	32.2

年份 省区市	2015 年			2016 年			2017 年		
	进出口	出口	进口	进出口	出口	进口	进出口	出口	进口
北京	176.7	20.7	156.0	143.7	18.0	125.8	236.0	53.1	182.9
天津	10.6	8.3	2.3	22.6	18.9	3.7	41.6	30.8	10.8
河北	27.6	25.4	2.2	26.9	25.5	1.4	58.3	50.1	8.1
山西	4.8	1.9	2.9	8.0	4.2	3.8	13.7	10.9	2.7
内蒙古自治区	26.9	6.2	20.7	28.0	6.4	21.6	33.9	8.1	25.8
辽宁	30.7	9.8	20.9	33.1	8.5	24.6	59.2	23.7	35.4
吉林	5.2	2.5	2.7	4.4	1.6	2.8	8.6	4.2	4.4
黑龙江	110.3	25.3	85.0	92.9	17.9	75.0	113.4	19.4	94.0
上海	53.8	19.7	34.1	43.8	18.6	25.2	146.0	83.8	62.2
江苏	48.5	41.0	7.5	53.7	44.4	9.3	220.0	190.7	29.3
浙江	87.9	76.9	11.0	94.6	78.2	16.3	271.4	237.8	33.6
安徽	7.0	5.9	1.1	7.0	5.8	1.2	29.6	24.4	5.2
福建	21.9	17.0	4.9	23.1	15.6	7.5	70.1	43.8	26.4
江西	6.0	5.9	0.1	5.7	5.3	0.4	21.1	20.3	0.8
山东	58.4	32.6	25.8	90.6	50.4	40.1	175.3	100.2	75.2
河南	11.0	9.0	2.0	12.1	9.7	2.4	30.0	25.5	4.5
湖北	9.2	8.8	0.4	11.5	11.1	0.4	35.4	33.1	2.3
湖南	4.7	3.6	1.1	4.2	3.6	0.6	18.1	14.9	3.1
广东	67.4	60.1	7.3	64.8	60.3	4.5	329.2	296.6	32.6
广西壮族自治区	1.7	0.6	1.1	2.3	0.5	1.8	5.5	3.9	1.7
海南	3.8	0.3	3.6	1.5	0.6	0.8	4.3	2.2	2.1
重庆	9.2	9.1	0.1	7.3	6.9	0.3	22.1	20.6	1.5
四川	6.4	6.1	0.3	4.9	4.7	0.2	21.5	20.5	1.0
贵州	1.5	1.3	0.1	0.8	0.8	0.1	4.2	4.1	0.2
云南	2.0	1.9	0.1	1.4	0.8	0.6	5.3	4.8	0.6
西藏自治区	0.0	0.0	0.0	0.0	0.0	0.0	0.0	0.0	0.0
陕西	2.3	1.4	0.9	1.9	1.4	0.5	13.6	11.7	1.9
甘肃	4.6	2.4	2.2	9.5	3.9	5.6	11.8	1.7	10.1
青海	0.3	0.3	0.0	2.0	2.0	0.0	1.3	0.9	0.4
宁夏回族自治区	1.2	1.0	0.2	2.4	0.7	1.7	4.1	2.7	1.4
新疆维吾尔自治区	118.4	110.1	8.4	133.0	123.6	9.5	171.7	156.3	15.4

续表

年份 省区市	2018年			2019年			2020年		
	进出口	出口	进口	进出口	出口	进口	进出口	出口	进口
北京	307.0	62.5	244.5	297.8	63.0	234.8	257.8	61.9	195.9
天津	48.9	39.2	9.7	39.2	30.7	8.4	42.9	28.5	14.4
河北	59.9	52.5	7.3	60.7	49.1	11.5	58.9	43.3	15.6
山西	14.7	11.3	3.4	12.9	10.0	2.9	13.2	10.9	2.3
内蒙古自治区	33.7	6.8	26.9	30.4	6.4	24.0	29.6	7.0	22.6
辽宁	62.3	27.1	35.2	56.7	29.0	27.7	48.5	20.5	28.0
吉林	12.7	4.9	7.8	11.3	4.8	6.5	11.6	5.3	6.3
黑龙江	188.2	14.7	173.6	187.8	17.5	170.3	145.8	18.3	127.5
上海	164.0	95.5	68.5	148.9	86.9	62.0	153.3	79.6	73.6
江苏	243.4	208.1	35.2	249.4	209.5	39.9	230.2	185.4	44.8
浙江	309.9	267.2	42.7	336.2	287.5	48.7	345.9	267.6	78.3
安徽	32.7	26.7	6.0	36.7	30.2	6.5	37.7	29.6	8.2
福建	87.8	52.5	35.3	88.8	53.0	35.8	92.1	42.0	50.1
江西	24.3	22.9	1.4	22.7	21.0	1.7	23.4	21.6	1.8
山东	218.0	97.4	120.6	238.3	107.3	131.0	231.1	110.1	121.0
河南	30.6	25.6	5.0	34.7	27.2	7.4	40.7	30.3	10.4
湖北	40.7	38.1	2.6	42.0	38.7	3.2	31.7	27.4	4.3
湖南	30.4	26.2	4.2	42.3	39.2	3.1	37.3	33.6	3.7
广东	369.9	332.1	37.8	349.6	318.7	30.9	329.7	294.7	35.0
广西壮族自治区	6.5	5.5	1.0	9.7	6.8	3.0	9.9	6.3	3.6
海南	7.1	3.8	3.3	4.7	3.3	1.5	3.8	2.1	1.7
重庆	29.0	26.6	2.5	29.5	27.2	2.3	38.8	34.6	4.2
四川	28.5	26.8	1.7	32.3	27.5	4.8	36.9	31.9	5.0
贵州	4.9	4.7	0.2	2.6	2.5	0.1	3.0	2.6	0.4
云南	9.6	8.8	0.9	10.8	7.7	3.0	13.9	9.4	4.6
西藏自治区	0.1	0.0	0.1	0.2	0.1	0.1	0.3	0.0	0.3
陕西	14.1	12.0	2.1	12.8	8.8	4.0	12.1	8.5	3.6
甘肃	13.5	1.9	11.6	10.6	1.4	9.2	12.7	0.8	11.9
青海	0.8	0.7	0.2	1.3	0.4	0.9	0.4	0.1	0.3
宁夏回族自治区	2.7	2.6	0.1	2.2	2.0	0.2	2.2	2.0	0.3
新疆维吾尔自治区	153.9	134.0	19.9	186.4	146.1	40.3	157.9	117.3	40.6

注:表中数据自2017年起包含印度和巴基斯坦。

附表 9　中国对上合其他成员国主要进出口商品

单位：亿美元，%

年份	出口									
	机电产品		劳动密集型产品		基本有机化学品		钢材		农产品	
	出口值	比重	出口值	比重	出口值	比重	出口值	比重	出口值	比重
2003	16.8	20.9	46.6	58.1	0.4	0.5	0.3	0.4	6.0	7.5
2004	24.3	20.2	72.1	60.0	0.6	0.5	0.5	0.4	6.3	5.2
2005	42.1	22.9	103.2	56.2	0.8	0.5	2.3	1.3	8.0	4.4
2006	72.2	30.9	109.3	46.7	1.1	0.5	4.2	1.8	9.7	4.2
2007	136.7	33.4	197.7	48.3	1.7	0.4	13.0	3.2	14.3	3.5
2008	186.6	34.0	254.4	46.4	2.2	0.4	24.1	4.4	17.3	3.2
2009	106.9	32.0	153.5	45.9	1.9	0.6	16.7	5.0	14.8	4.4
2010	178.4	39.1	186.9	41.0	3.0	0.7	13.6	3.0	18.6	4.1
2011	242.4	42.8	211.1	37.2	4.2	0.7	17.2	3.0	23.2	4.1
2012	289.3	45.4	225.1	35.4	4.3	0.7	20.0	3.1	23.6	3.7
2013	302.7	42.2	273.9	38.2	4.6	0.6	25.3	3.5	25.7	3.6
2014	322.7	42.0	303.2	39.5	5.3	0.7	19.7	2.6	28.2	3.7
2015	216.0	41.9	198.0	38.4	5.0	1.0	12.6	2.5	23.0	4.5
2016	240.7	43.8	212.1	38.6	5.3	1.0	12.0	2.2	23.1	4.2
2017	785.0	52.3	357.0	23.8	59.4	4.0	50.6	3.4	34.1	2.3
2018	866.2	52.9	357.8	21.8	76.7	4.7	53.5	3.3	33.1	2.0
2019	861.3	51.8	382.9	23.0	74.3	4.5	51.0	3.1	33.7	2.0
2020	857.3	55.9	310.2	20.2	74.3	4.8	37.6	2.5	27.0	1.8

续表

| 年份 | 进口 | | | | | | | | | |
| | 原油 | | 金属矿及矿砂 | | 农产品 | | 未锻轧的铜及铜材 | | 天然气 | |
	进口值	比重	进口值	比重	进口值	比重	进口值	比重	进口值	比重
2003	13.2	11.2	1.3	1.1	9.5	8.1	6.8	5.8	—	—
2004	32.9	22.0	4.2	2.8	12.6	8.4	5.5	3.7	—	—
2005	54.8	28.3	7.6	3.9	16.1	8.3	6.9	3.5	—	—
2006	87.7	40.1	7.3	3.3	19.0	8.7	5.5	2.5	—	—
2007	101.7	38.2	12.8	4.8	18.3	6.9	14.7	5.5	—	—
2008	127.6	39.8	20.3	6.3	16.9	5.3	13.0	4.1	—	—
2009	91.6	32.6	20.5	7.3	15.1	5.4	10.4	3.7	0.4	0.2
2010	144.3	37.5	27.2	7.1	21.6	5.6	20.4	5.3	2.0	0.5
2011	251.8	44.4	47.3	8.3	22.7	4.0	19.8	3.5	2.0	0.3
2012	292.0	48.6	37.4	6.2	23.9	4.0	19.7	3.3	4.0	0.7
2013	291.2	50.4	34.3	5.9	22.6	3.9	17.1	3.0	9.8	1.7
2014	291.7	55.0	23.6	4.4	21.3	4.0	13.7	2.6	9.4	1.8
2015	191.3	47.3	12.2	3.0	22.0	5.4	16.1	4.0	5.3	1.3
2016	177.2	45.7	14.5	3.8	23.8	6.1	15.4	4.0	8.3	2.1
2017	247.7	36.7	47.8	7.1	38.3	5.7	40.4	6.0	10.0	1.5
2018	392.7	43.1	48.1	5.3	56.1	6.2	50.4	5.5	30.1	3.3
2019	387.6	41.9	65.2	7.0	74.8	8.1	42.8	4.6	38.7	4.2
2020	288.1	31.3	100.0	10.9	76.6	8.3	59.7	6.5	43.5	4.7

注:表中数据自 2017 年起包含印度和巴基斯坦;2001—2002 年部分数据有缺失。

附表 10　中国对俄罗斯主要进出口商品

单位:亿美元，%

| 年份 | 出口 | | | | | | | | | |
| | 机电产品 | | 劳动密集型产品 | | 皮革、毛皮及其制品 | | 农产品 | | 基本有机化学品 | |
	出口值	比重	出口值	比重	出口值	比重	出口值	比重	出口值	比重
2002	5.4	15.2	19.3	54.9	5.7	16.3	4.3	12.1	0.3	0.8
2003	12.1	20.0	35.4	58.6	12.8	21.2	5.5	9.1	0.3	0.6
2004	18.2	20.0	54.8	60.2	22.7	25.0	5.7	6.3	0.5	0.6
2005	30.9	23.4	74.8	56.7	27.6	20.9	7.0	5.3	0.8	0.6
2006	54.4	34.4	67.4	42.6	9.5	6.0	8.3	5.3	1.0	0.7
2007	103.6	36.3	127.9	44.8	6.4	2.2	12.2	4.3	1.5	0.5
2008	149.3	45.1	109.9	33.2	5.1	1.6	14.4	4.4	2.1	0.6
2009	72.9	41.6	60.8	34.7	7.7	4.4	11.9	6.8	1.7	1.0
2010	137.2	46.3	92.7	31.3	13.7	4.6	15.4	5.2	2.7	0.9
2011	191.4	49.2	110.4	28.4	15.8	4.1	19.5	5.0	3.8	1.0
2012	224.1	50.9	126.7	28.7	20.1	4.6	19.4	4.4	4.0	0.9
2013	229.4	46.3	168.6	34.0	25.1	5.1	21.0	4.2	4.2	0.9
2014	248.5	46.3	184.7	34.4	30.6	5.7	23.0	4.3	4.9	0.9
2015	154.6	44.5	121.3	34.9	22.1	6.4	18.0	5.2	4.6	1.3
2016	187.7	50.3	115.2	30.8	27.1	7.3	19.2	5.1	4.9	1.3
2017	220.1	51.4	126.4	29.5	30.0	7.0	19.5	4.6	6.7	1.6
2018	256.1	53.4	132.4	27.6	34.5	7.2	20.2	4.2	8.8	1.8
2019	265.4	53.4	131.1	26.3	34.0	6.8	18.9	3.8	10.0	2.0
2020	292.5	57.9	120.8	23.9	20.1	4.0	14.5	2.9	10.8	2.1

续表

年份	进口									
	原油		农产品		木及其制品		金属矿及矿砂		未锻轧铜及铜材	
	进口值	比重	进口值	比重	进口值	比重	进口值	比重	进口值	比重
2002	5.8	6.9	6.8	8.1	10.6	12.6	0.4	0.5	1.8	2.2
2003	11.0	11.3	7.1	7.3	10.5	10.8	0.4	0.4	1.6	1.6
2004	29.4	24.2	8.5	7.0	14.4	11.9	2.6	2.1	1.0	0.8
2005	49.6	31.2	11.5	7.2	17.9	11.3	5.3	3.3	0.7	0.4
2006	75.0	42.7	12.9	7.4	21.6	12.3	3.6	2.1	0.7	0.4
2007	72.2	36.7	14.4	7.3	29.8	15.2	7.5	3.8	1.6	0.8
2008	85.9	36.0	13.2	5.6	29.7	12.5	11.8	5.0	1.1	0.4
2009	66.2	31.2	12.9	6.1	23.6	11.1	10.4	4.9	2.5	1.2
2010	88.8	34.3	13.9	5.4	27.6	10.6	11.9	4.6	4.1	1.6
2011	163.3	40.4	16.9	4.2	34.8	8.6	32.9	8.1	2.4	0.6
2012	204.9	46.4	15.6	3.5	29.1	6.6	24.4	5.5	3.9	0.9
2013	197.4	49.8	15.7	4.0	28.2	7.1	20.8	5.2	1.8	0.5
2014	249.5	60.0	15.5	3.7	31.6	7.6	11.7	2.8	1.7	0.4
2015	172.4	51.8	17.2	5.2	31.3	9.4	8.9	2.7	6.4	1.9
2016	168.9	52.4	19.9	6.2	36.8	11.4	8.8	2.7	4.5	1.4
2017	238.8	57.7	21.3	5.2	44.7	10.8	12.9	3.1	4.1	1.0
2018	381.2	64.5	32.1	5.4	46.9	7.9	15.7	2.6	16.2	2.7
2019	374.2	61.2	35.9	5.9	42.7	7.0	22.4	3.7	16.3	2.7
2020	276.5	48.0	40.8	7.1	37.0	6.4	34.9	6.1	28.0	4.9

注:2001 年部分数据有缺失。

附表 11　中国对哈萨克斯坦主要进出口商品

单位:亿美元，%

年份	出口									
	劳动密集型产品		机电产品		钢材		农产品		皮革、毛皮及其制品	
	出口值	比重	出口值	比重	出口值	比重	出口值	比重	出口值	比重
2003	9.8	62.2	3.0	19.2	0.2	1.3	0.4	2.2	0.2	1.4
2004	13.6	61.5	4.4	19.8	0.2	1.1	0.3	1.4	0.3	1.1
2005	22.2	56.9	8.5	21.9	1.7	4.2	0.5	1.4	0.7	1.8
2006	25.5	53.7	12.6	26.5	1.2	2.6	0.6	1.2	0.4	0.8
2007	37.4	50.2	23.6	31.7	2.8	3.8	0.9	1.2	0.3	0.5
2008	50.6	51.5	23.3	23.8	10.6	10.8	1.4	1.4	0.5	0.5
2009	41.1	52.4	19.1	24.3	7.9	10.0	1.4	1.8	0.2	0.3
2010	50.8	54.5	27.6	29.7	2.9	3.1	1.4	1.5	0.3	0.3
2011	47.7	49.8	33.9	35.4	3.2	3.3	1.8	1.9	0.5	0.5
2012	48.4	44.0	43.2	39.2	6.1	5.5	2.0	1.8	0.7	0.6
2013	56.5	45.0	46.3	36.9	7.1	5.6	2.4	1.9	1.1	0.9
2014	62.4	49.1	44.9	35.3	3.8	3.0	2.5	1.9	0.7	0.6
2015	33.9	40.2	34.8	41.2	2.6	3.0	2.5	2.9	0.6	0.7
2016	39.0	47.0	29.9	36.0	2.2	2.7	2.3	2.7	0.5	0.6
2017	56.7	49.1	39.3	34.0	3.0	2.6	3.2	2.8	0.5	0.4
2018	49.2	43.3	45.2	39.8	2.7	2.4	3.2	2.8	0.8	0.7
2019	57.3	45.0	48.5	38.1	4.4	3.5	3.0	2.4	2.3	1.8
2020	53.3	45.5	47.6	40.7	2.6	2.3	2.4	2.0	1.8	1.5

续表

年份	进口									
	金属矿及矿砂		未锻轧铜及铜材		天然气		原油		农产品	
	进口值	比重	进口值	比重	进口值	比重	进口值	比重	进口值	比重
2003	0.9	5.1	5.0	29.2	—	—	2.2	12.6	0.5	2.8
2004	1.6	7.0	4.5	19.7	—	—	3.5	15.2	0.5	2.3
2005	2.3	7.8	6.2	21.3	—	—	5.2	17.8	0.4	1.5
2006	3.6	10.0	4.9	13.5	—	—	12.7	35.2	0.6	1.7
2007	5.2	8.0	13.0	20.1	—	—	29.5	45.9	0.3	0.5
2008	8.4	10.9	12.0	15.5	—	—	41.7	54.0	0.3	0.3
2009	10.0	15.9	7.9	12.5	—	—	25.4	40.4	0.2	0.3
2010	15.1	13.6	16.3	14.6	—	—	55.5	49.9	0.3	0.3
2011	13.6	8.9	17.4	11.3	—	—	88.6	57.5	0.3	0.2
2012	11.8	8.0	15.7	10.7	—	—	87.2	59.4	0.8	0.6
2013	12.8	8.0	15.1	9.4	0.2	0.1	93.8	58.4	0.9	0.5
2014	11.6	11.9	11.9	12.3	0.5	0.5	42.2	43.3	1.8	1.9
2015	2.9	5.0	9.5	16.2	0.5	0.8	18.9	32.3	1.3	2.2
2016	5.1	10.7	10.1	21.0	0.6	1.2	8.3	17.3	1.5	3.2
2017	12.1	19.0	12.3	19.3	1.8	2.8	8.9	13.9	2.0	3.2
2018	16.0	18.7	14.7	17.2	11.8	13.8	11.5	13.5	2.8	3.3
2019	16.4	17.7	17.4	18.8	15.0	16.2	13.3	14.4	4.0	4.3
2020	20.3	20.8	18.3	18.8	13.7	14.0	11.6	11.8	3.7	3.8

注：2001—2002 年部分数据有缺失。

附表 12　中国对塔吉克斯坦主要进出口商品

单位:万美元 , %

年份	出口									
	机电产品		劳动密集型产品		钢材		陶瓷产品		农产品	
	出口值	比重	出口值	比重	出口值	比重	出口值	比重	出口值	比重
2003	406. 4	19. 5	126. 8	6. 1	7. 0	0. 3	7. 0	0. 3	415. 2	20. 0
2004	966. 0	18. 0	1 266. 2	23. 6	39. 9	0. 7	14. 1	0. 3	227. 2	4. 2
2005	3 632. 6	25. 3	3 982. 1	27. 7	217. 2	1. 5	137. 4	1. 0	248. 1	1. 7
2006	7 976. 2	26. 1	10 808. 4	35. 3	1 952. 0	6. 4	511. 7	1. 7	381. 1	1. 2
2007	19 168. 1	37. 2	20 008. 5	38. 8	2 767. 6	5. 4	462. 6	0. 9	677. 0	1. 3
2008	29 301. 7	19. 8	102 019. 7	68. 9	2 590. 3	1. 7	473. 7	0. 3	980. 3	0. 7
2009	31 534. 0	25. 7	70 847. 4	57. 8	4 270. 4	3. 5	2 100. 6	1. 7	1 244. 7	1. 0
2010	30 042. 3	21. 8	90 944. 7	65. 9	2 454. 8	1. 8	2 183. 2	1. 6	1 346. 2	1. 0
2011	36 860. 3	18. 5	139 113. 7	69. 7	4 508. 4	2. 3	2 135. 4	1. 1	1 363. 9	0. 7
2012	48 826. 8	27. 9	100 329. 5	57. 4	7 091. 6	4. 1	1 440. 1	0. 8	1 278. 2	0. 7
2013	58 054. 0	31. 1	93 396. 0	50. 0	9 610. 6	5. 1	2 229. 7	1. 2	1 616. 1	0. 9
2014	73 686. 8	29. 9	134 751. 1	54. 6	10 961. 9	4. 4	5 491. 3	2. 2	2 038. 9	0. 8
2015	77 331. 9	43. 1	72 397. 8	40. 3	8 116. 2	4. 5	6 002. 2	3. 3	1 891. 1	1. 1
2016	67 537. 9	39. 2	75 558. 6	43. 8	6 719. 1	3. 9	3 349. 5	1. 9	1 349. 5	0. 8
2017	47 497. 9	36. 5	58 245. 9	44. 8	5 467. 3	4. 2	1 962. 1	1. 5	2 306. 1	1. 8
2018	58 525. 7	41. 0	55 769. 6	39. 0	8 298. 9	5. 8	3 766. 0	2. 6	1 334. 9	0. 9
2019	71 743. 2	45. 1	58 124. 9	36. 6	8 067. 9	5. 1	4 674. 4	2. 9	1 484. 9	0. 9
2020	45 079. 5	44. 3	35 583. 7	35. 0	7 182. 9	7. 1	2 288. 3	2. 3	1 873. 5	1. 8

续表

年份	进口									
	金属矿及矿砂		农产品		纺织原料		纺织纱线、织物及其制品		皮革、毛皮及其制品	
	进口值	比重	进口值	比重	进口值	比重	进口值	比重	进口值	比重
2003	123.8	6.9	1 357.7	75.4	1 235.4	68.6	5.9	0.3	1.0	0.1
2004	343.1	22.3	336.4	21.9	129.3	8.4	—	—	1.0	0.1
2005	504.2	35.5	548.6	38.6	483.4	34.0	1.1	0.1	—	—
2006	530.3	29.5	742.3	41.2	656.5	36.5	38.7	2.2	—	—
2007	731.6	71.2	144.8	14.1	80.7	7.9	21.2	2.1	1.4	0.1
2008	655.5	32.4	381.8	18.9	51.5	2.5	12.9	0.6	23.7	1.2
2009	438.7	2.4	331.5	1.8	42.5	0.2	—	—	12.9	0.1
2010	2 031.4	36.2	586.6	10.5	255.5	4.6	9.6	0.2	36.4	0.7
2011	6 533.7	90.5	166.8	2.3	112.7	1.6	11.8	0.2	163.0	2.3
2012	8 491.2	78.0	1 568.0	14.4	1 559.7	14.3	40.4	0.4	67.6	0.6
2013	7 424.4	83.7	726.7	8.2	599.4	6.8	211.9	2.4	401.9	4.5
2014	3 047.0	63.9	629.7	13.2	451.9	9.5	158.1	3.3	418.7	8.8
2015	2 978.6	57.2	1 426.5	27.4	1 350.6	26.0	63.8	1.2	445.7	8.6
2016	2 350.8	75.2	270.9	8.7	177.4	5.7	158.5	5.1	329.1	10.5
2017	3 573.0	76.4	396.5	8.5	337.4	7.2	233.7	5.0	388.3	8.3
2018	5 582.6	72.7	1 021.3	13.3	994.3	12.9	511.3	6.7	449.7	5.9
2019	5 547.7	65.6	1 305.3	15.4	1 244.4	14.7	953.2	11.3	554.1	6.5
2020	3 250.3	71.8	617.6	13.6	608.7	13.4	338.9	7.5	225.2	5.0

注:2001—2002年部分数据有缺失。

附表 13　中国对吉尔吉斯斯坦主要进出口商品

单位：万美元，%

年份	出口									
	劳动密集型产品		机电产品		农产品		皮革、毛皮及其制品		钢材	
	出口值	比重	出口值	比重	出口值	比重	出口值	比重	出口值	比重
2003	13 551.1	55.3	5 201.6	21.2	785.5	3.2	154.2	0.6	94.1	0.4
2004	35 595.4	72.2	4 638.7	9.4	790.3	1.6	379.7	0.8	225.6	0.5
2005	55 743.3	64.3	11 739.1	13.5	2 219.6	2.6	594.9	0.7	596.5	0.7
2006	148 548.0	70.3	22 339.0	10.6	6 185.9	2.9	2 703.9	1.3	2 650.3	1.3
2007	291 675.1	79.5	33 312.2	9.1	7 827.5	2.1	9 291.2	2.5	3 421.8	0.9
2008	825 041.1	89.6	41 416.0	4.5	9 349.1	1.0	29 549.4	3.2	3 915.4	0.4
2009	433 825.9	82.1	44 079.2	8.3	9 721.6	1.8	7 708.4	1.5	4 185.8	0.8
2010	323 704.8	78.4	43 156.7	10.4	12 744.7	3.1	4 543.0	1.1	4 961.1	1.2
2011	377 881.7	77.5	59 248.3	12.1	12 125.4	2.5	8 327.4	1.7	7 288.2	1.5
2012	383 946.7	75.7	66 041.2	13.0	13 098.2	2.6	5 814.2	1.1	9 684.9	1.9
2013	368 986.2	72.7	79 007.2	15.6	12 944.1	2.6	5 333.0	1.1	7 464.7	1.5
2014	390 261.0	74.4	78 407.2	15.0	18 797.0	3.6	6 852.3	1.3	7 161.8	1.4
2015	323 377.8	75.5	63 112.5	14.7	15 795.4	3.7	3 371.3	0.8	5 159.8	1.2
2016	473 539.9	84.5	51 076.1	9.1	10 326.4	1.8	8 035.3	1.4	4 739.0	0.8
2017	450 151.4	84.3	57 137.7	10.7	4 879.2	0.9	1 570.1	0.3	3 752.6	0.7
2018	443 415.0	79.8	73 109.6	13.2	8 490.3	1.5	7 928.3	1.4	4 873.5	0.9
2019	477 139.1	76.0	88 465.9	14.1	26 356.9	4.2	14 283.2	2.3	5 441.0	0.9
2020	206 534.8	72.1	49 101.2	17.1	12 164.3	4.2	7 051.3	2.5	2 659.9	0.9

续表

年份	进口									
	金属矿及矿砂		皮革、毛皮及其制品		农产品		煤及褐煤		纺织原料	
	进口值	比重	进口值	比重	进口值	比重	进口值	比重	进口值	比重
2003	—	—	617.8	8.9	644.9	9.3	11.7	0.2	330.6	4.8
2004	—	—	1 282.5	11.7	1 344.7	12.3	6.9	0.1	275.6	2.5
2005	39.8	0.4	1 664.8	15.8	1 727.4	16.4	0.2	0.0	439.7	4.2
2006	40.0	0.4	1 684.3	14.9	2 877.7	25.5	2.2	0.0	382.8	3.4
2007	91.4	0.8	2 028.9	17.8	3 417.3	30.1	65.5	0.6	466.9	4.1
2008	35.6	0.3	2 467.3	20.3	4 276.2	35.2	53.8	0.4	410.2	3.4
2009	55.9	1.1	1 197.2	24.3	1 077.6	21.9	2.5	0.1	238.9	4.9
2010	10.8	0.2	1 146.6	15.9	1 421.9	19.7	12.7	0.2	273.2	3.8
2011	1 235.6	12.6	1 541.9	15.7	1 471.9	15.0	27.9	0.3	220.9	2.2
2012	3 796.3	42.7	1 294.3	14.6	1 459.4	16.4	65.8	0.7	101.8	1.1
2013	201.9	3.2	1 088.2	17.5	2 065.9	33.1	49.5	0.8	102.7	1.6
2014	647.2	11.7	1 162.7	21.0	2 163.1	39.0	24.5	0.4	115.8	2.1
2015	391.0	6.7	1 471.9	25.1	1 906.8	32.6	31.1	0.5	138.5	2.4
2016	3 578.4	50.2	1 799.1	25.3	1 408.5	19.8	161.5	2.3	128.6	1.8
2017	4 518.1	51.9	2 038.2	23.4	1 836.9	21.1	224.0	2.6	196.2	2.3
2018	2 249.3	41.4	1 494.0	27.5	1 315.1	24.2	254.8	4.7	268.5	4.9
2019	3 433.7	52.0	835.6	12.7	1 107.8	16.8	469.8	7.1	372.6	5.6
2020	2 668.5	76.7	371.8	10.7	275.9	7.9	64.4	1.9	46.1	1.3

注：2001—2002 年部分数据有缺失。

附表 14　中国对乌兹别克斯坦主要进出口商品

单位:亿美元,%

年份	出口									
	机电产品		劳动密集型产品		钢材		农产品		橡胶轮胎	
	出口值	比重	出口值	比重	出口值	比重	出口值	比重	出口值	比重
2003	1.1	75.2	0.1	3.7	0.0	0.4	0.1	7.2	0.0	0.2
2004	1.1	66.0	0.0	2.7	0.0	1.6	0.2	9.0	0.0	0.7
2005	1.1	48.6	0.2	7.5	0.0	1.1	0.2	6.9	0.0	0.8
2006	2.2	54.6	0.4	10.4	0.1	2.2	0.2	4.5	0.0	0.6
2007	4.3	55.9	1.2	15.7	0.4	4.9	0.3	3.8	0.1	0.7
2008	6.9	53.9	1.2	9.6	2.1	16.3	0.5	3.7	0.1	1.1
2009	7.4	47.4	1.2	7.6	4.7	29.8	0.4	2.6	0.2	1.5
2010	6.2	52.6	1.9	16.3	1.1	9.6	0.4	3.4	0.4	3.2
2011	7.5	54.9	1.4	10.0	1.5	11.3	0.6	4.2	0.5	3.9
2012	10.5	58.8	1.6	8.8	2.4	13.5	0.7	4.1	0.8	4.6
2013	13.2	50.7	2.5	9.6	5.5	21.2	0.8	3.1	0.9	3.3
2014	14.1	52.6	3.6	13.5	4.0	15.1	0.7	2.6	0.8	3.1
2015	12.5	56.0	3.2	14.4	2.1	9.4	0.8	3.4	0.7	3.1
2016	11.2	55.9	3.0	15.1	1.8	9.2	0.5	2.5	0.7	3.4
2017	14.3	51.9	4.7	17.1	3.3	12.0	0.7	2.4	0.8	3.0
2018	24.0	60.8	5.2	13.1	4.0	10.0	0.7	1.9	1.1	2.7
2019	32.3	64.2	6.2	12.3	3.8	7.5	0.7	1.3	1.4	2.7
2020	30.3	58.8	9.4	18.3	3.3	6.5	1.3	2.5	1.4	2.7

续表

年份	进口									
	天然气		纺织纱线、织物及其制品		未锻轧铜及铜材		农产品		初级形状的塑料	
	进口值	比重	进口值	比重	进口值	比重	进口值	比重	进口值	比重
2003	—	—	0.0	0.1	0.2	8.4	1.6	81.3	0.0	2.4
2004	—	—	0.0	0.0	0.0	0.3	3.4	84.2	0.2	3.9
2005	—	—	0.0	0.1	0.0	0.0	3.9	86.5	0.1	2.4
2006	—	—	0.0	0.0	0.0	0.0	5.1	90.3	0.0	0.6
2007			0.0	0.0	0.1	2.8	3.2	87.3	0.0	0.0
2008			0.0	0.3	0.0	0.0	2.9	88.3	0.0	0.6
2009			0.1	2.4	0.0	0.4	1.9	54.3	0.2	4.5
2010	—	—	0.8	6.0	0.0	0.0	7.2	55.2	0.1	0.8
2011	—	—	0.5	5.9	0.0	0.0	5.3	66.2	0.0	0.1
2012	0.5	4.8	1.0	9.2	0.0	0.0	7.2	65.8	0.0	0.0
2013	9.6	49.7	1.4	7.2	0.0	0.1	5.7	29.5	0.0	0.0
2014	8.0	50.0	1.9	12.1	0.0	0.2	3.6	22.7	0.0	0.3
2015	3.7	29.4	2.6	20.7	0.0	0.3	3.2	25.0	0.0	0.1
2016	6.9	42.9	1.9	12.1	0.8	4.9	2.2	13.6	1.6	10.2
2017	6.5	44.1	2.3	15.4	1.3	8.7	2.0	13.7	1.0	7.1
2018	14.3	61.6	3.3	14.0	1.5	6.4	1.8	7.7	1.0	4.2
2019	11.9	54.4	4.1	19.0	1.2	5.4	2.2	10.3	0.7	3.2
2020	6.3	42.6	3.8	25.8	2.0	13.7	0.8	5.4	0.7	4.6

注:2001—2002 年部分数据有缺失。

附表 15　中国对巴基斯坦主要进出口商品

单位:亿美元，%

年份	出口									
	机电产品		劳动密集型产品		钢材		基本有机化学品		农产品	
	出口值	比重	出口值	比重	出口值	比重	出口值	比重	出口值	比重
2002	4.6	37.3	1.0	8.0	0.1	0.9	0.4	2.9	0.5	4.2
2003	7.8	42.2	2.9	15.8	0.7	3.8	0.4	2.1	0.4	2.2
2004	10.9	44.1	3.8	15.6	0.4	1.5	0.5	2.0	0.5	2.2
2005	14.9	43.4	6.7	19.4	0.6	1.6	0.6	1.8	1.7	4.8
2006	18.0	42.6	9.8	23.1	1.9	4.5	0.8	1.9	1.2	2.9
2007	25.3	42.8	12.7	21.5	2.9	4.9	1.3	2.1	1.4	2.3
2008	28.9	45.2	14.0	21.9	3.1	4.9	1.7	2.6	1.5	2.3
2009	24.2	37.8	15.7	24.5	1.7	2.6	1.8	2.8	2.1	3.3
2010	29.4	37.5	17.5	22.3	3.6	4.5	2.3	2.9	2.7	3.5
2011	34.1	40.5	21.3	25.2	3.8	4.5	2.7	3.2	2.8	3.3
2012	41.8	45.0	22.2	23.9	5.1	5.5	2.9	3.1	2.4	2.6
2013	46.4	42.1	30.6	27.8	6.4	5.8	3.1	2.8	2.2	2.0
2014	53.9	40.7	35.0	26.4	9.6	7.2	4.0	3.0	2.6	2.0
2015	70.5	42.9	43.1	26.2	12.3	7.5	4.3	2.6	3.2	2.0
2016	85.4	49.6	37.5	21.8	13.0	7.6	4.5	2.6	3.4	1.9
2017	91.5	50.1	36.7	20.1	13.7	7.5	5.6	3.1	3.4	1.9
2018	79.6	47.0	34.1	20.1	13.0	7.7	6.6	3.9	3.0	1.8
2019	73.8	45.7	42.6	26.3	8.4	5.2	6.2	3.9	3.5	2.2
2020	77.6	50.5	30.1	19.6	8.2	5.3	6.1	4.0	3.6	2.3

续表

年份	进口									
	纺织纱线、织物及其制品		未锻轧铜及铜材		农产品		金属矿及矿砂		服装及衣着附件	
	进口值	比重	进口值	比重	进口值	比重	进口值	比重	进口值	比重
2002	4.7	85.0	—	—	0.1	1.6	0.0	0.7	0.0	0.6
2003	4.6	80.1	0.0	0.0	0.2	3.0	0.1	1.6	0.0	0.5
2004	4.5	75.7	0.4	6.0	0.2	3.9	0.2	3.8	0.0	0.3
2005	5.7	68.9	0.8	10.1	0.3	4.2	0.3	3.4	0.0	0.0
2006	7.0	69.8	1.3	12.7	0.5	4.6	0.3	3.4	0.0	0.0
2007	7.3	66.3	1.1	9.5	0.5	4.9	0.9	8.0	0.0	0.2
2008	6.0	59.5	0.0	0.1	0.7	7.0	1.8	18.1	0.0	0.2
2009	9.1	72.4	0.5	3.7	0.9	7.4	0.7	5.5	0.0	0.3
2010	10.3	59.6	1.2	7.2	1.8	10.5	1.6	9.5	0.1	0.5
2011	12.6	59.7	1.7	7.9	2.1	9.8	1.6	7.4	0.1	0.6
2012	19.8	63.1	1.8	5.7	5.3	16.9	1.3	4.1	0.2	0.6
2013	21.6	67.5	1.4	4.3	3.7	11.6	1.3	4.0	0.3	1.0
2014	17.2	62.5	1.2	4.2	3.9	14.1	1.1	3.9	0.4	1.6
2015	15.2	61.5	1.2	4.9	4.2	17.1	0.8	3.4	0.6	2.3
2016	10.6	55.3	1.0	5.1	3.9	20.5	0.8	4.3	0.6	3.4
2017	9.7	53.0	1.2	6.7	2.7	14.6	1.8	9.6	0.7	4.0
2018	9.8	45.3	2.6	12.2	4.8	21.9	1.6	7.3	0.8	3.8
2019	3.8	20.8	5.5	30.4	4.8	26.3	1.6	8.9	0.8	4.6
2020	6.3	29.8	6.3	29.5	4.1	19.3	2.0	9.2	0.9	4.1

注：2001 年部分数据有缺失。

附表 16 中国对印度主要进出口商品

单位:亿美元,%

| 年份 | 出口 | | | | | | | | | |
| | 机电产品 | | 劳动密集型产品 | | 基本有机化学品 | | 医药材及药品 | | 肥料 | |
	出口值	比重	出口值	比重	出口值	比重	出口值	比重	出口值	比重
2002	8.4	31.3	3.4	12.9	2.6	9.7	2.3	8.7	0.1	0.4
2003	11.1	33.3	5.3	15.9	3.2	9.6	2.5	7.6	0.1	0.4
2004	22.9	38.5	8.7	14.7	4.5	7.6	2.5	4.1	0.1	0.2
2005	38.0	42.5	13.3	14.9	6.5	7.2	3.7	4.1	0.2	0.2
2006	72.0	49.4	14.9	10.2	9.4	6.4	5.7	3.9	0.9	0.6
2007	132.4	55.0	21.2	8.8	14.4	6.0	8.4	3.5	7.4	3.1
2008	179.2	56.7	25.6	8.1	18.9	6.0	9.8	3.1	10.3	3.3
2009	189.0	63.7	25.8	8.7	17.3	5.8	10.5	3.5	5.1	1.7
2010	228.0	55.7	43.0	10.5	23.9	5.8	14.1	3.4	19.3	4.7
2011	277.5	54.9	51.4	10.2	29.2	5.8	13.4	2.6	35.5	7.0
2012	261.7	54.9	53.3	11.2	30.9	6.5	12.2	2.6	29.6	6.2
2013	258.3	53.3	64.7	13.4	34.5	7.1	12.7	2.6	19.0	3.9
2014	268.7	49.6	70.1	12.9	43.0	7.9	14.2	2.6	23.4	4.3
2015	300.6	51.6	73.9	12.7	40.8	7.0	13.6	2.3	35.4	6.1
2016	338.7	58.0	72.7	12.4	39.0	6.7	13.0	2.2	15.4	2.6
2017	409.5	60.2	81.6	12.0	46.6	6.8	14.3	2.1	10.2	1.5
2018	448.1	58.4	87.0	11.3	60.6	7.9	16.1	2.1	15.7	2.1
2019	425.2	56.8	92.4	12.3	57.4	7.7	17.8	2.4	16.8	2.3
2020	399.9	59.9	72.4	10.8	56.8	8.5	18.8	2.8	14.3	2.1

续表

年份	进口									
	金属矿及矿砂		农产品		基本有机化学品		机电产品		珍珠、宝石及半宝石	
	进口值	比重	进口值	比重	进口值	比重	进口值	比重	进口值	比重
2002	6.3	27.5	0.8	3.5	1.8	7.8	1.3	5.7	1.0	4.4
2003	13.5	31.8	1.3	3.1	2.1	4.8	1.8	4.3	1.6	3.8
2004	43.1	56.2	2.7	3.5	3.0	3.8	3.0	3.9	2.3	3.0
2005	55.1	56.4	4.0	4.1	4.2	4.3	4.1	4.2	2.8	2.9
2006	52.5	51.1	11.6	11.3	5.5	5.3	4.9	4.8	2.8	2.8
2007	87.6	59.9	12.9	8.8	7.0	4.8	6.4	4.4	3.8	2.6
2008	142.1	70.1	16.1	7.9	5.6	2.8	6.5	3.2	4.1	2.0
2009	79.4	57.8	9.3	6.8	5.2	3.8	8.6	6.3	4.8	3.5
2010	115.9	55.6	25.4	12.2	6.3	3.0	10.4	5.0	8.4	4.0
2011	101.9	43.6	37.0	15.8	9.2	3.9	12.7	5.4	11.9	5.1
2012	40.7	21.6	41.1	21.9	11.1	5.9	12.0	6.4	13.0	6.9
2013	20.2	11.9	32.9	19.4	10.3	6.1	13.1	7.7	17.7	10.4
2014	12.2	7.5	23.1	14.1	9.8	6.0	14.2	8.7	24.8	15.2
2015	6.4	4.8	11.8	8.9	10.2	7.6	12.5	9.3	19.6	14.6
2016	12.5	10.6	8.4	6.9	8.4	7.1	13.2	11.2	24.9	21.2
2017	20.3	12.4	10.0	6.1	16.4	10.0	15.3	9.4	26.0	15.9
2018	14.1	7.5	14.3	7.6	28.6	15.2	16.9	9.0	28.9	15.3
2019	23.8	13.2	27.6	15.4	27.1	15.1	21.1	11.7	15.7	8.7
2020	42.2	20.2	27.1	12.9	21.9	10.4	20.3	9.7	12.4	5.9

注:2001 年部分数据有缺失。

附表 17　中国对上合各观察员国进出口值

单位：亿美元

年份	合计			伊朗			蒙古		
	进出口	出口	进口	进出口	出口	进口	进出口	出口	进口
2001	37.4	10.4	27.0	33.1	8.9	24.2	3.6	1.2	2.4
2002	42.0	15.7	26.3	37.4	13.9	23.5	3.6	1.4	2.2
2003	62.2	25.3	36.9	56.2	23.2	33.1	4.4	1.6	2.8
2004	80.2	29.1	51.1	70.5	25.5	44.9	6.9	2.3	4.6
2005	115.7	37.5	78.2	100.8	33.0	67.9	8.6	3.2	5.4
2006	167.7	52.4	115.3	144.5	44.9	99.6	15.8	4.3	11.5
2007	237.3	84.6	152.7	206.8	73.8	133.0	20.4	6.8	13.5
2008	312.1	95.9	216.2	277.6	81.6	195.9	24.3	9.1	15.3
2009	247.1	95.2	151.9	212.6	79.6	133.0	24.3	10.7	13.6
2010	348.6	135.3	213.3	294.0	111.0	183.0	40.1	14.5	25.5
2011	530.7	184.3	346.5	451.0	147.6	303.4	64.3	27.3	37.0
2012	451.2	156.3	294.8	364.7	116.0	248.7	66.0	26.5	39.5
2013	471.8	176.9	294.9	394.3	140.4	253.9	59.6	24.5	35.1
2014	614.2	280.6	333.6	518.4	243.4	275.0	73.2	22.2	51.0
2015	413.3	204.5	208.8	338.3	177.7	160.6	53.7	15.7	38.0
2016	378.2	189.3	188.9	312.5	164.2	148.3	46.1	9.9	36.2
2017	455.3	212.9	242.4	371.4	185.8	185.5	64.0	12.4	51.7
2018	454.4	173.9	280.4	350.4	139.4	211.0	79.9	16.4	63.4
2019	345.4	138.2	207.2	230.4	95.9	134.5	81.6	18.3	63.3
2020	252.1	127.2	124.8	149.3	84.9	64.4	67.2	16.2	51.0

续表

年份	白俄罗斯			阿富汗					
	进出口	出口	进口	进出口	出口	进口			
2001	0.4	0.1	0.3	0.2	0.2	0.0			
2002	0.8	0.2	0.6	0.2	0.2	0.0			
2003	1.3	0.3	1.0	0.3	0.3	0.0			
2004	2.2	0.6	1.5	0.6	0.6	0.0			
2005	5.7	0.8	4.9	0.5	0.5	0.0			
2006	6.4	2.2	4.3	1.0	1.0	0.0			
2007	8.4	2.3	6.1	1.7	1.7	0.0			
2008	8.6	3.6	5.0	1.6	1.5	0.0			
2009	8.1	2.8	5.3	2.1	2.1	0.0			
2010	12.7	8.0	4.8	1.8	1.8	0.0			
2011	13.0	7.1	6.0	2.3	2.3	0.0			
2012	15.8	9.2	6.6	4.7	4.6	0.1			
2013	14.5	8.7	5.8	3.4	3.3	0.1			
2014	18.5	11.1	7.4	4.1	3.9	0.2			
2015	17.6	7.5	10.1	3.7	3.6	0.1			
2016	15.3	10.9	4.4	4.4	4.3	0.0			
2017	14.5	9.3	5.2	5.4	5.4	0.0			
2018	17.1	11.4	5.7	6.9	6.7	0.2			
2019	27.1	18.0	9.1	6.3	6.0	0.3			
2020	30.0	21.1	8.9	5.6	5.0	0.5			

注:合计值为表中全部国家的历年数据加总。

附表 18　中国对上合各对话伙伴国进出口值

单位:亿美元

年份	合计			土耳其			柬埔寨		
	进出口	出口	进口	进出口	出口	进口	进出口	出口	进口
2001	17.1	14.3	2.9	9.1	6.7	2.3	2.4	2.1	0.3
2002	22.2	18.8	3.4	13.8	10.9	2.9	2.8	2.5	0.2
2003	38.1	31.9	6.2	26.0	20.7	5.3	3.2	2.9	0.3
2004	49.8	42.9	6.9	34.1	28.2	5.9	4.8	4.5	0.3
2005	68.9	61.7	7.2	48.8	42.5	6.2	5.6	5.4	0.3
2006	106.2	97.5	8.7	80.7	73.0	7.7	7.3	7.0	0.4
2007	152.3	137.8	14.5	117.8	104.8	12.9	9.9	9.4	0.5
2008	168.1	146.1	21.9	125.7	106.1	19.6	11.4	11.0	0.4
2009	141.2	121.0	20.3	101.0	83.4	17.6	9.7	9.3	0.4
2010	205.0	169.9	35.1	151.1	119.4	31.7	14.5	13.6	0.9
2011	268.3	231.3	37.0	187.4	156.1	31.3	25.0	23.1	1.8
2012	286.1	244.4	41.7	191.0	155.8	35.1	29.2	27.1	2.2
2013	331.8	277.9	53.9	222.4	177.5	44.9	37.7	34.1	3.6
2014	343.7	294.2	49.5	230.1	193.1	37.1	37.6	32.7	4.8
2015	323.9	280.6	43.3	215.5	186.1	29.4	44.3	37.6	6.7
2016	308.3	262.3	46.0	194.7	166.9	27.9	47.6	39.3	8.3
2017	344.9	284.9	60.0	219.0	181.2	37.8	57.9	47.8	10.1
2018	360.2	298.6	61.6	215.5	177.9	37.6	73.8	60.1	13.8
2019	384.9	317.2	67.7	208.2	173.2	35.0	94.3	79.8	14.4
2020	412.8	342.5	70.3	240.8	203.5	37.3	95.5	80.6	15.0

续表

年份	斯里兰卡			阿塞拜疆					
	进出口	出口	进口	进出口	出口	进口			
2001	4.0	3.9	0.1	0.2	0.1	0.0			
2002	3.5	3.4	0.1	1.0	0.9	0.0			
2003	5.2	5.0	0.2	2.4	2.0	0.3			
2004	7.2	6.9	0.2	1.8	1.4	0.4			
2005	9.8	9.4	0.4	2.6	2.3	0.2			
2006	11.4	11.1	0.3	3.7	3.5	0.2			
2007	15.0	14.5	0.5	4.8	4.8	0.0			
2008	18.3	17.7	0.6	8.0	6.9	1.1			
2009	18.4	17.7	0.7	6.8	5.5	1.3			
2010	21.0	20.0	1.0	9.3	8.5	0.9			
2011	31.4	29.9	1.5	10.9	8.9	1.9			
2012	31.6	30.0	1.6	12.8	10.7	2.1			
2013	36.2	34.4	1.8	11.0	8.7	2.3			
2014	40.4	37.9	2.5	9.4	6.5	3.0			
2015	45.6	43.0	2.6	6.6	4.4	2.2			
2016	45.6	42.9	2.7	7.6	3.5	4.1			
2017	44.0	40.9	3.1	9.6	3.9	5.8			
2018	45.8	42.6	3.2	9.0	5.2	3.8			
2019	44.9	40.9	4.0	14.9	6.2	8.7			
2020	41.6	38.4	3.2	13.2	6.2	7.0			

续表

年份	尼泊尔			亚美尼亚					
	进出口	出口	进口	进出口	出口	进口			
2001	1.5	1.5	0.0	0.0	0.0	0.0			
2002	1.1	1.1	0.1	0.1	0.0	0.1			
2003	1.3	1.2	0.1	0.1	0.0	0.0			
2004	1.7	1.6	0.1	0.1	0.1	0.0			
2005	2.0	1.9	0.1	0.2	0.2	0.0			
2006	2.7	2.6	0.1	0.4	0.3	0.1			
2007	4.0	3.9	0.1	0.9	0.5	0.4			
2008	3.8	3.8	0.1	0.8	0.7	0.1			
2009	4.2	4.2	0.1	1.1	0.9	0.2			
2010	7.4	7.3	0.1	1.6	1.2	0.5			
2011	12.0	11.8	0.1	1.7	1.4	0.3			
2012	20.0	19.7	0.3	1.5	1.1	0.3			
2013	22.5	22.1	0.4	1.9	1.2	0.7			
2014	23.3	22.8	0.5	2.9	1.2	1.7			
2015	8.6	8.3	0.3	3.2	1.1	2.1			
2016	8.9	8.7	0.2	3.9	1.1	2.8			
2017	9.8	9.7	0.2	4.5	1.4	3.0			
2018	11.0	10.8	0.2	5.2	2.1	3.0			
2019	15.2	14.8	0.3	7.5	2.2	5.3			
2020	11.8	11.7	0.2	10.0	2.2	7.7			

注:合计值为表中全部国家的历年数据加总。